信圓教 解圓理 入圓定 斷圓惑 修圓行 證圓果

楞嚴貫珠（下）

前半全談藏性 所以開發圓通 後半全說圓通 所以修證藏性

（明）金陵華山律學沙門 戒潤◎演述

大佛頂首楞嚴經貫珠集卷第六

明　金陵華山律學沙門戒潤　述

此卷來意正爲阿難厭多聞而欣妙定啟請十方如來得成菩提等妙方便是爲望果發心問路還家之意但見相發心初步已錯而自已法身昧矣故首示有三摩提名大佛頂等嗣後斥云則汝法身同於斷滅其誰修證無生法忍故斥破妄心顯出見性無非發揮當人法身邊事但此法身隨義立名不同自其不生不滅者言之則謂之常住眞心性淨明體自其本無煩惱生死者言之則謂之菩提涅槃元清淨體自其無虛妄相者言之則謂之清淨寶相自其體具萬法性無汙染者言之則謂之本如來藏妙眞如性自其不變隨緣隨緣不變者言之則謂之中道了義無戲論法故阿難尊者聞此妙理隨聞解證則云銷我億劫顚倒想不歷僧祇獲法身言獲法身者但信解此心本來常住昭昭于心目之間故謂之獲而又希除細惑乃至合然俱離離合俱非此句方名無戲論法阿難方見道已竟世尊又假菩提涅槃尙在遙

遠一句撥轉當機悟頭始請入華屋之門求示本發
心路佛謂汝等決定發菩提心於佛如來妙三摩提
不生疲倦應當先明發覺初心二義決定第一義者
汝今欲此見聞覺知遠契如來常樂我淨應當先擇
死生根本得元明覺無生滅性為因地心然後圓成
果地修證第二義者汝等必欲發菩提心應當審詳
煩惱根本此無始來發業潤生誰作誰受又云當驗
此等六受用根誰合誰離誰深誰淺誰為圓通誰不
圓滿得循圓通與不圓根日劫相倍我今備顯六湛
圓明隨汝詳擇其可入者吾當發明令汝增進十方
如來於十八界一一修行皆得圓滿無上菩提于其
中間實無優劣但汝未能圓自在慧故我宣揚令汝
但於一門深入入一無妄彼六知根一時清淨阿難
汝雖多聞未盡諸漏心中徒知顛倒所因眞倒現前
實未能識恐汝誠心猶未信伏吾今試將塵俗諸事
當除汝疑即勅羅睺擊鐘驗出聞性不隨聲塵生滅
次疑結元諸佛示以輪證唯根吾佛釋云解結因次
第以致根選擇圓通入流成正覺及乎窮詰阿難悟
知解自結心雖復悟知六解一亡之義然猶未達圓
通本根所以退藏密機冀佛冥授佛告諸聖我今問

汝最初發心悟十八界誰爲圓通從何方便入三摩地于是前卷二十四聖陳悟旣竟則有此初章觀音備陳修證之門廣列化儀之相次章佛佛交光灌頂物物現瑞傳心文殊揀選唯妙耳門以當此方之機末章啟請安立道場佛示三决定義四種律儀一總爲阿難發明圓通本根曰欲取三摩提實以聞中一門爲深入妙定之方便頓證法身故有此卷雄文也

○耳根圓通章

大意觀音廣陳耳門圓照三昧欲入入流亡所自住眞三摩地也△經家敘畢能修之人

爾時以如幻聞熏聞修金剛三昧觀智圓**觀**十**世**間苦樂**音**性而智悲雙運上求下化之**菩薩**

○謂納聲爲聞達理爲觀特取達理理故于世音不言聞而言觀又所達之理非音聲中理乃耳根中性理但托音聲以彰聞性故又不言觀耳根而稱觀世音所謂即音觀聞若離音觀則心外有法今達音無體即觀聞之自性眞常故名觀世音法華與此經訓義有因果兩利之別後文由我不自觀音以觀觀者與夫上合諸佛慈力下合衆生悲仰總是釋此聖名之義△敘儀

即從座起頂禮佛足

而白佛言△陳宿因世尊問我最初發心憶念我昔無數恆河沙刧于時有佛出現于世名觀世音為我所師溫陵曰因果相符古今一道也我於彼古觀音佛所承事供養見佛菩提果覺自發菩提始覺因心三心四願一時具足所修諸行不為魔攝此以發覺初心冥授阿難以明見相發心非菩提心也△明秉受初師教○世尊問悟十八界誰為圓通從何方便入三摩地彼佛見我發心以自證道教我依菩提心從耳根聞性起百不思之正思照彼根性應念修斷我法證入三摩地大定之中安住不動此以三慧修證法門冥授阿難自耳界方便門及多聞之習得正思修入三摩地自茲發朝也○溫陵謂達耳之謂聞注心之謂思治習之謂修蓋聞言性者聞即如智性即如理思屬幻觀修屬幻行行人以如幻觀智不着空有一味反聞外脫聲塵內冥智理是謂聞慧非耳識并五俱意識與覽塵斯憶之意識也注心于聞直究根性是謂思慧非善惡思量及徧行思亦非多聞之邪思也靜入禪定動

設化儀咳唾掉背無非定時微細塵垢自然銷落覺
性現前是謂修慧非人天有爲着相之修也此三慧
爲入道之要門所貴離心意意識直下熖明謂之圓
修蓋彼佛敎我已是聞思故今三慧惟約修辯以示
初心入禪之工夫入三摩地者標定成之號入卽證
入三摩地卽首卷有三摩提名大佛頂等爲此經究
竟之處經云此方眞敎體而聞爲眞敎體也下約觀
行始終釋之上之發心是願此爲依願之行而願不
虛上之秉受是敎此爲依敎之修而敎不負文初依
分六節△總標○上何標本根下句標工夫佛
敎起修以所發菩于聞性中徹見此性平呑禹相盡
提心決定注思之空法界有聲無聲明鑑
了然曾無分別亦同見性但如鏡中無別分析惟借
音聲以彰聞性周徧眞常名爲性具妙定不是修成
但平日爲耳中緣聲生滅之識遮障而入本有法流
不自覺今以正思聲處全聞偶契故得性之
亡本空聲所方知聞性不是耳識也前云因明立所
塵之遂成三種相續此云入流亡所遂獲二
種殊勝立所是迷根約初動一念爲最細亡所是行
人下手工夫爲最麤是知迷悟轉換之機不出立亡

二字。然此所字尤爲難除，故世尊自初卷心目所在爲發端，其後展轉逐破，至富樓那章因明立所明所生起。至此論修端，則曰亡所、曰聞所、曰覺所、曰空所，出一所入一所，眞爲貼體難刮之垢，實爲微細我法二執之根，直至圓滿菩提歸無所得，而所相方盡。是謂衆生處處着，引之令得出也。○依正脉少加增減，以便入者。凡初心向道，日中拋耳識不下作工夫，不上諸于五更夜氣清明萬籟初動之時，一念不生，識心未起，覺此聞性廓然而圓，朗然而照，山壁不隔，晦晴不昏，鐘鳴鼓響，馬足車輪，微風動樹，足履鳴指，大小遠近音聲，無不現于聞中，如影現大圓鏡中，則其一念不生圓照法界之工夫，歷然明白，無問僧俗男女，但得此聞中境界，不離塵勞，皆處一乘寂滅場地，眞阿練若正修行處，何等現成，祖家正法眼藏涅槃妙心，亦此妙極不思議之聞性，但彼不局一門，或示意根而言了知，爲異耳。入流亡所者，入卽返流之意，流卽聞性之光，亡卽脫也。所謂聲塵有二分別：一者屈曲聲，謂有意味者，如言語歌曲之類；二者徑直聲，謂無意味者，如風水鳥獸鐘鼓等聲之類。其最有力能牽心流轉者，屈曲聲也，先須斷此，永不接緣，然此屈曲復有二種一者世俗屈曲二者道理屈曲世俗復有二種一者無力二者有力無力謂評品古今文章事物他方昔日不干已事但恣散亂無增長煩惱之力故云無力也有力謂說諸欲境令心起貪說諸不平令心發怒背毀面譽當面稱譏凡諸切己利害之言令人不覺喜瞋陡發忘失正念是也此皆世俗屈曲也道理屈曲者如說內外邪正道理乃至法門宗說玄妙意趣令人不覺隨言生解擬議思量若許攀緣於此亦是尋聲流轉最障本聞所以宗門於佛祖言敎如生寃家也然於道理勝思亦杜絕者謂躡解成行行起解絕解若不絕則無漏之行終不能成況眞心實際動念則乖豈容留解而許尋道理屈曲聲乎故後偈云將聞持佛佛何不自聞聞是更偏忌道理屈曲也今以法性對聲塵不入聲塵而入法性四卷第二決定義中詳明根結全由于塵故塵亡而結自盡但尋聲時不迷本聞暫尋即還得用即休若不反聞即受流轉一偈云衆生迷本聞尋聲故流轉夫純熟乃得動靜一如如此圓解淸白乃至修時行起解絕但一反聞極爲簡切猶易于念佛法門蓋參禪以心心放下爲主念佛以念念提起爲宗放下則

一超直入立地成佛故易提起則心心無間隔世來迎故難是故參禪猶易念佛而且反聞工夫與常途有異宗門謂之單刀直入妙超止觀之宗可知入流乃合覺照理卽簡妙之觀亡所乃背塵息妄卽簡妙之止久久定成則圓融密妙體用皆從本地流出故發眞如妙覺明性我輩但熟讀前經欲流業流流轉流逸與夫逆流返流旋流等文自知下手之妙所謂順則習氣成暴流逆則入流成正覺順則因明立所入則自然亡所入之與亡但了如幻而已昧如幻而流逸棄聲便是立所便是煩惱生死識如幻而息機歸寂滅便是亡所便是菩提涅槃一部楞嚴工夫在此究竟爲發覺修心之初步不得不詳明惟欲一閱者無疑自然深信深入也△亡幻塵○初于聞中一能入流得循所常不隨聲塵以起分別名無所入

所入既寂者入流亡所有聲之動相滅矣所入既寂無聲之靜相生矣能入是根所入是塵寂是動塵滅處亦是靜相生處動滅靜生自然之理加工雙遺自然之勢初作工夫動雖寂而未免與靜相間發今以正思努力專注聞性不滅不生則

動靜二種塵相明明一寂永寂謂了然不

生聞性眞常矣偈云音聲性動靜聞中爲有無無聲號無聞非是聞無性此處方稱寂滅場地菩薩得此深禪忘我我所不見有欲界聲塵靜相聞性既與聲塵脫五根亦與五塵脫則六用不行此當解色結盡分別我執斷滅相無明入信位也△亡幻根如是者承上之辭漸增者幻智加行之象聞即旋倒之聞機所即動靜二相聞盡即空根之智也經云由塵發知因根有相外本質之聲相既遺內見分之勝義根應亡如是盡二相不生之智漸漸增明將聞所之聞機與根中積生無始虛習俱盡而根自盡也根不盡則淪生死根盡則證妙常菩薩至此解受想二結根不受塵則六識自盡斷異相無明除分別俱生二種我見當此根初解先得入空入加行位也△空幻智盡聞不、住覺所覺空二句合看盡即智斷謂之覺聞即聞機謂之所不住即覺空也蓋盡聞機處智境雙明若住于此則成智愛令盡聞根之處不住則覺所之覺頓空以證法空菩薩至此解行結則識結亦殆解除斷住相無明盡分別俱生二種法執所謂空性圓明成法解脫當十地位也△空幻空空覺

是重空極圓是修滿之量良以重空之智初起未圓
之智則所相盡而能相在猶是陀羅識中細
半分之妄今從此空覺智境修到極圓滿處則業識
半分妄盡是為解識結識結既解半分眞全猶有
空所之空在正是無明障滅盡方謂無明結解是為
重大涅槃必究竟六解與人空法空之所
空俱滅善薩至此斷生相無明空重空觀智所謂解
脫法已俱空不生總合以湛旋其虛妄滅生復還圓
覺此是從聞思修四重斷證也瑜伽以三賢為聞所
成地以加行為思所成地十地為修所成地△總結
修生滅既滅寂滅現前則一亡矣前標文入流亡所
證一句貫下謂初入聞根之流
亡聲塵之所二入觀智之流亡聞根之所三入重空
之流亡觀智之所四入寂滅之流亡重空之所此總
結亦然初聞根生動靜滅二觀智生聞根滅三重空
生觀智滅四寂滅生重空滅至于寂無所寂滅無所
滅處生滅之相滅盡無餘而生滅諸相既滅眼耳諸
法唯一寂滅性相識盡眞露故曰現前涅槃性圓方
見合然俱離離合俱非此句方名無戲論法之面目
則其山河大地應念化成無上知覺根隔合開六根

互用矣我於彼佛發菩提心從聞思修入三摩地如是始終地位中間永無諸委曲相以此工夫寔授阿
難也上明備陳本根修證圓通因行相覺向下詳演菩提心中圓因果用廣列化儀以二利也△標二勝
○凡作工夫皆有入住出三心令解脫道忽然超越者寂滅現前頓見自己娘生刹那頃與無
明父母別而亦不守智證從體起用皆在一刹那間故曰忽然超越也不為界內有縛故曰超越世
間不為界外空縛故能超越出世間十方圓明乃寂照含空之意即一一法界備達
十如是也獲得二種超權小之殊勝功德而現不思議業用言菩薩從初發心即達心佛
眾生三無差別纔證理果時即與佛生同體用也△釋一者以我所發菩提心上合十
方諸佛所傳本妙覺心在因同果處染常淨以此合如來體也由我證得此心故能三
十二應與諸佛如來報化身雲同一慈力此合如來用也二者由我證此
一切眾生共有之法身故能下合十方一切六道眾生本妙覺心既同其體

則同其患故能曲成其用與諸眾生同一悲仰眾生悲己沉淪仰它救度且眾生心
中之悲仰即諸佛拔苦之覺地故眾生有七難二求
聞菩薩有悲心仰望救苦與樂菩薩則以十四無畏
觀眾生佛性仰望哀求以施悲也○本妙覺心非聖
非凡故一得此即能超能越上同下合譬如月處虛
空然後能分光散影于江河溝瀆之間郊原林藪之
上耳亦如淨鏡形至無有不彰故能現身如空谷聲
喚無有不答故能說法此中若約位次應同初發心
住雖曰分斷無明分證眞理然一斷一切斷一證一
切證而四十二位功德隱然俱在故前云有三摩提
具足萬行也△釋上同佛慈力之體用為下應身之
案世尊由我供養觀音如來顯修福之深種德有本也蒙彼如來
授我如幻顯修慧之深歸功于師也以幻修幻日如幻我于彼佛發菩提心信也彼佛教我從
聞思修入三摩地教也解也我依佛教初于聞中入
流亡幻塵幻根幻覺幻空之所智行也寂滅現前獲
二殊勝證理果也于此信解行證教理行果皆
寂滅相而熏即思之觀照惟思與修總一如幻聞熏

聞修金剛三昧此出究竟堅固之定名以彰妙應體用也始于聞中本覺內熏發起清淨種子次于耳門旋倒聞機用妙覺之智漸次修入至于始本契合內瑩發光光極知見業識乾盡一眞獨存如金眞法幻智如剛此人利用而用用不可得故稱如幻聞熏聞修金剛三昧此三昧乃三十二應之本也三昧此云調直定亦云正受遠公曰三昧專思寂想之謂也思專則志一不分想寂則氣虛神朗由是得自然之玄符用一而致也○正觀晷明四種一常坐文殊問般若經云名爲一行三昧坐九十日爲一期二常行般舟三昧經云唯常行旋九十日爲一期三半行半坐方等云旋百二十匝卻坐思惟四非行非坐南岳呼爲隨意定妙宗曰常坐一種從眞觀理餘三兼四○上得體下發用菩薩得此金剛三昧斷本無明大智現前故能上則與佛如來同慈力故體用兼具合我身成三十二應楞伽有三種意生身謂三昧樂意生身三五地證覺法自性性意生身乃第八地所證種類俱生無行作意生身由等覺入妙覺位聖種類生一時俱現此三十二應當種類俱生無行作意

生也身入諸國土即十身中國土身也由轉彼器界而成法性土故發不思議業用華嚴經
云清淨妙法身湛然應一切此三十二者但約對機限量若約菩薩現十法界身圓應羣機則無類不入
今開則三十二應合惟四聖六凡攝盡羣類先應出世間四聖人佛身世尊但凡菩薩無不希求
成佛今我因行已極證悟已圓則能隨機感應若三賢十聖等之諸菩薩入相似三摩
地進修中道無漏則分證勝解現圓乃至進修金剛無漏則究竟勝解勝解者各
隨所修因行已極發起證悟之智也現圓者即智證將滿之時也我依如幻金剛三昧斷最後
無明心性理顯故能現佛十種他受用身而為說起根本無分別智斷生相無明入薩
婆若海之法令其分證者得究竟解脫菩薩能現佛身離因位一通議十地菩薩坐寶華王
座垂成正覺亦須別佛說教聞熏令斷最後生相無明故觀音現身為說法也本妙覺心如鏡已明形對
相現譬如臣家之鏡王苟臨之豈無王家之相王家之鏡臣苟臨之豈無臣相當知人有高下鏡無貴賤

然亦不妨明有優劣問等覺菩薩豈假初住現身說法也答聞法得解何必求入復假勝身彌增內慧凡天魔現爲佛身相好而麁多尚乃至禮況初住菩薩妙理所現等覺雖尊焉敢不仰且觀音既云上合十方諸佛本妙覺心與佛如來同一慈力豈局于初住哉△現獨覺身若諸有學諸字但指一類多人而言各在修習位中樂獨善寂求自然慧謂之寂靜妙明寂靜是理體妙明是慧用在花開花謝之中自證無生之道超彼所欲定慧勝妙而學地功行現前圓滿求其解脫分段生死證無學高我於彼前現獨覺身者出無佛世觀物變易自覺無生故名獨覺而爲說七十七智之法令其解脫△現緣覺身若諸纔聞佛法順觀無明之有學知迷勝性于是自無明滅等斷十二緣性因緣斷而顯故曰緣斷勝性即因緣無生之性也欲求殊勝妙性現圓我於彼前現緣覺身稟佛之教逆觀無明悟緣生如幻而爲說推因審因二智之法令其解脫

有學而證無學獨覺無佛世自悟緣覺有佛世取靜菩薩有佛無佛處皆現身也△現聲聞身若諸發眞之後三果四向之有學以見道一十六心斷四諦下八十八使見惑證生空理故曰得四諦空之初果後進斷三界八十一品思惑品品皆證一分擇滅無爲故云修道入滅將證無學名勝性現而將圓末圓時我於彼前現聲聞身而爲說三十七品助道法令其解脫苦諦證滅諦也上應出世間四聖身下應世間六凡身△現梵王身若諸眾生樂欲此心明悟求慧也不犯欲塵求定也欲身清淨求戒也以有欲塵則塞悟門心不明了身亦穢濁故不犯欲塵不獨人間麤弊之色而不欲即他化之樂亦不欲也我於彼前現梵王身梵王者即色界天主而爲說離欲法令其解脫欲塵而生梵世則梵天亦係少分戒定慧學而成也上五俱云解脫者向上一路也下俱云成就者合其所望也△現帝釋身若諸眾生欲爲帝釋天主

統領諸天彼天橫有三十二天而帝釋統之我於彼前現帝釋身而為說上品十善法令其成就偈曰東北員生樹西南善法堂每逢朔望日于此說善法金光明云釋提桓因種種善論是也△自在天身○欲界天頂名他化自在假他化以成己樂故為欲界主天也亦即魔王天或云此天之上別有魔宮亦此天攝若諸眾生欲身生于自在天宮而游行六欲四洲之十方我於彼前現自在天身而為說得異熟果隨意所念而得自在法令其成就△現大自在天身○大自在者即色界摩醯首羅天大論云三目八臂騎白牛執白拂又云過淨居天有十住菩薩號大自在大千界主也若諸眾生欲身自在飛行虛空我於彼前現大自在天身而為說無漏定法令其成就上示天主下示天臣△現天大將軍身○此天即帝釋所管將也分住三十二天各領鬼神鎮護四方者若諸眾生愛統鬼神言四

王主帥各有八將統八部之屬救護人間國土所以摧魔護生我於彼前現天大將軍身而爲說仁而且勇之法令其成就△現四天王身○此天爲上昇之元首下界之初天于須彌山腰各居一埵臣于帝釋分統四州者若諸眾生愛統世界即須彌山各面一切國土保護眾生我於彼前現四天王身而爲說統御保生之法令其成就△現四王太子身○即那吒之類跨握鬼神護世益人此拔統紀四天王各有太子九十一人驅使者即八部類族也若諸眾生愛生天宮驅使鬼神我於彼前現四天王國太子身而爲說輔政益世之法令其成就○僧問韶國師那吒太子析肉還母析骨還父然後現本身運大神力于蓮華上爲母說法未審如何是太子身師曰大家見上座問僧曰恁麼則大千同一眞性也師曰依稀似曲纔堪聽又被風吹別調中即此味之太子身菩薩身俱揀出但四空無形別有益耳上

應天趣竟下應人趣本妙覺心在天而天在人而人在在稱尊也△現人王身○自人王至婆羅門五種人當知皆以五戒五常所致心有廣狹位分君臣仁覆一家則爲一家長仁覆一國則爲一國長謚法曰德象天地稱帝仁義所生稱王白虎通曰王者往也天下所歸往漢制天子稱皇帝其嫡嗣稱皇太子諸侯之嫡嗣稱世子帝力可以鎮萬邦王威可以伏兆庶自金輪至於一切粟散皆是人王所攝粟散者邦國小王散于天下如粟之多也若諸衆生樂爲人王乃有德懷仁不忍世亂發願世世爲有道王以理國邦者我於彼前現所欲之人王身而爲說生貴之因法及帝釋德業以熏隔世之種如修十善爲輪王之因令其成就○唐太宗好食蛤蜊沿海官吏先時遞進人亦勞止一日御饌中有擘不張者帝以其異即焚香禱之乃見菩薩形儀梵相具足帝遂貯以金粟檀香盒覆以美錦賜興善寺令衆僧瞻禮因問羣臣斯何祥也或奏太乙山惟政禪師深明佛法乞詔問之帝卽詔師至問其事政曰臣聞物無虛應此乃啟陛下之信心耳故契經云應以此身得

度者即現此身而爲說法帝曰菩薩身已現且未聞說法政曰陛下覩此爲常耶非常耶信耶非信耶帝曰希奇之事朕深信焉政曰陛下以聞說竟皇情悅豫詔天下寺院各立觀音像以答殊休是蛤蜊以不說之說也△長者身○溫陵謂長者十德姓貴位高大富威猛智深年耆行淨禮備上歎下歸以齒德俱隆堪爲族長也

若諸眾生愛主族姓即一族之長世間推讓即邦國之長或德風遠被華夷皆尊故曰世間推讓我於彼前現長者身而爲說成德之法令其成就△現居士身

若諸眾生懷傳聞強識之雅操愛談至道之名言不求名位清淨自居我於彼前現居士身而爲說居家有道之法令其成就○李長者名通玄太元東北人或云唐宗室也以開元七年隱于方山土龕造華嚴合論凡四十軸伏虎負經神龍化泉晝則天女給侍夜則齒光代燭示寂之日飛走悲鳴白氣翼天報齡九十六張無盡以爲文殊普賢之幻有安知非觀音之幻有也耶龐蘊字道玄衡陽人也少悟

塵勞自求眞諦初謁石頭問不與萬法爲侶者是什
麽人頭以手掩其口豁然有省一日頭問曰子見老
僧以來日用事作麽生士曰若問日用事即無開口
處乃呈偈曰日用事無別惟吾自偶偕頭頭非取舍
處處勿張乖朱紫誰爲號青山絕點埃神通并妙用
運水及搬柴次後參馬祖問曰不與萬法爲侶者是
什麽人祖曰待汝一口吸盡西江水即向汝道士於
言下頓悟玄旨自爾夫婦子女俱登佛地東土居士
唯龐翁爲最矣△現宰官身○三台輔相州牧縣長
各有所司皆號宰官各賦才技各長議論菩薩示同
事攝言易入而運相屬也若諸衆生愛立綱常治正風化令國土清平國域也
剖判決斷民之枉直使邦邑安隱邦封也有功者封于此也邑縣邑也我於彼前
現宰官身而爲說移訓風俗言折獄之片法令其成就○趙清獻公汴
年四十餘擯出聲色係心宗教會佛慧居衢之南禪
公日親之慧不容措一詞後典青州政事之餘自多
宴坐忽大雷震驚即契悟作偈云默坐宮堂虛隱几
心源不動湛如水一聲霹靂頂門開喚起從前自家

庭慧聞笑曰趙抃道撞彩耳富鄭公弼初于公門未有所趨公勉之書曰伏惟執事富貴如是之極道德如是之盛福壽康甯如是之備退遜閒休如是之高其所未甚留意者如來一大事因緣而已能專誠求所證悟即他日為門下賀也此非現宰官身與宰官說法之樣乎△現婆羅門身○婆羅門此云淨行刼初種族山野自閒故人以淨行稱之西域四姓中之勝者也

若諸眾生愛諸數術即咒禁與和合占相推步盈虛等術攝衛自居者調養身壽之數如郭璞華陀之流我於彼前現婆羅門身而為說算數術等方法令其成就上應世諦男身下應奉敎男女△現比丘身

若有男子子家厭離好學出家持諸戒律者自十戒進至二百五十戒我於彼前現比丘身而為說三聚律儀之法令其成就○比丘含三義一乞士清淨活命故二名破煩惱三名怖魔智論云破惡如初得戒即言比丘以三羯磨發善律儀也若就行解言之戒防形非定除心亂慧悟想虛能破見思之

惡也怖魔者既能破惡魔羅念言此人非但出我界
域或有傳燈化我眷屬空我宮殿故生驚怖涅槃說
四種比丘一者畢竟道即無學二者示道即初三果
三者愛道通內外凡四者汙道也△現比丘尼身

若有女人厭離在家**好學出家持諸**二百七十七**禁戒我於彼**
前現比丘尼身而為說求離諸染之**法令其成就**善現云尼者女
聲也藥師云五百戒僧祇云比丘尼有二百七十七
戒八波羅夷十九僧伽婆尸沙三十尼薩耆百四十
一波逸提八波羅提提舍尼六十四眾學法七止諍
法戒本云若隨事隨順人應與現前毘尼等事鈔尼
眾篇云善現見佛初時不度女人出家為滅正法五
百年後為說八敬聽出家依教行故還得千年今時
不行隨處法滅會正云佛成道後十四年姨母求出
家佛不許度阿難為陳三請佛令慶喜傳八敬說若
能行者聽汝出家一曰百歲比丘尼見初受戒比丘
當起迎送禮拜問訊請令坐二者比丘尼不得罵謗
比丘三者不舉比丘罪比丘得說尼過四者式叉摩
那已學於戒應眾僧求受大戒五者尼犯僧殘應半

月在二部僧衆行摩那埵六者尼半月內當於僧中求教授人七者不應在無比丘夏安居八者夏訖當詣僧中求自恣八式义摩那此云學女法也△現優婆塞身○優婆塞此云近事男謂親近事奉三寶之男子若有男子樂持五戒志慕清淨敬事三寶我於彼前現優婆塞身而為說仁義禮智信之法令其成就△現優婆夷身○優婆夷此云近事女親近奉事三寶之女人若有女子欲求不犯五戒清淨自居堪近事三寶者我於彼前現優婆夷身而為說五戒之法令其成就△現女主等身若有女人內政立身書云有閑門之修而無境外之志故曰內政然閑門為萬化之元閫于家國之治亂也今日內政者謂掌內廷之政而正位乎內掖女主即天子之后也周禮天子之后立六宮三夫人九嬪二十七世婦八十一御妻如貴而能勤富而能儉情欲之感無介容儀厭眠之私不形動靜故曰立身以修家國家通大夫以下國通諸侯以上我於彼前現

女主身天子之后也及國夫人邦君之妻也命婦妻因夫榮之稱大家如後漢扶風曹世叔妻同郡班彪之女名昭字惠姬和帝數召入宮令皇后貴人師事焉故曰大家而爲說法令其成就△現童男身若有衆生欲立志全身不壞男根終身而不犯女色者我於彼前現童男身童者亦子之稱而爲說清淨無染之法令其成就△現處女身若有處女者未嫁之女也愛樂處身令身清淨不有求夫侵暴之心縱有強施聘幣必矢志而不從者我於彼前現童女身而爲說堅貞自守離欲清淨生天等因之法令其成就

已上四衆及天與人皆是欣求心量此菩薩調而應偶而修十善等木隨身逢場作戲所謂同事攝者也△現此八部身○此爲說法令其出類前天欲求入天界天欲求出天界者非重也恐報盡復墮故也說法有二一說超脫善法令修出二說本行業法令不入法華疏云天者天然自然義修十善因生最勝處單修

習上品十善乃生欲界修根本四禪離欲麤散則生色界若厭凡龍修四空定生四空天名無色界也△一部

若有諸天不受天樂樂出天倫我現天身而為說其所好之法令其成就出離天倫也〇大論云諸天命欲終時五死相現一華冠萎二腋下汗出三蠅來著身四見更有天來坐已坐處五自不樂本座俱舍論明此五衰有小大之異小者一衣服嚴具出非愛身二自身光明忽然昧劣三於沐浴位水滴着身四本性囂馳今滯一境五眼本凝寂今數瞬動此五相現非定命終遇勝善緣猶可轉故大者一衣染塵埃二華鬘萎悴三兩腋汗出四臭氣入身五不樂本座此五相現必定死故故樂出倫也△二部

若有諸龍龍之生類不同相貌不同住處不同善惡不同有三怖熱沙金翅黑風又三共婬瞋食蝦蟆炎天行雨脫骨所以諸龍厭本倫之苦樂出龍倫我現龍身而為說斷婬法令其成就△三部

若有藥叉秦云貴人亦云輕捷有三種一在地二在虛空三在天地夜叉但以財施故不能飛空天夜叉以車

馬施故能飛行佛轉法輪時地夜叉唱空夜叉聞空夜叉唱四天王聞如是乃至梵天也三云天夜叉叉
云何察以守護天門城池故令樂度本倫我於彼前現樂叉身以菩薩面
夜叉心不隔一綵故而爲說斷殺法令其成就△四部若乾闥婆此云
香陰不噉酒肉唯香資陰亦云尋香行帝釋作樂時此神體上有異相出然後上天叉云燒沉水香此神
尋香而往奏世間樂樂脫其奏樂神倫我於彼前現乾闥婆身而
爲說斷戲之法令其成就○世尊因乾闥婆奏樂其時山川大地盡作琴聲迦葉起
作舞王問迦葉豈不是阿羅漢諸漏已盡何更有餘習世尊曰莫謗法也古德頌云輕輕撥動一條弦聲
振三千及大千賴有飲光知此意肯將羅袖惹春烟△五部若阿修羅此云無端正以女美
男醜亦云非天多詐諂無天行故樂脫其倫我於彼前現阿修羅身
以嗔化嗔而爲說斷嗔法令其成就○什曰阿修羅秦言不飲酒因緣出雜寶藏法

華疏云阿修羅採四天下花醞於大海龍魚業力其味不變瞋妬誓斷故言無酒阿修羅在因之時懷猜忌心雖行五常欲勝他故作下品十善感此道身羅睺云障持化身長八萬四千由旬舉手掌障日月世言日月蝕釋名云日月虧曰蝕稍小侵虧如虫食草木之葉也京房易傳云日月赤黃爲薄虧毁曰蝕或曰不交而食曰薄韋昭云氣往薄之爲薄虧毁曰蝕成論云譬如天日月其性本明淨烟雲空霧等五翳則不現等字兼修羅言故佛誠云修羅羅女莫呑日月能破黑暗能除衆熱△六部

若緊那羅

形似人而頭有角人見則疑人耶非人耶因呼爲疑神天帝絲竹樂神所奏出世間法樂即四諦因緣六波羅等也

樂脫其倫我於彼前現緊那羅身而爲說

斷詔之

法令其成就△七部

若摩呼羅伽

什云地龍肇云大蟒神腹行者也因多毁戒微行恚施故墮此類亦云守護伽藍昔十三祖迦毘尊者山行數里逢一大蟒直前不顧蟒盤祖身祖郎爲蟒受三皈聽詑現老人素服而去是顯菩薩龍蛇混雜無定名無定相也今者摩呼羅伽

樂脫

其倫我於彼前現摩呼羅伽身而爲說斷癡之法令其成就八部中少迦樓羅一部者迦樓羅云金翅翅金色故張翅則廣三百三十六萬里觀海之龍命將盡者以翅擘海取而食之頂有如意珠肇曰金翅鳥神此鳥諸佛收在佛後火燄中同龍一處攝在龍中故菩薩不爲現身也上八部竟△現人身若諸衆生樂人修人者謂在人中願世世不脫人身修進不怠者前八部皆願出本倫未知何趣人俱願求生人道即人道亦不願失人身何也六道中唯人道能修無上正覺故裴公云鬼神沉幽愁之苦鳥獸懷獮猻之悲修羅方嗔諸天正樂可以整心慮趣菩提唯人道爲能耳今于人中樂修人身故我菩薩現人身而爲說精持五戒之法令其成就△現非人身若諸非人有形無形有想無想統收五趣無形即攝無色界天無想即攝無想天等形與無形想與無想地獄總該餘則易知或此偏於地獄此人與地獄并前八部中四趣共成六凡界也長水云有形有色蘊如休咎精明等無形

無色蘊如空散消沉等無形有想如鬼神精靈等有形無想如精神化爲草木金石等皆非人也此中無形難與現形無想難與說法菩薩由三昧力故爲此等樂度其倫者我於彼無形前皆現其無身之身于無想中發無想之想而爲說斷邪見之法令其成就得脫本倫此類實劣蓋菩薩妙力殊勝不可思議也○嵩岳破竈墮和尚言行叵測山塢有廟甚靈唯有一竈遠近祭祀不輟師一日領侍僧入廟以杖敲竈三下曰咄此竈只是泥瓦和成聖從何來靈從何起恁麼烹宰物命又打三下竈乃傾破墮落須臾有一人青衣峩冠設拜師曰是什麼人曰本此廟竈神久受業報今日蒙師說無生之法得脫此處生在天中特來致謝師曰是汝本有之性非吾強言神再禮而沒△總結慈力觀智應現是名妙淨之體染汙即不得是名三十二應入國土身之用應現即不無夫如此者皆以三昧聞熏聞修無作妙力逐浪隨波汎應曲當不勞精力不費心思現佛現人隨感隨應如是自在成就然有

求而不應者皆信力不專念力不切亦或平日毀謗心行皆差特自障耳濁水之中無月覆盆之下無日豈日月有私哉以三十二應釋明上同佛慈力竟下以十四無畏釋明下合衆生悲仰△總釋且標

世尊我復以此聞熏聞修金剛三昧無作妙力與諸十方三世六道一切衆生同悲仰故菩薩返聞自性遂得三慧圓通而證全法界則與衆生身心真同一體故衆生悲仰之心攝在菩薩大悲心中菩薩大悲之心徧在衆生悲仰心中凡聖體同交感相應故能令諸遭苦難衆生業報身心於我寂滅身心中獲十四種無畏功德菩薩同生悲仰為功令其無畏為德衆生悲仰為功或就利行為德總明由證起用竟△總標衆生于我身心獲入難無畏功德

一者由我不隨前聲所起知見故不自觀耳識分別世出世間之音但旋倒聞機返照自性以觀智觀見世間苦畏衆生一心稱觀音名者我即運其智力加庇令彼十方苦惱衆生

蒙我觀其音聲卽得解脫觀智卽悲慈二種觀心是以我之觀眾生與眾生之念我體用一如苦樂不二聖凡平等情智融通故得一根返源六根妙用而令眾生解脫苦惱矣古德謂令眾生亦用聞熏觀聲然眾生在急難中幾人慣習聞熏縱有一二何名普救又眾生自能聞何待菩薩救拔法華云眾生一心稱名菩薩觀聲卽時令脫但于苦惱眾生下加蒙我二字文理兼順也此一為總觀智加被觀機獲眾苦無畏下十三別釋△火難無畏

二者知見旋復知見屬火由外塵粘湛發光菩薩旋聞與聲脫時亦旋見與色脫而歸圓湛故見業不交塵火自息火性空寂卽如來藏周徧法界菩薩證極法界威神無量故

令諸眾生一心稱名者卽為大悲威光所攝

設入大火火不能燒如入山陰暑不能侵也○檇李曰準天台釋火難有三種一果報火下從地獄上至初禪二惡業火通燒三界三煩惱火通乎三乘火難既爾他難亦然妄想斷滅諸難亦無也△水難無畏

三者觀聽旋復者聞性屬水本由外塵粘湛發妄今復旋聽歸湛聞業不交妄

水自竭水性空寂周徧法界故**令諸**能念觀音**眾生**蒙我觀其音聲施其加被設爲**大水所漂水不能溺**也○溫陵曰內外四大常相交感見覺屬火聞聽屬水故見業交則見猛火聞業交則見波濤令知見旋復則無見業觀聽旋復則無聞業故水火不能燒溺也于聽言觀者猶音言觀也大水所漂意兼風災僧問保福如何入火不燒入水不溺福曰若見水火即被燒溺貴珠曰若有水火見即被燒溺此眞旋復之妙者△鬼國無畏**四者斷滅妄想心無殺害**妄想即暗鬼也鬼神即以陰隱爲想因以殺害爲墮緣故妄想生滅害法身慧命若妄想斷內滅暗鬼矣外除殺業歸一如來藏心也是知鬼之殺人人必候其可殺之機而殺之菩薩斷妄想則殺機寂人亦學之菩薩乃以觀音之智而加被諸人**令諸眾生**不惟不致鬼來害人即**入諸鬼國鬼不能害**也以下耳根功勝收六根△刀兵無畏**五者**以本覺內**熏**旋顛倒之**聞**機**成**眞**聞**性則令**六根銷復**皆**同**聞性七**於聲聽**根境既銷則心

境虛明習光不動誰分自俯塵性既空則能令眾生臨當被害時之刀尋段段壞根性既空則使其兵戈斫身之處猶如割水無痕戈性既空亦當使兵戈之心如吹光所謂將頭臨白刃如劍斬春風其于一眞性中本無搖動△鬼見無畏六者以眞聞熏去妄聞精明令現內瑩發光明徧法界則諸鬼神幽暗習性自不能全是故以圓照法界之慧光能令眾生藥乂即夜乂有在地在空在天者羅刹云可畏鬼鳩槃茶魑魅鬼及毗舍遮噉精氣鬼富單那熱病鬼等于鬼類受幽氣者雖近其傍目不能視以慧能治懸明能破暗故也△枷鎖無畏七者諸塵繫根猶如桎梏令音性圓銷則內無所繫觀聽返入則外無所禁如此離諸塵妄而自無羈繫之緣是故能令苦難眾生一心稱名蒙我觀其音聲之力加庇則令禁繫枷鎖所不能著俱以心空

境寂故也△刼賊無畏八者聲塵刼心害性猶若盜賊菩薩外滅音性內圓聞性內
外無敵善德同于一切處本徧生慈力而無復惡心相向是故能令衆生經
過險路一心稱名蒙我觀其音聲化礙心害人之賊者為慈悲眷屬自不能刼法華
云念彼觀音力咸即起慈心也上八難無畏除現苦竟下明三毒無畏除苦因也△貪欲無畏九者
熏聞成眞逈離塵色根境既脫貪欲之念自何而生是故色所不刼其眞心亦
復能令一切多婬衆生遠離貪欲貪欲即順境也若多婬欲常念恭敬
觀世音菩薩即得離欲乃至嗔癡亦然△忿恨無畏十者嗔恚生于敵對發于違拒菩薩了得純
一圓音則無塵相或毀或譽無非妙音純歸第一義諦音聲既純則根境圓融周徧
無有能對所對而是非之心本寂違順之境自空何嗔恚之有哉故爾能令一切
忿恨衆生離諸嗔恚△癡暗無畏十一者癡由妄塵障蔽眞心無明蓋覆

智體菩薩銷除塵暗旋復精明外而法界內而身心洞然映徹猶如琉璃朗徹無礙是故能令一切昏而具足見惑者鈍而具足思惑者性障具足無明者諸阿顛迦此云無善心癡之最極者永離癡暗此貪嗔癡不惟凡夫所有二乘欣涅槃即貪也厭生死即嗔也迷中道即癡也菩薩廣求佛法即貪訶斥二乘即嗔不了佛性即即癡上三毒竟下二求乃除疑畏其終不一得之疑也△求男無畏十二者融形即凝滅復聞則性眞不動道場旡得其體實智也形身旣駢故能涉入世間不壞世界後彰其用權智也權智幹事是故能徧十方供養微塵諸佛如來而修福足能于各各佛邊爲法王子稟其法而得慧足繼法王位有男之道旣爲兩足之佛子是故能令法界無子衆生欲求男者誕生福德智慧之男也△求女無畏十三者六根圓通通有明義故明照

無二謂見聞覺知六根互用性無違順成一圓融清淨寶覺也圓有含義故含十方界無不從此法界流也由明照無二故立大圓鏡則無相○現由含十方界故立空如來藏則無物不容具此虛受之實智實智詣理理能含育故能承順十方微塵如來秘密法門受領無失蓋承順秘密即坤儀柔德受領無失即闡門能事所以能令法界無子眾生欲求女者誕生端正福德柔順眾人愛敬有相之女吳興曰引阿含勝地獄已上乃至欲天皆有無子之苦今所求者悉能滿心是亦拔其苦也亦稱名無畏十四者此娑婆三千大千世界百億日月乃世尊之化境一化境之中以聖人現量所知現住世間諸法王子有六十二億恆河沙數修法垂範教化眾生隨自所修實行以利已也隨順眾生方便智慧隨他所欲以利物權智也如此權智各各不同

阿難前云雖復悟知一六亡義然循未達圓通本根由我所得圓通本根只在發
妙耳一根門觀此經文可見耳門之修克順機宜應求與說不待選而後知也謂之本根者此方
本利之根妙耳門者備乎離深圓之三妙也然後身心微妙含容應化無方身之
微妙含容智悲雙運心之微妙含容十界依正靡不周偏則知六十二億恒河沙菩薩所證法門一
一皆不離我法界海慧故能令眾生持我名號所有功德之人與彼
其持六十二億恒河沙諸法王子名號功德之人如是校量二人
福德正等無異△出同功之由世尊我一名號與彼眾多名
號無異由我修習得三種眞實圓通舊說此方眾生耳根利故受道者多
所以觀音化勝餘根鈍故受道者少所以諸聖化劣是知行位雖齊機對有異總彼河沙菩薩止觀音
一人故使持二福德為正等據此所說已自密簡圓通為未曉者更待文殊詳揀△總結是名十

四施無畏力後文十方微塵國土皆名我爲施無畏者非但悲心應拔分彼無畏亦以慈心
福慧備與衆生也下明四不思議融前二觀爲廣大智慧觀八總標四不思議由證起用
世尊上由修習得眞圓通獲十四無畏力福備衆生矣我又獲是圓通本根修
證無上道故以自利入等覺既又能善獲四不思議理出無爲名不
思議圓應不測名無作妙德以利宅下別示隨機現益△一身多身不思議一者由
我初獲聞中妙妙聞心入流亡所一聞所聞盡唯一心精遺拔聞根六根一
時齊拔故令見聞覺知不能分隔是一妙矣遂至覺所覺空空所空滅得成
一心圓滿菩提圓融通萬有無濁無染故曰清淨含攝一切故曰寶覺妙即寂滅
現前之象唯其聞心妙妙故我能于一身現衆多妙容能于衆身說無
邊秘密神咒其中或現一首三首五首七首九首十

一首如是乃至一百八首千首萬首八萬四千爍迦

羅首此云堅固首表六用之總二臂四臂六臂八臂十臂十二臂

十四十六十八二十至二十四如是乃至一百八臂

千臂萬臂八萬四千母陀羅臂此云印各有妙印臂表提攜之悲夫身舍十虛毛端現刹彼空與刹又不啻如首臂而已彼八萬四千首臂猶人之八萬四千毛孔耳未必爲異事也聖人之言卽事卽理既曰不可思議豈可以思議測度哉二目三目四目九目

如是乃至一百八目千目萬目八萬四千離塵合覺之清

淨寶目目表照了之智對衆生八萬四千塵勞以顯八萬四千手眼但衆生渾身手眼迷而不知俱成業用若菩薩得之信手拈來俱成妙用如此汎應塵勞得大自在此十一地等覺妙行也華嚴十地以前猶依本智長養大悲至十一地長養功德純是大悲爲法界體與智圓觀故觀音手眼通身徧身而

以大悲稱也一體之中慈威定慧無所不備而繼二十四聖示現者一明彼所現雖各一端圓而會之咸極於此使悟入者不止二十五門頓了八萬塵勞法界卽事理曾不離吾一圓融清淨寶覺之體能同能異卽一卽多無邊刹海德用徧周十方身土機相攝入邪正吉凶之術養生安物之方法法圓通塵塵具足者矣

或慈以攝善入之心或威以折邪魔之膽或定以絕散動之門或慧以破無明之窟故能洸應塵勞曲施誘迪無不如心救護眾生得大自在由三昧力熏聞性而成慈無量心故能救護眾生得大自在也

△現各各形說一一咒不思議

二者由我聞而思思而修聞所聞盡脫出六塵如聲度垣不能為礙三慧圓明故我妙能現一一形誦一一咒由眾生根器不同故對機現形亦不同由眾生習氣不同故對機說咒亦不同其形其咒能以無畏施諸眾生是故十方微塵國土皆名我為施無畏者前十四無畏能令眾生稱名自

脫此明現身說咒令其脫怖故有不同乃由金剛三昧熏聞性而成悲無量心故能令諸眾生稱為施無
畏者△過化不思議三者由我修習本妙圓通指耳根言由此而證清淨
本根則轉藏識成鏡智于諸塵境毫無取著故所遊世界皆化慳心而為喜心亦令
眾生捨身珍寶求我哀愍受之而施作佛事也此金剛三昧熏修聞性而成喜
無量心故能令諸眾生歡喜布施不惜身財也△供養佛生不思議四者我得妙契諸佛
淨圓貞心始以因心契果覺慧足也證於究竟終入妙覺果海則無量佛法寶藏功德法
爾現前發妙莊嚴海既入佛法寶藏既開具無量福慧于中能以無量珍寶廣作佛事身中
能運無盡神通妙興種種法財供養十方如來傍及法界六道眾
生因其等觀一切眾生具有如來智慧德相無非佛者故生佛同等廣施供養福足也福慧兩足隨機
樂求求妻得貞靜幽閒之妻求子得福德智慧之子皆世間之法財求三

昧得三昧皆與出世間之法財求長壽得長壽亦與世間之法財如是
乃至求大涅槃得大涅槃皆與獲出世法財之益○吳興曰四不思議前二屬
應後二對機應中備顯形聲二益初文雖云說咒而
正示現形即應身功用也次文雖復現形而正示聲則
益則名稱普聞也機中具明因果二相先明修因則
六度之中畧舉布施俾求福故後明感果則世出世
願靡不成就令得樂故天台曰我得佛心證于究竟
則無理而不圓無法而不具如薩埵之得摩尼置之
高幢隨人所需無不充足仰足以養父母俯足以給
妻子中足以及衆生在法亦然故曰能以珍寶種種
供養十方如來等耳△正結圓通
佛問圓通我從耳根一門深入彼六知根應拔圓脫反聞功成故得
圓照三昧寂滅現前一體純眞而上同諸佛下合衆生故得三十二應十
四無畏四不思議隨緣應化心得自在因我聞反入法性流亡所諸相以圓
湛不生滅性為因心得三摩提然後圓成果地修證成就菩提如此因心果覺妙方

便門斯耳根圓通為第一殊勝詳夫諸聖皆稱第一各尊所得非眞第一斯則對此方機具三眞實文殊所謂圓通超餘者觀世音為最是乃眞第一也△兼明授記世尊彼古佛觀音如來歎我善得圓通法門於大會中授記我為觀世音號嘉其師資道合也且是因記而非果記應在初住始證之時若入地上乃至等覺當授果記而出佛名矣吳興曰按觀音三昧經及大悲經皆云此菩薩過去久已成佛號正法明又悲華經說往昔寶藏如來授不瞬太子記名觀世音然則悲華與此經皆覆本垂迹之名耳今得圓通卽太子之後身旣示因位亦示次第修證也△結顯人法同名由我觀聽十方圓明唯一如來藏心藏心周徧故觀音名徧十方界此結法門殊勝大衆各陳竟

○揀選圓通章

大意諸佛交光灌頂勅文殊分明指出耳根圓通常三種眞實為此方衆生華屋之門也蓋前雖令一門

深入而竟未說出何門故勅衆聖以交言各陳圓通則華屋諸門悉啟今諸佛以瑞相應者欲選耳根合悟依正因果自他交徹向曲合此方機宜故觀音不次陳那而居後者以便選也△諸佛瑞應

爾時世尊於師子座從其五體同放寶光以顯渾身是大光明藏遠灌十方微塵如來以自果徹他果及法王子諸菩薩頂以自因徹他因表圓通根理無上故正脈科此名以自徹他他因果瑞下文以他徹自因果瑞彼諸如來亦於五體同放寶光此表證性明極則寶覺圓融全體發現也從微塵方來灌佛頂頂為圓極之相顯十方如來同于六根證無上菩提頂法也幷灌會中諸大菩薩及阿羅漢者圓證二十五聖所證圓通實無優劣密證耳根性圓周徧智境全彰先為此方衆生慶也△無情法光瑞林木池沼皆演法音交光相羅如寶絲網圓證根塵既銷音光交涉依正不二性體本同有情無情齊成佛道則一切色

是妙色一切聲是佛聲無非悟入之處無非圓通之理也△會眾獲益瑞是諸大眾頂門得
灌未曾有之佛光耳門得灌未曾有之法音一切大眾普獲金剛智以破惑
陰三昧定證圓通所謂有三摩提名大佛頂首楞嚴王妙莊嚴路堂堂放在吾人面前豈非消習
遍于剎那廓眾塵於一念萬行備于性天寶覺圓於實際者哉曰劫相倍之功茲亦見矣△天雨寶花瑞
即時天雨百寶蓮花青黃赤白間錯紛糅圓顯天然瑞相應時
間錯莊嚴表在會獲益者皆得證入住行向地等妙四十二聖眞因無作妙行自然分證也△空成寶色
瑞十方虛空成七寶色圓顯眞空性色△山河自隱瑞此娑婆世界
大地山河俱時隱而不現由淨穢情亡故有為習漏當不復生也△合界梵唄瑞〇
根塵消復是故唯見十方微塵國土合成一界眾塵廓然無復隔越也總
相法體既現則林木池沼皆演圓音風動水流通成法喜是名梵唄詠歌自然敷奏

同爲證成其宜法利能使法界永離衆苦常得妙樂眞實圓通其驗如此故衆瑞一時應之△佛勑揀選

○夫如來藏性無不眞實十方如來于十八界一一修行皆得圓滿而衆生亦得隨根隨塵無非眞理皆可悟入但最初下手須自一門且敎體有方根器不一證性總歸圓通今欲逗機必大智揀選令易成就也

於是如來告文殊師利法王子者勑文殊有四義一智爲行首今欲發行因以智爲先導謂此菩薩實智第一故二智能知別眞實圓通謂此菩薩具擇法眼故三有始終于當機首而提獎歸來恨多聞而請妙定方便今爲選其堪敎故四徵信于人謂此菩薩是諸佛之師今權現爲無上法王克紹家業之子亦從此耳門證入故汝今觀此二十五無學諸大菩薩及阿羅漢各說最初下手工夫因茲得成道之果方便此謂開方便門皆言修習眞實圓通此謂示眞實相彼等修行之門平等平等實無優劣前後差別惟歸一如來藏而無異涉門門皆可還源矣蓋諸佛散在

十方根隨方利谷有多生熟習順其種性各有多分煩惱對治所宜我今欲令阿難開
悟二十五行以誰行當其此方之根圓根修行與不圓根日劫相倍故當
揀選兼我滅後此娑婆世界眾生欲入菩薩乘求無上道
者從何方便門得易成就得其門者等諸佛于一朝故當揀選吳興曰性如華屋根
如入門若得其門方受其賜世人以解為證請示最初入入道方便與二十五聖孰為其倫乎汝以心言直
故酬我所問則未來諸佛道在師也△領旨揀選文殊師利法王子奉佛慈
旨即從座起頂禮佛足承佛威神說偈對佛偈中先明真妄
若無迷悟豈有修行因迷一真遂成諸妄悟遂根門遂分遲速唯耳根為初心方便也△先立體用覺
海性澄圓吾人見聞之覺體本具深廣之海量而覺海性體義相澄圓性海則澄停湛寂無諸
起滅覺海則圓融洞鑑無諸偏漏而圓澄覺性元具妙用不假作為絕諸能所體相用

三圓滿而本無虧缺逈融而本無乖背即性覺妙明本覺明妙也△從眞起妄○良以元明性體
上忽起能照遂生所照所既妄立而能照之眞性遂亡即迷如來藏不覺而
妄成業識矣即因明立所所既妄立生汝妄能△萬法生起○性覺既昧而爲業識遂迷眞空而成
妄有之虛空由是依空晦而結暗爲色復立有情無情二種世界而妄想
澄凝便成無知乃名國土妄想分別則成知覺乃名衆生此即依無明藏識生
見相二分也豈知虛空生乎大覺性中如大海中之一漚泡發相也
哉以虛空較之大覺尚眇劣如此況有漏微塵國土皆依空所生者其微小
可知即前由是引起塵勞煩惱起爲世界等△了妄即眞○若漚滅則空亦本無況
復依空所生之諸三有而獨存乎即三緣斷故三因不生狂性自歇歇即菩提一部楞嚴橫
既發明頭頭湊着如鏡交光相似有謂諸者助語詞○溫陵曰諸三有指微塵國土中三有也吳興曰有

漏兼有情三有含情器△諸門平等○苟一人發眞**歸元**十方虛空悉皆消殞何況空中所有國土

而不震裂是則頓悟一心不假方便眞實歸元**性**體本**無**有**二**但隨根不一各從其便故**方**

便亦**有多門**△諸聖無差別門○諸**聖**依如來藏**性**修行**無不**圓**通**事事

無礙故十八界一一證得若**順**若**逆**憎愛苦樂**皆**為**方便**人華屋藏性之門如千逕

九逵皆方便入長安而君之路何須揀選△對機應選○但，**初**發**心**人**入三昧**時若

得圓根順而易入則收功速君不得圓根逆而難入則取效遲既爾**遲速不同倫**須用揀擇

以便悟入是知揀擇諸門意在分捨也△先揀六塵○蓋有聞法之人一念便得無心者有至十地乃得

無心者盡世間難得一無心道人也前云彼等實無優劣今文殊向無優劣處分個優劣無差別處分個

差別於是將二十四聖據斥播兩一一品題皆不當此方圓通之本根後獨選耳根一門為最勝故先揀

六塵也○尼沙陀因觀不淨析色明空妙色密圓此**色**性妄因**想結**暗所**成**質之礙**塵**

性多障蔽此色雖則以見精了之終不能明徹如何以此不明不徹之壁
令初心於是了之使徹以獲圓通此非揀聖揀法正對方揀機也凡曰云何獲圓通皆
就此方之機揀之○陳如悟四諦聲妙音密圓今揀音聲不離諸雜語言但伊音聲
即屬名句味而已伊猶彼也一字為名名詮自性如云火柢詮得火更不詮何等火也多字為句
句詮差別如云燭火燈火等也味即義理也古以文為味者字能顯二妙味能顯食中之鹹淡義顯文中
之奧妙且理圓言偏名不能含句與義是偏一句非能偏含一切義云何初心依之
獲圓通○問此與觀音耳根何異答聲是佛語根乃白心認塵則著他語言觀根則了己心性故
○香嚴聞香香入鼻觀香無生塵氣倏滅妙香密圓今揀香以合鼻其中方知有香若
離于鼻則元無有香既因離合而有香則能覺之心不得恆于一其所覺
之香本不恒矣云何初心者依之而獲圓通○藥王藥上因嘗眾味了味無生由味覺明登

菩薩依今揀味性亦非本然之體要以舌合味時方有其性離根元無其能覺之根不得恒一則知味之性亦不能恆云何初心者依之而獲圓通〇跋陀婆羅雖忽悟水因得無所有妙觸宣明成佛子住今揀觸塵必以身為能觸物為所觸能所兩合方明中間有洽煖澁滑之觸相若無所觸與能觸合則不明之有觸況此觸相或合或離性非有定云何初心依之而獲圓通〇迦葉觀塵變壞修於滅盡妙法開明消滅諸漏今揀法塵悟則雖稱妙法開明乃是屬前五塵落謝影子故為內塵既憑前塵落謝而為內塵必有方所然意為能緣塵為所緣心無並慮如緣善心數則不能緣惡是則能所非偏涉云何初心因之而獲圓通此揀六塵者于心最疏且具障蔽染汙二義疏則難轉徹則難圓染則難通故△揀五根〇律陀修樂見照明金剛三味旋見循元由斯得證今揀見性雖是洞然照了但能明前

三方二隅不能明後一方二隅是爲四維虧一半云何依不圓根而獲
圓通○欒特迦調出入息反息循空因是得道今揀鼻根以息纔發鼻息出時不能卽入而
入息時亦不能卽出而出入雖通現前無中交之氣則是支離間斷匪
相涉入云何初心依之獲圓通○鉢提蘿觀味之知非體非物還味旋知成無學衆
今揀舌根有說法嘗味二用論說法則無礙辯才洒與圓通相近非入圓通無端也若論嘗
味一節因味塵方生覺了之根樂入若味滅亡則覺了之知無有云何
初心者依之而獲圓通○畢陵觀覺覺痛覺清淨心無痛痛覺純覺遺身獲無學果今揀身
根要與合方知故必所觸合同方明了觸之根是知身非觸而不顯既有能所各自別
非圓覺觀之義身根觸塵有邊涯限量不能冥會云何初心依有限之
身以根獲圓通向下想念指第六識而六以七爲根故名意知根○須菩提曠劫空寂空性圓

明入寶明空海同佛知見今揀知根雜于意識之亂思已成渾獨則湛了根性終
無能見若有意知根必有想念相依不可脫故久修滅定者猶不能脫去想念
云何初心依亂想之根而獲圓通○揀五根者根能旋反轉之即性勝彼塵識然六根圓缺
不齊故△揀六識○舍利弗曠劫清淨見覺明圓光極知見今揀識見雜三和謂根塵識
三和合而生窮詰其本性無相可得故稱非相和合則有不和合則無自體先
無定相初心者云何依無定之體而獲圓通○普賢用心聞能知沙界外事得大自在
今揀心聞洞徹十方此之生於久修大因行願力而初心機小則
不能入云何小機依耳識以獲圓通○孫陀羅心多散動觀鼻端白息久發明明圓
滅漏今揀鼻想本是權機秪令收攝其心依散暫所住而眞心無住若
果所有住則成能所矣能住是心所住是鼻端白能所對待云何初心者依有住

之心而欲獲圓通○富樓那助佛轉輪說法無上降伏魔究銷滅諸漏因舌識而悟入今揀說
法雖由舌識調弄音聲文字亦是滿慈曠劫已來宿因成熟其大辯才故得開悟
乃是久遠先成之者非一時舌之所能況名句是不相應行元屬于有為非無漏
之法云何初心者依此而獲圓通○波離因持戒清淨身心寂滅成阿羅漢今揀持戒無
犯但能揀束其身識乃非身而無所束且身識但局于身元非偏
一切云何依此不偏之身識而獲圓通○目連修定旋湛意識心光發宣得大神用今
揀神通本乎曠劫宿因之力所成何關乎依法塵所有意識分別之性
即此神通因意識有此意識念念攀緣非能離物云何初心者依此而獲圓
通此六識經首破六處識心是生死根本不可依之錯亂修習而諸聖自陳者見聖性無不通也若初
心用此別成聲聞魔外者多故揀也△揀七大○持地菩薩因悟當平心地見塵無性不相觸摩悟無生

忍若以地性觀地是堅固質礙之物非能通達且平坦要路功涉於有爲元非聖性遇佛開示方得悟入云何初心者依之而獲圓通○月光作水觀身水香水性合眞空一味流通得無生忍若以水性觀乃是想念而後成水觀非眞實如如之理欲契如如不動之理須是如如不動之智非分別覺觀之心可成云何初心者依分別覺觀而獲圓通○烏芻因名火頭金剛觀多婬心成智慧火生大寶燄若以火性觀乃是厭有欲火而求離非是無能無所之眞離身心俱斷斷性亦無方爲眞離故如厭有求離非初心之一定方便云何初心者依之而獲圓通○琉璃光觀身心世界皆妄緣風力所轉于動見不動卽證實相若以風性觀而四大身心皆是風力所轉則有起動有寂靜非無對有待旣對待非無上覺云何初心者依之而獲圓通○虛空藏觀四大無依妄想生滅虛空無二佛國本同得

無生忍若以空性觀似通似圓似常則不可揀此空乃無明執成昏昧之頑鈍物
先非有知覺者既無覺知為因是異于菩提之果云何初心者依之而獲
圓通彌勒修唯識觀識性圓明入圓成實得無生忍若以識性觀觀此識
性念念生滅非常住眞心若存心觀之識性乃虛妄云何初心者依之而
獲圓通○大勢至由念佛三昧都攝六根淨念相繼得無生忍然凡有動作皆屬諸行是
無常生滅法既念性元屬生滅若以生滅為因地心不獲如來不生不滅之果地覺
因果今殊感云何初心之而依獲圓通耶此文殊揀擇二十四聖皆不對此方
之機也○溫陵曰聖人設教隨方不同或有佛土以
佛光明而作佛事或有土以菩提樹而作佛事乃至
或以園林臺觀或以虛空或以寂無說示如香積佛
國無文字說但以衆香令諸天得入律行而此方教
體全藉音聲若取正定必由聞入者各隨機緣也此
方若以六塵而入六塵妄結而不一若于五根而丕

五根隔越而不通若以六識而入六識生滅宛然若
于五大而入五大無知而昏鈍若以識大而入識性
本非常住若于見大而入念性元旦無常是皆不合
此方之機難入圓通根本也揀諸門竟△選一門入

我今白世尊佛出娑婆界此方眾生耳根最利人情物理唯聲能詮是佛托音聲而為教體又無聞則無聲由聞顯理由聲詮是即音觀聞而為教體故曰此方真教體清淨在音聞又音是相教是生滅法聞是性教是不生滅性即音所詮之理乃能聞之性是則教體在于聞不在于音是知音在聞中一動一靜即動即靜無非聞性妙用故云欲取三摩提實以聞中入從選根已來惟此一何方是決定分明指出耳根為圓通本根至妙之法門也△讚能證二利之德○謂諸聖中利離分段變易二生死苦得人空法空二種解脫速證寂靜妙常者良哉觀世音為能也此自利也利它則於恆沙劫中時為極長顯常也入微塵佛國此處極廣顯偏也以三十二應身隨緣演法皆是得大

自在之力亦以十四無畏力施諸衆生△普備衆美○由三十二應隨類說
法而不失其本音曰妙音三途八難濟觀幷救而以無畏施衆生曰觀世音本根清淨而無
染曰梵音徧應其求而不失其時曰海潮音具此四音而普救世間在苦難者悉
得安寧得世間樂復令出世者亦獲究竟常住之極果也○溫陵曰以說法不滯爲
妙音尋聲救苦爲觀音音性無著爲梵音應不失時爲潮音△顯本根圓勝我今啓如來
耳根眞實非文殊之胸臆乃如觀音之所說則知耳根不惟周圓融通亦且常住不滅
但諸衆生心多昏擾日用不知譬如人靜居之時十方俱時擊鼓十處
一時俱聞以本聞周徧無有前後正顯聲處全聞聞處無法即是本性自具非待證聖方有斯
事○高城和尚云應耳根若幽谷大小音聲無不足十處鐘鼓一時鳴靈光運運常相續此則耳根
勝用名圓眞實也△五根相例○眼雖同耳皆離中取境而目非觀障外以隔

紙膜皮膚不見內外也口鼻亦復然此句當置在下身以合方知此句應置
在上口鼻身三合中取境者離塵則不知也意根雖圓而心念紛然無緒不能靜照此五
根俱無現具靈通也△顯本根通勝○若耳根者現具靈通故隔垣能聽砧杵語言音響
遐邇俱可通聞顯離中知也而顛倒之人但謂聲能透人不知聞性湛然無礙此五
根之所不齊者如隔垣聽響眼所不齊遐邇俱聞口鼻身所不齊而聞性不隨聲有無意根
所不齊是則耳根勝用稱通眞實也△顯本根常勝○即音聲而論之音聲之
性超則爲動滅則爲靜而動靜二相在聞性湛然體中循環代謝動則音聲歷然爲
有靜則音聲寂然爲無其顛倒者乃以寂然無聲妄號無聞據理審論自是聲無
非實聞無性也若聲無時而聞性既無滅則聲有時而聞性亦非
生然彼聲生時而聞性知其生彼聲滅時而聞性亦知其滅足見聞性于生滅二處俱圓且彼聲生時

而聞性未嘗生彼聲滅時而聞性未嘗滅足見聞性于生滅二處俱離也如此湛然常住之聞性生
滅二俱圓離是則耳根勝用名常眞實也夫此聞性眞常縱令在
夢想夢是意識所為故曰夢想以夢想中無所思念時似乎無聞然猶聞舂擣聲誤認為鐘鼓木石之
聲者則知不為不思而無所以開性之體用不涉覺觀出于思惟之外
而外四大身內意根心皆所不能及于耳根圓通常三種眞實也此三種眞實皆凡夫現
具不待證而後有者若就此修證究竟圓通至速而至易也△舉此方教體以廸初心今此娑
婆國娑婆此云堪忍以此界眾苦難忍惟具忍力者堪任故又具足苦境堪可成就行人忍力故此
何指處實含此方初心之機能從耳根了別匠出世法深細之意故惟聲論而得宣明
道理非耳不能了達以聞性即本圓法性也奈何眾生迷本有之聞性外循聲塵
故取流轉如阿難縱多聞強記十方如來十二部經淸淨妙理如恒河沙之多

不免落于邪思溺于婬舍不得自由豈非外隨聲塵所取淪溺者一大
驗乎即知循聲順流不免淪溺當知反聞旋流必獲無妄初心者盡不循此方便門而入
華屋哉△專囑當機阿難汝諦聽我今選根非我自專自用乃承佛之威力
宣說金剛王之覺寶如幻不思議之三摩提是菁諸佛之胎元而為大佛
母之眞三昧也△出循聲流轉之過汝聞持微塵諸佛如來一切
祕密法門已為極多欲漏若不先除則畜聞愈廣愛根愈深無益于道之
徒成過誤不免摩登難也△其反聞○汝既能激將此聞機持諸佛之
佛法何不轉此聞機而自聞其聞性乎如來設教無非欲人自悟本性棄本性而
務馳言教豈如來之意哉蓋多聞則心放而難收反
聞則神凝而易入但能反聞卽得無妄此二句實對
多聞之良藥也○昔宋孝宗問天竺僧曰觀音手中
持數珠念甚麽曰念觀音問自念己號作麽曰求人

不如求己入示反聞之叒○言此顛倒聞機非是自然生是因聲塵動靜相
擊猶湛發聽聽精映聲遂卷聲而成結故有耳根之名字既知卷聲而成結應知脫聲而成解
欲解者必當旋倒聞機與聲塵脫旋字是息妄想之工夫所脫之塵既銷能
脫之根亦盡欲誰為耳根之名平然則一根既得返源六根成解
脫故知見聞如目中幻翳三界若空中狂華若見聞一復則翳
根即除塵界盡亡則覺體圓淨是則根塵結則同結解則同解故根拔而器界
自然超越也塵盡無餘則覺體淨極光明周徧七通八達靈鑒寂照含裹虛
空不啻如大海之含一漚況依虛空所立器界根身耶若果到此境界却來反觀世間
種種幻境猶如夢中事汝雖未證此地以此觀安心即若摩登伽當時以邪咒力
攝入婬席亦在夢中既是夢幻又誰能留汝形骸由汝見聞未除幻翳故為空華所

眩認幻爲實爲彼流轉耳△喻明○喻中單作喻講後有法合明白文承前一根返源六根解脫者如世巧幻師幻作諸男女由幻師手中線動則見幻人口眼亦動動然雖見諸根動要以一機抽若一機之線索不抽動則幻人諸根亦不動故息所抽之機歸子寂然而男女諸根動幻成無性矣△法合六根亦如是元依一精明即識精元明陀羅細識也六根爲能依一精明爲所依由依一精明而攬塵成結各各不同遂分爲六于是在眼名見在耳能聞等故曰元依一精明分成六和合以若一精明當處成休復寂則六用之根皆不成動如是想相之塵識精之垢皆業識中微細無明良以六根聞所聞盡三證人空若從此進而頓空法執則塵垢應念消而識精化成圓明清淨妙覺若有餘塵未盡者尚在諸學之位未得畢功若明補精純至極即是如來所謂去泥純水名爲永斷根本無明頓登佛地修耳根圓

通工夫誠如此也△廣舉所證普勸進修大衆及阿難反聞功能至效至速汝等當旋汝顛倒聞機反汝聞如來秘密法門之聞而聞自已未有之聞性得此性爲因地心欲成無上果地覺道最爲簡要此根爲圓通極則實乃如是而已唯此耳根圓通是微塵諸佛到菩提家一條大路入涅槃海一要重門過去諸如來由斯門而入已成就智果現在諸菩薩亦由此門今各證入圓明說多榜樣在前故未來修學人必當依如是法門而入也豈特諸佛菩薩從此門而入即今我亦從此門中證非唯觀世音也○推廣此門不但諸佛菩薩從此門入即孔老二氏亦從此門入也仲尼曰朝聞道夕死可矣蒙莊曰我所謂聞者非謂其聞彼也自聞而已矣故知反聞二字實此方對病之良藥三教之所共用但所證有淺深不同耳所謂淺深同說法蓋如此問念佛法門三根普被何故亦揀之耶若念佛雖

被淺深之根亦須先從耳根流入阿彌陀佛名號然後意根始得念念不忘是則念佛法門亦必因于耳根故即念佛亦揀之么報復尊勅誠如佛世尊詢問我選擇諸方便牒前二十四聖誰當其根以救諸末劫牒前兼我滅度後此界眾生求出世間人牒前入菩薩乘成就涅槃心牒前成無上道如此四者全功惟觀世音耳根一門為最第一自餘二十四聖諸方便門皆是佛之威神各加被即一事而捨塵勞非是、通長修學之法門如那律之失明畢陵之觸刺人皆不然豈尋常一槩可入乎如普賢之大因滿慈之宿辯善現之解空鶖子之智見皆局深因覺初機可入乎如數息觀鼻端白等但局淺心豈大心可入乎既各有所局則定有所偏自非淺深同說法門也反顯觀音一門通長可修淺深可說大機小機皆應專修也○此經文殊凡五見皆有深旨初勅分領菩薩應請齋主者以七佛之師方堪代佛滿檀越信心故二勅將咒往護者非大智人不堪持此呪心故三問色空是非二義者非非大智不能爲人排難解紛故四勅簡選圓通者非人智不具正眼非正眼不能選根必擇王而後能擇水中之乳故五請問經名者以此一會之法始終皆歸于本智故今此楞嚴一會大智文殊在吾八眼門出現大悲觀音在吾八耳門出現諸佛如來在吾人藏心中出現會則直下圓明不會則未來成就矣△文殊頂禮法門求其的合當機遠益未來**頂禮**佛世尊此耳根一門卽是前所說三**如來藏**心亦卽前所說**無漏**不思議熏及如幻**不思議**佛母眞三昧之法門也我今選此耳根圓通矣惟**願**諸佛神力**加被未來**進修者**於此**一**門**單刀直入**無**生一念疑**惑**疑則不信不信之罪衆罪之上反因解脫法門而入沉淪也諸聖方便中唯此法門爲此方最初**方便**則**易成就**是故**堪以**此法現前**教**授**阿難及**教**末劫**衆生出其**沉淪**也△結○世尊前說圓根修行與不圓根日劫相倍若論圓根**但以此**耳門圓**根修**進速證**圓通**頓**超餘者眞實心**要

如是如是唯此一事更無他法是以自誓不妄△義領悟○阿難所問諸佛成道最初方便佛示之日十方薄伽梵一路涅槃門又日菩提涅槃向在遙遠前五卷云身心皎然是知身心解結之次第然未知從何根入於是阿難及諸大眾子二卷首身心泰然者明見精不隨身境動三卷末身心蕩然明一體三名四卷心悟實相身意輕安五卷終身心皎然明解結之次第今聞圓通本根確知從耳門深入更無疑惑故身心皆得了然得大開示觀佛菩提及大涅槃指極果等法皆華屋中所有也猶如有人喻一精明因六塵事業牽引分為六根遠遊四生未得歸還久為窮子逃逝他鄉即欲歸家路頭不識今因明了其家所歸之道路縱然未到家中若使直往向前一夬不遭枝岐矣所請方便至此為一結歸△大眾獲益普會大眾天龍八部有學二乘及諸一切新發心菩薩畢能證入其數凡有十恒河沙之多皆得本妙因

心與三卷獲本妙心同一心相但彼悟眞此證眞也得信位矣猶是遠根塵離識垢
即四卷想相爲塵識情爲垢二俱遠離而獲法眼明淨即知見無見則微證圓通以果地覺
爲因地心入十住初心也性者登伽之華言從佛出家故稱比丘尼聞說偈已成
阿羅漢即圓之七信借小乘名稱大儿位以今法力不成定性增慢之流斷我執伏法執自是菩
薩接圓通當此根初解先得人空而文齊見可聞所聞盡也十恒河沙尚有涯量復有聞無量衆
生皆發無等等阿耨多羅三藐三菩提心即初入信當起信論
中直心深心大悲心也仁王般若謂十善菩薩發大心長別三界苦輪海接圓通文當動靜不生已上根
選擇圓通入流成正覺竟或曰伽女證果阿難何居貫珠日阿難明了其家所歸道路已在三摩地中盡
法界是安身處也且大權示現何以位居

○四種律儀章

大意由文殊頂禮如來藏願加被未來于此門無惑堪以教阿難及末刧沉淪今阿難既得明了其家所歸道路則當體佛菩薩度生心行以此法門救度末來故以安立道場爲路世尊首示三決定義四種律儀以固其基也

阿難整衣服於大眾中合掌頂禮心

△敘儀陳悟

迹圓明謂先悟不生滅心即是大佛頂首楞嚴王是心圓明又悟得耳根是入不生滅家之門路是迹圓明悲曠刧之沉迷欣今日之頓悟惟久迷而忽悟故悲欣交集也又念末來眾生未悟故悲觀現前大眾獲益故欣也

欲益未來諸眾生故是自疾既除而復愍他疾也

稽首白佛大悲世尊我今已悟成佛法門是決定從耳根聞性中修行得無疑惑

△引佛言自勵

常聞如來說如是言自未得度先度人者菩薩發心自覺已圓能覺他者如來應世菩薩四誓以度人爲先如來十號以應世爲本當知五住究盡二死永亡方云得度

阿難示居學地故曰未度意謂佛菩薩皆以度生爲事而我自已雖未度此願學菩薩
度末劫一切眾生△請立道場○此尊者懸知末世邪師說法越菩提者難以得正熏
修故曰世尊此諸眾生去佛漸遠邪師說法如恒河沙
恐此邪正混淆令修進者心無適從欲攝其心入三摩地云何令其安
立入道之場遠諸魔事則邪說不得傾動於菩提心得無退
屈乎此正歎德文中拔濟未來越諸塵累亦即序文中發意圓成一切眾生無量功德也△美問許說
爾時世尊於大眾中稱讚阿難善哉善哉如汝所問
安立道場救護眾生末劫沉溺汝今諦聽當爲汝說
阿難大眾唯然奉教△標三決定義佛告阿難汝常聞我毗
柰耶大小乘律藏中宣說修行三決定義謂決定依此三種爲修行根本

也所謂攝心爲戒不止束身正不容毫釐繫念也因戒生定尸羅清淨三昧現前也因定發慧無礙清淨慧皆依禪定生也故知戒爲定慧之前矛戒根不淨則定慧無由而生故六祖云心性無非自性戒心性無亂自性定心性無礙自性慧三種具足毫無滲漏是則名爲三無漏學雖標三義而前入流亡所等已發揮定慧戒亦隱攝于中但可違其現業今特置此四戒正乃剋其正性剋正性則現業易違故明定慧後而繼之以戒也且四戒是斷潤之基入定慧之本譬如造宅先固其基無有基址徒架虛空必不成就下說四種清淨明誨爲末世修行之定案△總徵阿難云何攝心我名爲戒若尋常人天及以小乘等戒但論身口不言其心今之所制不特制心身無犯且言攝心此正以定爲戒即入流亡所旋元自歸能如是持則心不緣色香味觸故云攝心蓋戒以防非止惡爲義攝心爲戒防莫大焉第一決定戒婬△持則必出生死若諸世界六道眾生其心不婬則不隨其生死相續四誨

皆舉六道眾生爲首者總標因果也汝修三昧句乃見別舉人道爲能耳△犯則必落魔道汝修三昧即指耳根圓通本出塵勞即見思二惑今婬欲爲塵勞之首菩薩雖不實出三界亦必斷見思出生死即塵勞而捨塵勞若婬心不除則二惑不能斷終日塵勞生死不可得出縱有說法斷惑之多智有入住出發妙境界之禪定現前如不決定捨斷淫根或有思惟則欲境隨現如火遇薪未有不燒之理以境隨心召心逐境遷故知此等必落魔道○天台曰論婬爲欲界之根本即人天善道鮮不由斯今之犯婬何墮落如此之甚乎要知有二因緣一以福勝有多智禪定不以持戒爲事故一以見強廣行貪婬爲善知識故因福勝故報宜生天因見強故牽入魔道此又見戒俱破之流類也上品魔王中品魔民下品魔女分三品者見雖相同福有差等彼等諸魔亦有徒眾各各自謂成無上道此以多智禪定現前又因聞理不諦見道不真未得謂得成增上慢

也△囑誨未來惑八不越于婬故
我滅度後末法之中多此魔民熾盛世間之魔廣行貪婬為善知識者以行婬為教化而婬婬相傳令諸眾生落愛見坑喻見思惑欲出塵勞而反入塵勞失菩提路○天台云末法之中多此魔民正法既隱邪風方熾也魔民有三一者魔遺民屬以為其種二者展轉化習以為其民三者見戒俱破自充其屬熾盛世間廣行貪欲為善知識者豈非懸鑑末然魔力強盛乎夫正法與邪法相反菩提與愛見相違正法若行則菩提之路能竭愛欲之水邪法既熾則愛見之坑能斷菩提之路是故
汝教世人修三摩地先斷心婬為戒之首是名如來先佛世尊第一決定清淨明誨○正脈曰此中雖勅阿難而後人不必親待阿難凡遇知識憑經指誨絕婬念修圓通者即如阿難并釋尊及先佛親來當至心依從也凡言婬欲無癡即魔王親來速當驚避也△斷定不淫得益○良以初心希菩提者宿因發熏善根及本覺內熏之力而難捨

淫等者乃俱生曠刼深重習氣故多欲念交戰胸中正此兩難之際忽遇魔師密傳不礙菩提斷不欣然從之者故有此科斷定也以是修定斷淫足為先佛明誨之故阿難汝于末劫決定依此教人修禪定者如炊米欲其成飯片時可成若不斷婬修禪定者如蒸砂石欲其成飯經百千刼秖名熱砂喻帶婬修行枉勞功力也何以故此非飯本砂石成故蓋凡成佛須得根本根本若淨則枝流亦淨四種律儀皆稱清淨明誨者以此如說米為飯本今以砂石為之非其本也成佛以持戒為本汝以淫身求佛妙果失其本矣縱得妙悟皆是婬根合上百千刼秖名熱砂所謂苦瓜連根苦根本成婬合上此非飯本砂石成故輪轉三途必不能出如來涅槃何路修證既知婬為生死之根則知不淫是菩提根本必使婬機機者發動之由喻如弩牙婬機者即作意身心俱斷心所由彼一作意而婬心始動心一動而

身隨動縱使身斷而心不斷如木偶人雖斷息諸根其機不息未為真息故必杜其機而身心二徑之根
俱斷然機雖斷有斷性在猶是緣影未是真斷猶是生死之根以至斷性亦無方是菩提根本
既得根本於佛菩提斯可希冀矣△結定邪正說法之式○尊者為末世邪說混淆
人心易惑故求如來說就定式使邪說不能動正此四根本戒只一不字便是旋流之意若末世說法
如我此說名為佛說不如此說而別言行即波旬魔婬不礙者類
說也○第二決定戒殺所戒有三一非但人畜乃至蠅蚋蛇蝎等皆勿殺二非但不殺雖食肉服衣亦
在所禁三非祇禁身心念亦當斷絕不以負命索償為生生緣故也△持則必出生死阿難又諸
世界六道眾生殺以心為機身口為緣機動則身口運為故斷殺莫先于心常知其
心不殺則不隨其生死相續然雖機本于心而所為者又在身口于心何益
乎甚矣乎心君之為罪也莫大于殺業故致感報酬償先罪屠割炮炙身心與之俱摧所謂無益而致大

損者也學佛道者可不戒諸ㄙ犯則必落神道汝修三昧本出塵勞殺心不除塵不可出講解見前然明修定帶殺者縱有多智禪定現前如不斷殺必從人類墮落神道如世間血肉之神唯識中有九品此經三品或是上三品也中下多以慳悋爲墮因而此上三品皆有力明神如川嶽等神通力洞無畏富樂一同人天斯則修禪定者不斷殺生爲墮因也世之邪人固有積福求成佛道而不知墮悲趣鄰地獄易墜難昇也然須以定慧帶殺心者方墮斯類非是徒殺者所能墮也世所謂人死之後申者爲神屈者爲鬼合而言之神即鬼也其是一道故總標曰神分品曰鬼此四戒雖俱根本以墮落觀之不無種種如淫墮魔道殺墮鬼道盜墮妖魅豈非罪漸鄙而爲報轉微乎至于妄語則永頻善根無復知見沈三苦海此則不惟失如來種而三惡道永所居也又其上品之人爲大力鬼即天行羅刹藥叉乾闥婆等令人間奉稱帝釋天當是也中品則爲飛行夜叉諸鬼帥等即年歲書夜巡官并

山海空風等神富單那鳩槃荼等下品當爲地行羅刹者即世間有羅刹國其鬼所產皆羅刹不能飛行故也或壇社祠廟并諸獄卒皆此鬼神雖有優劣均是惡趣從人入者謂之墮落此是唯識九品中上三品也皆有神力富樂一同人天斯則修羅不斷殺心爲墮因彼諸鬼神亦有徒衆各各如鴞虎不知其暴反自謂成無上道是妄自稱尊而以鬼道惑人也囑誨未來△我滅度後末法之中多此鬼神熾盛世間自言食肉得菩提路者如世間人言酒肉不礙菩提路之類△斷疑○恐阿難疑曰食肉既爲鬼神佛令比丘食五淨肉豈非鬼神阿難我昔令比丘食不見不聞不疑自死鳥殘五淨肉者權也○樵李曰淨肉又除人蛇象馬驢狗獅子狐猪獼猴十種之外蓋此十種縱不見不聞而殺亦不可食也溫陵日不見不聞等爲五神力所化本無命根者爲淨故佛自出其由此肉皆我神力化生本無命根汝婆羅門五天竺悉號婆

羅門國僧亦號婆羅門地多蒸濕加以砂石草菜不生無可甚食人多
饑死我以大悲神力所加因大慈悲假名爲魚米肉山令汝
等初心初輩得其味以充其腹豈有命哉奈何如來滅度之後而復食
眾生肉者應名惡輩豈得稱人名爲釋子汝等當知是食肉而修
禪之人縱得心開能見遠方能知過未似三摩地不得成其無漏以殺心觀之現
前皆是大羅刹禪定報終必沉生死苦海非佛弟子經云
爲利殺眾生以財網諸肉二俱是惡業死墮叫獄是也如是修禪食肉之人相殺相
吞酬償冤對相食長劫而未已云何是人得出三界汝教世
人修三摩地先斷婬欲次斷殺生是名如來先佛世尊第
二決定清淨明誨△斷定不殺得盜不是故阿難若不斷殺修

禪定者譬如有人自塞其耳高聲大叫求人不聞此
等名為欲隱彌露者喻其欲求出生死而反入生滅也夫清淨比丘及
諸菩薩。於岐路行不蹋生草況以手拔此是菩薩用仁及于草木
云何大悲取諸眾生血肉充食耶若諸比丘不服東
方絲綿絹帛皆蠶蟲身分者及是此土靴履裘毳天竺多山多產獸彼
人所衣鞋履等皆羊羔羢所為謂之裘細𦇏之毛名毳所食者乳酪醍醐皆毛羣身分者如
是比丘皆不著不食於世真脫酬還宿債不遊三界者也何
以故或服其絲綿或褻其皮或用其毛是彼之身分皆為彼緣所攝終不
離彼如人食其地中百穀物理論云糧者黍稷之總名稻者粳糯之總名菽者眾豆
之總名三穀各二十合六十蔬果之實各二十合為百穀足不離地者劫初之人體有飛光足

若齅雲由食地肥附香稻故體重足不離地服穀其身何與為緣況取眾生血肉充食哉必使身心於諸眾生若各各身之身分身心二塗不服不食謂不但身不服食而亦不許有一毫思念服食之心是故二塗并斷我說是人眞解脫者

△結定法式如我此說名為佛說不如此說即波旬說○

第三決定戒偷偷者不惟偷人之財而已謂假設形儀邀人恭敬利養者皆是△持則必出生死阿難又復世界六道眾生多因貪欲利養所致若修行人其心不起一念貪欲為偷因則不隨其生死相續△犯則必落妖邪汝修三昧則是本出塵勞之理偷心縱而不除則塵勞不可得出縱有多智禪定現前偷心若在正大光明則隱假模樣誑惑無知故為邪類矣雖如不斷偷必然墮落邪道上品山精似仙非仙似神海精非神而具一切靈氣皆有邪通也

中品妖氣魅人出沒世間或奪人精氣或盜其財物者也下品邪人皆被諸魅所著言行妖異通人吉凶惑亂眾人者也彼等羣邪亦有徒眾各各皆是邪魔入其肺腑自不知其過患妄謂成無上道未來△囑誨我滅度後末法之中多此妖邪熾盛世間潛匿姦欺內懷偷盜之心包藏瑕玼外現威儀欺慢一切詐稱得道善知識賢聖之名且各自以妖言謂已得上人法詃惑彼無識者恐令失心易志敬如神明至于盡命傾財以奉之而所過之處其家耗散妄謂得法以大妄語而用為取財之緣○十誦律有六種盜心謂苦切求取作乞憐狀輕慢取有現威狀以他名字取謂我是善知識觝突取謂慢罵使伏已受寄取昏賴他寄附出息取謂以錢債人之息者五分律有四種謂諂心曲心嗔心恐怖心四分律有十種謂黑闇心不知因果邪心不識正理曲戾心謂諂附恐怖心惟恐失之常有盜他物心既言常有則不諂

問多寡必欲盜耳決定取若以力強取不問可否寄物取恐怖取謂以言恐之如談他地獄受報搖撼之

事而取財見便取謂何其可取之便而盜之倚託取謂假借權勢此經恐令失心即恐怖取失心即令前

人失己正念俱墮邪見今謂潛匿姦欺等其言雖詈是以諸薇而偏指稱善知識者正如來懸鑑末世其

徒寶繁也持此經者自省△違訓成妖之當我教比丘持應量器循方乞食以支

身正欲令其捨貪心而成菩提道○僧祇律云乞食謂之分衞言分施眾僧衞護

道力肇法師云食器有四種一為福利眾生二為折伏憍慢三為知身有苦四為除去滯著此經令其捨

貪心不自熟食即除去滯著也成菩提道即衞護道力福利眾生也知身為倚寄知世為旅泊無有畜藏

無所顧戀皆謂循方者也苟若不能循方而貪饕造業是敗法毀教故號賊盜何由令其捨貪諸比

丘等尙不許自熟食以恣口腹乃令日中一食樹下一宿如是寄於殘生

陸宿曰旅水宿曰泊三界猶如客舍示一往還而已自此去已更無

返日未可貪戀闕作地滓也人云何內心懷賊害之人外貌服佛之服不淨活命是名
假我衣服竊我僧儀以佛法爲取利之具卽是裨行販賣如來造種種
三塗業因者皆言是佛法耶彼且不惟不自知其非卻乃反指行正道者非是
出家之數轉言具戒比丘爲小乘道而以己所爲者稱大乘法由是此賊
人自己作此顛倒業因疑誤無量眾生亦同顛倒謗大爲小以邪爲正墮無間
獄永不復出矣△示斷偷工夫○人之偷心本爲變身而後變物變身爲偷之本本若斷除偷不生矣
若我滅後其有比丘發心決定修三摩提能於如來
形像之前。先捨所愛之身。或然一燈。或燒一指節。及於身
上。爇一香炷。修此如是微因。我說是人不祇消卻現生罪障乃至無始宿
債一時酬畢。長揖世間。永脫諸漏何也。人之寶惜者莫若此身。故楊子

一毛不拔。儒者不敢毀傷。行人知身即幻。則以此身作纖微之因。無愛惜之念。偷心永脫。諸漏永除。雖

未即明無上覺路。是人於菩提法。已生決定心。若不為

此捨身微因。縱成無為道果。必還生人。酬其宿債。如我

馬麥。正等無異。○馬麥之緣。起者。世尊曾于古迦葉佛時。為婆羅門。傳通典籍。教五百童子。因有阿耆達王設會。請佛及僧。有一比丘病不能起。佛及大衆。食已還時。為病比丘請食。過梵志山。梵志聞食香美。便生嫉妬曰。此禿頭沙門。正宜吃馬麥。不應甘饌之供。諸比丘請者童子。汝等師。當來亦食馬麥如我。佛告舍利弗。及阿難。爾時婆羅門梵志者則我身是。五百童子者。今五百比丘是。病比丘者。今彌勒菩薩是。因金粟國王請齋。延佛及僧至城。王被魔亂。勅閉宮門三月不開。不許奏事。佛及大衆于毘蘭邑松林下。食馬麥九十日。酬昔口業。且此出一惡言。尚爾酬償其報。況汝宿生逋負。有不償者。今時衆生顛倒。若見有利處。即龍淵虎穴。尚不知顧。是愛身不如愛物也。

汝今欲教世人修三

摩地。後斷偷盜。是名如來先佛。世尊第三決定清淨明誨。△斷定不偷得益是故阿難。若不斷偷。修禪定者。譬如有人水灌漏巵。欲求其滿。縱經塵刧。終無平復。喻不斷偷心。實非法器。欲成三昧終無是處。若諸比丘衣鉢之餘。分寸不畜。而止其貪。乞食餘分施餓衆生。而止于惱。於大集會。合掌禮衆。而觀佛性平等。斷其我慢也。有人捶詈同於稱讚。而觀眞如平等。毀譽一如。斷嗔恚也。必使身心二俱捐捨。斷我法二執也。身肉骨血與衆生共。轉貪嗔我慢而成同體大悲。故捨頭目髓腦。如棄涕唾。而無惱。比丘行之既能如此。豈偷心曲取以自奉耶不將如來不了義說。者。謂如來昔說不了義教。聽百物各可畜一。或許不入大會避辱不受。又布施不及身分。令身肉骨血。與衆生共。是依了義教迴引以爲自己解悟以誤初學。若自已好畜不捨。引佛不了義教。曲引迴互以飾己過。謂言無礙。愚蒙信之。即誤初學矣。此比丘但依了義而說。依了義而解。令初學者入道解脫晦堂曰。今之學者。未脫生死。過在甚麼處。只是偷心未除耳。○天台準寶雲經云。凡乞食分為四分。一分奉同梵行者。一分與窮乞人。一分與諸鬼神。一分分自食。此取有與無。行佛之道者也。又衣鉢之餘。分寸不畜。捨貪也。乞食餘分。施餓眾生。捨慳也。於大集會。合掌禮眾。捨慢也。有人揶詈。同於稱讚。捨瞋也。然而自有身捨而心不捨。自有心捨而身不捨。皆非眞捨。必使身心二俱捐捨。方得名爲眞捨也。又有捨財而不捨身。亦非眞捨。要使身財俱捨。故曰身肉骨血。與眾生共。此則財施與心施并行。依報與正報俱捨。能用心如是。何論流戒之不能持哉。或問依報易捨。正報難捐。無論今之出家者流。即古之高僧。依正俱捨。能幾人乎。答曰。此論心而未必論身。若依正俱捨。固惟菩薩之能事。今但云與眾生共。何嘗一必言其捨正以高超之士。知身倘寄。非吾久有。能了一切地水是我先身。一切火風是我本體。原與眾生共者也。已倘與之共。則慳貪念殊。而刼盜之情盡矣。

佛印

是人。得眞三昧。△結定法式　如我所說名爲佛說不如此說卽波旬說。○第四決定不妄語。妄而非眞之語。乃不實的話頭。有自欺欺人之失。故當戒也。△持則必出生死○承前　阿難如是世界六道衆生雖則身心無殺盜婬三行已圓凡言行不顧。君子所恥。爲小妄語。若妄自稱大僞稱證果。爲大妄語。若犯此戒。縱前三戒圓成。卽三摩地。亦不得淸淨。△犯則必成見魔○貪其利養求其尊勝則成愛魔。妄起邪見。謂已齊聖名爲見魔失如來種所謂未得之道理。謂其已得。求之聖證果。言其已證。或求世間尊勝第一。謂前人言我今已得須陀洹果。斯陀含果。阿那含果。阿羅漢道。前三居賢位名曰果後一居聖位名曰道。辟支佛乘。十地地前諸位菩薩。皆是妄稱大乘。求彼禮儀。貪其供養。

結明妄語所因。斷其善根故名是一顛迦銷滅佛種如人以刀斷多羅木。不復更生。佛記是妄說之人。永殞善根。無復如來知見矣

沉三苦海。不成三昧。△囑誨未來。我滅度後勅諸菩薩及阿羅漢。應身生彼末法之中。作種種形。度諸輪轉不息之眾生。或現淨相而作沙門。或現染相而作白衣居士。入王宰官童男童女。如是乃至婬女寡婦姦偷屠販。與其同事。和光同塵攝歸正道。稱讚佛乘。令其身心入三摩地。終不自言我是真菩薩。是真阿羅漢。必漏不洩佛之密因。豈肯輕言于末學人前。唯除臨命終時。陰有遺文付囑。畧露消息。令人生敬信耳。〇法華志言和尚將化。謂人曰。吾從無量劫來。成就逝多國土分身揚化。今南歸矣。是以住則不洩。洩則不

告。若洩言仍住。決定是要求恭敬利養之邪曲人矣

天台曰。如來密因其行有三。一自覺。即旋假入空。如從流以遡源。二覺他。即旋空出假。如從源而出流。三三覺圓滿。或出或入。無適不可。今受佛勅應生世間。正旋空以出假。同類化同類。使化道易行。畧如淨藏淨眼淨德夫人。化妙莊嚴王。是爲應生眷屬。然雖轉彼邪心。見佛出家。終不宣言我眞菩薩。直至今佛方結會古今。可見古人之愼佛密因而不輕言未學也。唯除命終陰有遺付者。孤山大師曰。非公灼惑衆。但私示于人耳。南岳之言鐵輪。天台之五品功德。證之說偈。眞觀師之屈指。即其事焉。然此猶言此生親證。若文殊普賢化爲寒山拾得。戒師七娘。方是應身生此末法也。云何是妄心人。惑亂衆生。令信彼惑成大妄語。汝教世人修三摩地。後復斷除諸大妄語。是名如來先佛世尊第四決定清淨明誨。△斷定不妄成益　是故阿難。若不斷其大妄語者。如刻人糞爲旃檀形。欲求香氣。無有是

處我敎比丘直心是道場於四威儀一切行中直心直言尙無一念虛假。云何妄語人言。自稱得上人法。譬如一介窮人。妄號帝王。自取誅身滅權而已。一國人王尙不敢妄稱尊號。況復出世間之大法王。如何妄竊名位乎。因地妄而不眞。故果招紆曲不直則是求進而反退。求正而反邪矣。若求佛菩提。心若不直。如以自是因不眞。如口欲噬自臍之人。自不能及欲誰成就。無上知覺。噬臍乃房相筆受此經時。用左傳語而潤色之。魯莊公六年。楚文王代申過鄧。鄧侯祈曰。吾甥也。止而享之。騅甥聃甥養甥請殺楚子。鄧侯弗許。三甥曰。亡鄧國者。必此人也。若不早圖。後君噬臍不及。今亦取喻妄語。能銷滅佛種。後悔無及。故曰欲誰成就。然以紆曲。則不成就。亾印定必成若諸比丘心如直弦。一切眞實而爲因地心。入于如來三摩果地。自然永無魔事。我印是人。成就菩薩。無上知覺。△結定法式 如我所說名爲佛說。不如此說。卽波旬說。

大佛頂首楞嚴經貫珠集卷第七

明　金陵華山律學沙門戒潤　述

此卷來意。緣尊者請華屋之門。佛示二義決定救諸聖各陳圓通。文殊獨取耳根一門。爲此界衆生修入方便。尊者得方便門。心迹圓明。願度末刦衆生。但末入刦去佛漸遠。邪師說法如恒河沙之多。欲攝其心入三摩地。云何令其安立道場。遠諸魔事。於菩提心得無退屈。佛讚善哉。如汝所問安立道場救末刦者。當知三決定義。攝心爲戒。戒遂開四種清淨明誨。六卷旣畢。請示壇儀。重請妙嚴密行。恒令此人所作如願修道分竟。啟請位次爲證道分發端。佛示染淨二緣。皆依心起。衆生依本覺起不覺。卽染緣起。遂成十二類生無邊生死。故有此卷雄文。諸聖依不覺起始覺。卽淨緣起。遂成六十聖位無邊果海。俟八卷詳明。

○請示壇儀章

顯呪能助戒攝心。必擇師建壇。乃可克期開悟也。△結答嚴戒。阿難。汝問云何攝心入三

摩地。我今先說從聞思修入三摩地者。[illegible]修學微妙耳門。爲入三摩
地之要也。若求菩薩道。要先持此四種律儀。爲其根本。使其根本清淨。
皎如冰霜。毫無點污。自不能生一切諸惡枝葉。是知身三爲根。心三
爲枝。口四爲葉。身若清淨。心三口四生時。必無能生之因。安有所生枝葉。阿難。
如是四事戒本。若念茲在茲不遺失者。其心尙不緣秋毫色聲香
味觸法。一切魔事云何發生。一切魔事依塵而立。托塵而入。塵既不緣。根無
所偶。而現業不交。定慧日生。故魔事不能生也。上之三學正教。持戒能破煩惱障。下助以神咒消除業障
報障。Δ轉教咒遣若有宿習業種持戒不能滅除。舊說現業易制。自行可違。宿習
難除。必假神力。今夫行人欲潔而偏染。好正而固邪。隱然若有驅策而不能已者。皆宿習之使。既不能滅。
汝教是人一心誦我佛頂光明摩訶薩怛多般怛囉。

此云大白傘葢。卽如來藏心。體徧十虛。用廓沙界。無曰大。絕諸妄染曰白。覆庇一切曰傘葢。謂此秘密無上神咒章句。皆是吾佛全體大用。威力無量。能除宿業也。△讚咒功勝斯是如來無見頂相。華嚴九地知識爲佛乳母。初生親捧持。諦觀不見頂。示此最極頂法。不可以見見也。佛已入定。正表無爲光中化佛。故曰無爲心佛。此二句表本覺究竟入妙果也。至理無言。故從頂發輝。理極無上之相。此屬密因。坐寶蓮華。稱眞數行之相。此屬顯因。卽證了義。以顯密爲妙因也。所說心咒。此句總結殊勝令信持也。△顯咒除習無難且汝宿世。與摩登伽歷刦因緣恩愛習氣。可爲甚深。此之愛習。非是一生及與一刦。我一宣揚無爲咒心。令彼一聞得阿那含果。復聞觀音圓通。愛心永脫。得成阿羅漢。良繇先承咒力銷除宿業。後藉法音悟明聖果。故仍歸功於咒力。永斷此愛心而證四果也。彼尚婬女。無心修行。仗咒神力之冥資速證無學。云何汝等在會聲聞。發決定心。求最上乘。聞持心咒。豈不決定成佛。且宿習如塵。咒力如風。誦咒除習。譬如以塵揚於順風。有何艱險。上明嚴戒竟。下略示場中定慧。蓋定慧已詳於戒前。今但依戒倫次。略示定慧也。△先當擇師若有末世欲坐道場。先持比丘四種根本清淨禁戒。要當選擇戒清淨者。第一沙門。以為其師。師者學人之模範。若模範曲邪。而能成正器者鮮矣。故欲修淨戒。當先擇其淨師。△非師難成若其不遇眞清淨僧。汝戒律儀必不成就。梵網經云。千里內無能授戒師。當於佛菩薩形像前自誓受戒。先懺往業。必須好相。方知滅罪得戒。若不見好相。必不得戒。若千里內有師。不向師前求戒而對佛求戒者。慢傲之儔。亦不得戒。若遇眞清淨沙門。戒成已後。著新淨衣。內外一如。身心俱潔。然香閒居。誦此心佛所說神咒一百八遍。消其百八煩惱。

內戒既成。若定慧未生。多恐宿業爲障。故於閒居。然後結界建立道場。求於十方現住國土無上如來。放大悲光來灌其頂。加被以成定慧也。問阿難見相發心。世尊斥之爲妄。何故行人必求如來灌頂。答阿難目見如來不肯進修。故令其反觀。今行人既能反觀。故覩求灌頂也。△歷舉行人克期以發定慧阿難。如是末世清淨比丘。若比丘尼。白衣檀越。欲求心滅貪婬。嚴持佛之淨戒。戒雖不擇僧俗。而男女決定各從其類。於道場中承戒定力。發菩薩願。堅固身心。出入澡浴。外潔其身。內淨其意。復以晝夜六時行道。六時淨坐均調昏散。如子時行道。丑時靜坐。寅時行道。卯時靜坐。行住坐臥中。反聞自性。如是不寐。從旦至暮。從暮至曉。經三七日。一心清淨。如水澄月現我自現身至其人前。摩頂安慰。令其開發慧悟。△請結壇儀○承前然後結界安立道場而發請。前明理道場。持戒誦咒以制內。此明事道場。鋪設莊嚴以制外。世尊為三界師。動而世為天下道。言而世為天下法。行而世為天下則。凡有所作。皆為一事。說行相應。故世尊於法華會上。欲集分身諸佛。必須三變淨土。亦不過內外明淨。眾等同一光中。欲令天龍八部生敬信而尊重其事。故曰如清淨池蓮華莊嚴。豈非有勝處而後堪集聖眾歟。今此一然。欲修淨行。必擇淨侶。欲容淨侶。必得淨地。既有淨地。必設壇場。欲設壇場。必有軌則。軌則既備。使人不嚴而慄。不肅而敬。如入宗廟。瑣琅但見禮樂器。雖欲不齊不敬。不可得也。人王宮殿軌則。法四象五行。法王壇場軌則。法四智六度。名以其法法之。故立壇場必有軌則也。阿難白佛言。世尊。我蒙如來無上大悲。四種淨明清誨。眞寶覺心已得開悟。復藉咒力冥扶。故我自知但修反聞。證聞所聞盡等三空無學道果。不須道場。必成無謬矣。若末法眾生修行。建立道場。牒前建立。云何結界。合佛世尊清淨軌則。厶答示壇軌○先取上上根嚴地。文中譬合。似非佛意。但

古解喻定不得不取少加更易所謂正言十一枝言十九觀者當以意得佛告阿難若末
世人願立道場者表菩提心也先取雪山大力白牛此不悋有蓋瑞
物也表一超直入不歷階級上上根人意謂發菩提心者必是過量大人方能堪任此事此牛唯食
其雪山中肥膩香草表菩提心人渾身是波羅蜜香此牛唯飲雪山
清水表此人不與萬法爲侶諸塵作隊純清絕點心境一如香草清水者修福慧也古解香草清水
妙善淨智也其糞微細可取其糞和合旃檀以泥其地表此
人不但精純處是菩提心即嘻笑怒罵皆菩提心故茹退者取以塗地若非雪山其牛
糞臭穢不堪塗地以表劣根生滅因心不可塗飾寂滅場地△別顯上根嚴飾寂滅場
地○謂若無上上根人即上根人亦可成就此道場基也天台曰圓教菩薩是上上根別教菩薩是上根
也故言別於平原土高處也穿去地皮表色陰空也將五尺以下表空

五陰也。於雪山高處。取其黃土。表純淨上信人也。厚德載物。莫過於土。故取深信篤厚之人為入道之基。溫陵曰。原為平土。中信也。地皮。末淨也。五數之中。黃色之中。取中中淨信也。今取古解謂上根中根不同。此取上上根。上根也。和上旃檀。旃檀。為十香之首。表信為十行之首也。沉水。蘇合。薰陸。鬱金。白膠。青木。零陵。甘松。及鷄舌香。以此十種細羅為粉。表十度為微妙萬行之總也。合土成泥。以塗場地。言上根人有此深信。又以施戒等十波羅密香。和合而成智體。以塗菩提寂滅覺場也。故知欲以不生不滅為因地心者。必上上根人。方得成就也。○正脉曰夫欲取如來寂滅場地。必本於廣大信心而資乎淨智妙善。以養成純一大根。充實遺餘。猶足以合法香冠於十度。故可嚴成寂滅壇地也。若上信大根不可得。求其次焉。

△定壇相。

方圓丈六。為八角壇。壇乃寂滅坦實之體也。體具八正。故為八角。為攝八邪。故方圓丈六。圓融行布。兩不相礙者也。

△器具儀式

壇心。表中心樹子也皆

一金銀銅木者表地向行住所造蓮華表中道妙行蓮之爲物華實同體染淨同
源表妙行大智言以地向行住所修之法行而爲菩提中心樹了也華中安鉢鉢爲應量器言
隨其量可行而行也如當住卽住當行卽行當向卽向當地卽地等用金銀銅木所造表妙行營爲也金
銀百鍊愈精而不變銅剛而能同義之像也木能上華以覆其下仁之像也夫依體起行精而不變剛而
能同或以義制或以仁覆無過不及皆成中道妙行也鉢中先盛八月露水露爲
陰澤以秋降八月秋之中者表從眞流而起行行行契眞已上皆表正行也水中隨安所
有華葉表助行卽仁覆之行隨澤所施此又隨量應物陰利潛化之表也取八圓鏡
表智各安其方圍繞華鉢者以智行相依隨量而行乃法空智行此智能空生住異
滅分劑頭數也鏡外建立十六蓮華十六香爐間華鋪設上表
寶智實行此表權智權行卽十六行十六智也以菩薩亦修四諦證人空故此人空智是空根中積生無

始虛習也。又曰正智之外。方便建立。邪正相攝。德行相熏。庶久而俱化。兩忘邪正也。莊嚴香爐。純燒沉水。無令見火者。謂燒五分法身香。令煩惱火不現行也。又謂反德藏用。滅伏覺觀。然後能契寂滅場地也。△供養法式

取白牛乳置十六器。先明三賢位中以法供養。既以牛之茹退塗地。則以牛之精醑供佛也。乳為煎餅。并諸砂糖油餅乳糜。蘇合蜜薑。純酥純蜜。者。諸以醍醐上味。而更以眾味助成。於蓮華外。各各十六圍繞華外。以奉諸佛。及大菩薩。此明八地菩薩法供養也。○溫陵曰。表以法喜禪悅獻二尊也。權教開許乳酪。實教遮禁。而復取以享奉者。意在融權實。收邪正。隨行施設也。每以食時。若正中夜。卽子午二時。神明相交之喉也。○又佛以日中受食。故每以日中至郭中夜。例日中也。密成於華。表和融法行。酥成於乳。表和融法味。半為中數。三為成數。小火爐。方寸覺心也。香水沐炭。發覺之法也。單

取蜜半升。用酥三合。者。表

地地皆有無間解脫二智。斷惑證眞也。壇前別安一小火爐者。八地已上所證覺心也。以兜樓婆香。藥王燃身。先服兜樓婆香。意取發燄。煎取香水。沐浴其炭。自初地至八地皆燒煩惱薪而化爲炭已復以十波羅密香水。沐浴其炭。然令猛熾者。表死中發活。道火益增。投是酥蜜。於炎爐內燒令烟盡者。行法既成。終不可滯。謂將此二智投於覺心。勇猛煅煉。不但使習氣爍絕。緣影銷亡。即二智亦如紅爐點雪。空盡無餘。是名眞法供養。然後享佛菩薩。此即生滅既滅。寂滅現前時也。△設像儀式令其四外徧懸幡華。外行嚴飾也。於壇室中。四壁敷設十方如來及諸菩薩所有形像。應於當陽。即正位也。張盧舍那。寂場釋迦娑婆教主。彌勒當來眞主。阿閦東方。彌陀西方。智悲眞主。諸大變化觀音形像。上同下合眞主也。兼金剛藏安其左右。常領金剛護持呪人。伏魔斷障眞主也。帝釋忉利天主。梵王色界天主。烏芻瑟摩火頭金剛。并藍地迦青面金剛。諸軍茶利金剛之異號也。與毗俱胝三目持鬘髻是也。四天王等。頻那夜迦。猪頭象頭二使者。張於門側。左右安置。此大力外護也。末法修行。皆賴於此。有一缺焉。不得成就。如是主伴齊長。慈威并顯。使人心存敬畏。洋洋如在。不敢縱恣。又取八鏡覆懸虛空。與壇場中所安之鏡。方面相對。使行人處處要見自己面目。時時檢點。不得放逸。使其境界圓融。形影無礙。重重無盡互相涉入。不令生住着想也。溫陵曰。壇中之鏡混物有依。行人之智也。空中之鏡離物無依。諸佛之智也。混物有依者。方能照物。未能照己。必得無依住智。交相爲用。然後物我互照。心境雙融。諸佛衆生。身土相入。不勞動步。不待擬心。法法偏周。事事無礙。舉目千聖齊現。獨處萬象昭然。一花一香一行一相。充擴無窮。不假神通。不涉情謂。設場法法本如是也。壇場已竟。△明壇中三七修證誦咒得益。○首以皈依三寶為最初方便故於初七日中至誠頂禮十方如來諸大菩薩阿羅漢號所謂假此不思議力發行助道雖恆常於六時誦咒圍繞壇場其心未純又至心行道一時常行一百八遍此初七禮誦行道式也第二七日中其心未純又使一向專心至敬發菩薩十種願使心無間斷若不知發願者當依我毗奈耶律中先有十大願之教而發行願堅固得大勇猛梵網經云若佛子常應發一切願孝順父母師僧願得好師同學善知識常教我大乘經律十發趣長養金剛十地使我開解如法修行堅持淨戒甯捨身命念念不去心此二七專心發願式也第三七中於十二時一向持佛般怛囉咒此三七專心持咒式也如此心心不離此壇念念勿忘此咒則咒力純一至第三七將滿之日禮誦得定攝心反聞有入手時十方如來一時出現于鏡交光

處。生佛智照。感應道交。承佛摩頂。如水清月現。即凡心而見即佛心時也。△定心成就。於道場修三摩地。前是誦呪兼反聞。此是專修反聞不生一念緣彼聲塵。專注聞中妙反境。所謂入流亡所。此坐修而兼經行拼遣。但一味反聞無聞也。△慧心成就○由定心為親因。道場持呪為助緣。因緣力故。所以能令如是末世修學行人。住在定中。得大開悟。身心明淨。猶如琉璃。一切密圓淨妙。悉現其中。此即因定發慧也。故知顯修與密持功德正等無異也。上三七日式竟△明百日修證。成必由師。阿難。若此比丘本受戒師。及同會中十比丘等。其中有一不清淨者。如是道場多不能克期取證。不得成就。見佛摩頂之勝事。不得成就身心明淨之聖種。若本受戒師。及同會十比丘。俱是清白梵行之相。如是道場必克期取證。若從三七後。端坐安居。經一百日。有利根惑障薄者。慧性易明。不起於座。得須陀洹。

天台按位。卽圓初信。若依涅槃。乃是初入別圓地住也。工夫至此。信得本來是佛。更不向外馳求矣。縱其現今身心聖果未成。决定自知成佛不謬。△結汝問道場建立如是。

○重請妙嚴密行章

尊者欲顯密雙修。自他俱利。盡其眞因也。△敘文殊密誦提獎力消宿習。阿難頂禮佛足而白佛言。自我出家。恃佛憍愛。求多聞故。未證無爲。住於初果。力弱不全。遭彼梵天邪術所禁。所以心雖明了。魔着。但道力衰微。不得自由。賴遇文殊。爲誦神咒。令我解脫。欲難說咒。△重請○尊者欲親聞傳度末世恆沙衆生。雖蒙如來佛頂神咒。我乃冥獲其力。尚未親聞。惟願大慈。重爲宣說。不惟我得親入其耳。正爲悲救此會諸修行輩。未及當來在輪迴者。俱承佛咒密因。身意清淨塵勞解脫也。上道場中人。三七日已得初果。自知成佛不謬。尊者曠劫遠因。權住初果。於其經首。豈有墮乎。今言冥獲其力。尚未親聞。復請重宣悲救此會。末及當來等。此見歎德文中。拔濟未來之實也。△眾請於時會中。一切大眾。欲請而不能見尊者為眾懇請。歡喜不勝。普皆作禮。佇聞如來秘密章句。△重說神咒○世間咒詛。不過幻術而已。世尊順世應機。說咒驅邪。以幻除幻。故從如來藏中以無作妙力。先現咒中種種變化之相。警策羣機。亦令眾生預知咒之神力廣大。然後宣說咒也。爾時世尊從肉髻中。示眞如體。卽心咒體。涌百寶光。示眞如相。卽心咒相。如百寶所成之色。顯從根本智中流出。含攝萬相也。光中涌出千葉寶蓮者。示眞如用。卽心咒用。顯從智體發起因行也。有化如來坐寶華中者。示妙果必依妙因。表諸佛皆從智行流出。因果一如也。頂放十道百寶光明。示三觀智體。十方圓明也。一一光明。皆徧示現十恆河沙。金剛密跡。擎山持杵。徧虛空界。示萬行具足。一眞法界。亦見化中之化。尊中之尊。大中之大。密中之密。妙中之妙。所以智體不動。神用莫測。無善不輔。無惡不摧也。大衆仰觀。畏愛兼抱。畏其威。愛其慈。兩難捨也。求佛哀祐。一心聽佛。無見頂相。放光如來。宣說神咒。表此咒乃無爲心佛所說。故功力愈見殊勝。不可思議也。○咒者咒願。佛以此咒咒衆生。令其革凡成聖而自不知。如蜾蠃之咒螟蛉曰類我類我。久則肖之。若以義言顯說則因言生解。密說則不可擬議。故大梵天王問觀世音願爲說此陀羅形狀相貌。菩薩答曰。大慈悲心是。平等心是。無爲心是。無染心是。觀空心是。恭敬心是。卑下心是。無雜亂心是。無見取心是。無上菩提心是。當知如是等心。卽是菩提心相貌也。蓋此秘咒非但只是梵語。乃是一切賢聖秘密之語。蓋梵語此方不曉。而天竺所共解者也。至於秘咒。非但常人不知。卽下位聖賢亦不能達上位之咒。故曰密也。古云諸經神咒。例皆不翻。自古人師。多有異說。天台會之。不出四悉。一云咒者。鬼神王名。稱其王名。部落敬主。不敢爲非。此世界悉檀義也。二云咒者。如軍中密號。唱號相應。無所訶問。不相應者即執治之。此爲人悉檀義也。三云咒者。密默遮惡。餘無識者。如微賤人一奔逃異國。詐稱王子。國以公主妻之。而多嗔難事。有一明眼人從其國來。往訴之。其人語曰。若當嗔時應說云無覲遊他國。欺誑一切人。饞食是常食。何勞復作嗔。說是偈時。默然嗔歇。即對治悉壇義也。四云咒者。諸佛密語。惟聖乃知。如王索先陀婆。一名而具四義。謂隨水器馬。尋下莫曉。唯智臣解之。咒亦如是。秖一法語。徧有諸力。病愈罪除。生善合道。即第一悉壇義也。具此四義。於五不翻中。此秘密不翻也。咒曰

南無薩怛他蘇伽多耶。阿囉訶帝。三藐三菩陀寫。薩怛他佛陀俱胝瑟尼釤。南無薩婆勃陀勃地薩跢鞞弊。南無薩多南。三藐三菩陀。俱知南。娑舍囉婆迦僧伽喃。南無盧雞阿羅漢跢

喃。南無蘇盧多波那喃。南無娑羯唎陀伽彌喃。南無
盧雞三藐伽跢喃。三藐伽婆囉底。波多那喃。南無提
婆離瑟赧。南無悉陀耶。毘地耶。陀囉離瑟赧。舍波奴
揭囉訶。娑訶娑囉摩他喃。南無跋囉訶摩泥。南無因
陀囉耶。南無娑伽婆帝。嚧陀囉耶。烏摩般帝。娑醯夜
耶。南無婆伽婆帝。那囉野拏耶。槃遮摩訶三慕陀囉。
南無悉羯唎多耶。南無婆伽婆帝。摩訶迦羅耶。地唎
般剌那伽囉。毘陀囉波拏迦囉耶。阿地目帝尸摩舍
那泥婆悉泥。摩怛唎伽拏。南無悉羯唎多耶。南無婆
伽婆帝。多他伽跢俱囉耶。南無般頭摩俱囉耶。南無

跋闍囉俱囉耶。南無摩尼俱囉耶。南無伽闍俱囉耶。
南無婆伽婆帝。帝唎茶。輸囉西那。波囉訶囉拏囉闍
耶。跢他伽多耶。南無婆伽婆帝。南無阿彌多婆耶。跢
他伽多耶。阿囉訶帝。三藐三菩陀耶。南無婆伽婆帝。
阿芻鞞耶。跢他伽多耶。阿囉訶帝。三藐三菩陀耶。南
無婆伽婆帝。鞞沙闍耶。俱盧吠柱唎耶。般囉婆囉闍
耶。跢他伽多耶。南無婆伽婆帝。三補師毖多。薩憐捺
囉剌闍耶。跢他伽多耶。阿囉訶帝。三藐三菩陀耶。南
無婆伽婆帝。舍雞耶。毋那曳。跢他伽多耶。阿囉訶帝。
三藐三菩陀耶。南無婆伽婆帝。剌怛那雞都囉闍耶。

跢他伽多耶。阿囉訶帝。三藐三菩陀耶。帝瓢南無薩
羯唎多。翳曇婆伽婆多。薩怛他伽都瑟尼釤。薩怛多
般怛藍。南無阿婆囉視耽。般囉帝揚岐囉。薩囉婆部
多揭囉訶尼。揭囉訶揭迦囉訶尼。跋囉毖地耶叱陀
你。阿迦囉密唎柱。般唎怛囉耶儜揭唎。薩囉婆槃陀
那目叉尼。薩囉婆突瑟吒。突悉乏般那你伐囉尼。赭
都囉失帝南。羯囉訶娑訶薩囉若闍。毘多崩薩那羯
唎。阿瑟吒冰舍帝南。那叉刹怛囉若闍。波囉薩陀那
羯唎。阿瑟吒南。摩訶揭囉訶若闍。毘多崩薩那羯唎
薩婆舍都嚧你婆囉若闍。呼藍突悉乏難遮那舍尼。

毖沙舍悉怛囉。阿吉尼。烏陀迦囉若闍。阿般囉視多
俱囉。摩訶般囉戰持。摩訶疊(㩉)多。摩訶帝闍。摩訶稅多
闍婆囉。摩訶跋囉槃陀囉婆悉你。阿唎耶多囉。毘唎
俱知。誓婆毘闍耶。跋闍囉摩禮底。毘舍嚧多。勃騰罔
迦。跋闍囉。制喝那阿遮。摩囉制婆。般囉質多。跋闍囉
擅持。毘舍囉遮。扇多舍鞞提。婆補視多。蘇摩嚧波。摩
訶稅多。阿唎耶多囉。摩訶婆囉阿般囉。跋闍囉商羯
囉制婆。跋闍囉俱摩唎。俱藍陀唎。跋闍囉喝薩多遮
毘地耶乾遮那。摩唎迦。啒(古)蘇母婆羯囉跢那。鞞嚧遮
那俱唎耶。夜囉菟瑟尼釤。毘折藍婆摩尼遮。跋闍囉

迦那迦波羅婆。嚧闍那。跋闍囉頓稚遮。稅多遮迦摩
囉。剎奢尸波囉婆。翳帝夷帝。毋陀囉羯拏。娑鞞囉懺。
掘梵都。印兎那麼麼寫烏𤙖。唎瑟揭拏。般剌舍悉多。
薩怛他伽都瑟尼釤。虎𤙖。都嚧雍。瞻婆那。虎𤙖。都嚧
雍。悉耽婆那。虎𤙖。都嚧雍。波囉瑟地耶。三般叉拏羯
囉。虎𤙖。都嚧雍。薩婆藥叉。喝囉剎娑。揭囉訶若闍。毗
騰崩薩那羯囉。虎𤙖。都嚧雍。者都囉尸底南。揭囉訶
娑訶。薩囉南。毗騰崩。薩那囉。虎𤙖。都嚧雍。囉叉。婆伽
梵。薩怛他伽都瑟尼釤。波囉點闍吉唎。摩訶娑訶薩
囉。勃樹娑訶。薩囉室唎沙。俱知娑訶。薩泥帝㘑。阿弊

提。視婆唎多。吒吒瞿迦。摩訶跋闍嚧陀囉。帝唎菩婆
那。曼荼囉。烏鉒。莎悉帝薄婆都。麼麼。印兎那麼麼寫。
囉闍婆夜。主囉跋夜。阿祇尼婆夜。烏陀迦婆夜。毗沙
婆夜。舍薩多囉婆夜。婆囉斫羯囉婆夜。突瑟叉婆夜。
阿舍你婆夜。阿迦囉密唎柱婆夜。陀囉尼部彌劍波
伽波陀婆夜。烏囉迦婆多婆夜。剌闍壇茶婆夜。那伽
婆夜。毗條怛婆夜。蘇波囉拏婆夜。藥叉揭囉訶。囉叉
私揭囉訶。畢唎多揭囉訶。毗舍遮揭囉訶。部多揭囉
訶。鳩槃茶揭囉訶。補丹那揭囉訶。迦吒補丹那揭囉
訶。悉乾度揭囉訶。阿播悉摩囉揭囉訶。烏檀摩陀揭

囉訶。車夜揭囉訶。醯唎婆帝揭囉訶。社多訶唎喃揭
婆訶唎喃。嚧地囉訶唎喃。忙娑訶唎喃。謎陀訶唎喃。
摩闍訶唎喃。闍多訶唎女。視比多訶唎喃。毘多訶唎
喃。婆多訶唎喃。阿輸遮訶唎女。質多訶唎女。帝釤薩
鞞釤。薩婆揭囉訶南。毘陀耶闍。瞋陀夜彌。雞囉夜彌。
波唎跋囉者迦。訖唎擔。毘陀夜闍。瞋陀夜彌。雞囉夜
彌。茶演尼訖唎擔。毘陀夜闍瞋陀夜彌。雞囉夜彌。摩
訶般輸般怛夜。嚧陀囉訖唎擔。毘陀夜闍瞋陀夜彌。
雞囉夜彌。那囉夜拏。訖唎擔。毘陀夜闍。瞋陀夜彌。雞
囉夜彌。怛埵伽嚧茶西。訖唎擔。毘陀夜闍。瞋陀夜彌。

雞囉夜彌。摩訶迦囉摩怛唎伽拏。訖唎擔。毘陀夜闍。
瞋陀夜彌。雞囉夜彌。迦波唎迦。訖唎擔。毘陀夜闍。瞋
陀夜彌。雞囉夜彌。闍夜羯囉。摩度羯囉。薩婆囉他娑
達那。訖唎擔。毘陀夜闍。瞋陀夜彌。雞囉夜彌。赭咄囉
婆耆你。訖唎擔。毘陀夜闍。瞋陀夜彌。雞囉夜彌。毘唎
羊訖唎知。難陀雞沙囉。伽拏般帝。索醯夜。訖唎擔。毘
陀夜闍。瞋陀夜彌。雞囉夜彌。那揭拏舍囉婆拏。訖唎
擔。毘陀夜闍。瞋陀夜彌。雞囉夜彌。阿羅漢訖唎擔。毘
陀夜闍。瞋陀夜彌。雞囉夜彌。毘多囉伽訖唎擔。毘陀
夜闍。瞋陀夜彌。雞囉夜彌。跋闍囉波你。具醯夜。具醯

夜。迦地般帝。訖唎擔。毘陀夜闍。嗔陀夜彌。雞囉夜彌

囉叉罔。婆伽梵。印兎那麼麼寫。婆伽梵。薩怛多般怛

囉。南無粹都帝。阿悉多。那囉剌迦。波囉婆悉普吒。毘

迦薩怛多鉢帝唎。什佛囉什佛囉。陀囉陀囉。頻陀囉

頻陀囉。嗔陀嗔陀。虎鈝。虎鈝。泮吒。泮吒泮吒泮吒泮

吒。娑訶。醯醯泮。阿牟迦耶泮。阿波囉提訶多泮。婆囉

波囉陀泮。阿素囉毘多囉波迦泮。薩婆提鞞弊泮。薩

婆那伽弊泮。薩婆藥叉弊泮。薩婆乾闥婆弊泮。薩婆

補丹那弊泮。迦吒補丹那弊泮。薩婆突狼枳帝弊泮。

薩婆突澀比犂訖瑟帝弊泮。薩婆什婆唎弊泮。薩婆

阿播悉摩嚩獘泮。薩婆舍囉婆那獘泮。薩婆地帝雞獘泮。薩婆怛摩陀繼獘泮。薩婆毘陀耶囉誓遮嚩獘泮。闍夜揭囉摩度羯囉。薩婆囉他娑陀雞獘泮。毘地夜遮唎獘泮。者都囉縛耆你獘泮。跋闍囉俱摩唎。毘陀夜囉誓獘泮。摩訶波囉丁羊叉耆唎獘泮。跋闍囉商羯囉夜。波囉丈耆囉闍夜泮。摩訶迦囉夜。摩訶末怛唎迦拏。南無娑羯唎多夜泮。毖瑟拏婢曳泮。勃囉訶牟尼曳泮。阿耆尼曳泮。摩訶羯唎曳泮。羯囉檀遲曳泮。蔑怛唎曳泮。嘮怛唎曳泮。遮文茶曳泮。羯邏囉怛唎曳泮。迦般唎曳泮。阿地目質多迦尸摩舍那。婆

私你曳泮。演吉質。薩埵婆寫麼。麼印兎那麼麼寫。突
瑟吒質多。阿末怛唎質多。烏闍訶囉。伽婆訶囉。嚧地
囉訶囉。婆娑訶囉。摩闍訶囉。闍多訶囉。視毖多訶囉。
跋畧夜訶囉。乾陀訶囉。布史波訶囉。頗囉訶囉。婆寫
訶囉。般波質多。突瑟吒質多。嘮陀囉質多。藥叉揭囉
訶。囉剎娑揭囉訶。閉隸多揭囉訶。毘舍遮揭囉訶。部
多揭囉訶。鳩槃茶揭囉訶。悉乾陀揭囉訶。烏怛摩陀
揭囉訶。車夜揭囉訶。阿播薩摩囉揭囉訶。宅袪革茶
耆尼揭囉訶。唎佛帝揭囉訶。闍彌迦揭囉訶。舍俱尼
揭囉訶。姥陀囉難地迦揭囉訶。阿藍婆揭囉訶。乾度

波尼揭囉訶什代囉堙迦醯迦隧帝藥迦怛隸帝藥
迦者突託迦昵提什伐囉毖釤摩什伐囉薄底迦鼻
底迦室隸瑟密迦娑你般帝迦薩婆什伐囉室嚧吉
帝末陀鞞達嚧制劍阿綺嚧鉗目佉嚧鉗羯喇突嚧
鉗揭囉訶揭藍羯拏輸藍憚多輸藍迄喇夜輸藍末
麼輸藍跋喇室婆輸藍毖栗瑟吒輸藍烏陀囉輸藍
羯知輸藍跋悉帝輸藍鄔嚧輸藍常伽輸藍喝悉多
輸藍跋陀輸藍娑房盎伽般囉丈伽輸藍部多毖路
荼荼耆尼什婆囉陀突嚧迦建咄嚧吉知婆路多毘
薩般羅訶淩伽輸沙怛囉娑那羯囉毘沙喻迦阿耆

尼烏陀迦。末囉鞞囉建多囉。阿迦囉密唎咄怛斂部迦。地栗剌吒。毖唎瑟質迦。薩婆那俱囉。肆引伽獘揭囉、唎藥叉怛囉芻。末囉視吠帝釤。娑鞞釤。悉怛多鉢怛囉。摩訶跋闍嚧瑟尼釤。摩訶般賴丈耆藍。夜波突陀舍喻闍那。辮怛隸奴。毘陀耶槃曇迦嚧彌。帝殊槃曇迦嚧彌。般囉毘陀槃曇迦嚧彌。跢姪他。唵。阿那隸。毘舍提。鞞囉跋闍囉陀唎。槃陀槃陀你。跋闍囉謗尼泮。虎䖇。都嚧甕泮。莎婆訶。△顯咒功能 阿難汝等當知是佛頂光聚悉怛多般怛羅咒心。無上乃秘密伽陀。微妙章句。即是佛母眞三昧。能出生十方一切諸佛。故十方如來因此咒心爲正覺之因。而得成無上正徧知覺之果。言咒心者。卽大白傘蓋廣大無染。周徧法界。如來藏心。卽轉結心而成者。若粘湛發見發聽等。是將咒心轉爲結心。若從逆流以至寂滅現前。是將結心轉爲咒心。蓋結心咒心一物而兩名也。以此法含育一切如來。出生一切性德。衣被一切諸法。不得已而命之曰大白傘蓋。以此法離言說相。離名字相。離心緣相。不得已而命之曰咒。故因此咒心。得成無上正徧知覺也。十方如來執此咒心。如金剛劍。如毘盧印。是以執之則權衡在手。殺活由己。故降伏諸魔。制諸外道。所謂執大象天下往也。十方如來乘此咒心。乘者。運載義。如乘大白牛車。無不運載。是謂一切諸佛本所乘故。一切菩薩皆乘此法到如來地。故由彼乘此無上佛頂咒心。坐寶蓮華以自利。又能運載是道。應於微塵國土以利他。十方如來含此咒心。含者。藏也。猶石蘊玉而山輝。水含珠而川媚。若內無德本。外豈能談。故必含此咒心。後能於微塵國土轉大法輪。十方如來持握此咒心。佛佛相授。祖祖相傳。唯此咒心。更無他物。是能於十方摩頂授記。縱自果未成。亦於十方蒙佛授記。十方如來依伏此咒心。如如意寶珠。無適不可。故能於十方拔濟羣苦。所謂地獄得之而空。餓鬼得之而飽。畜生得之而脫。盲聾得之而明聰。瘖瘂得之而聲韻。怨憎相會得無殺害之苦。親戚相愛。得無別離之苦。凡有所求。無不如意。故無求不得苦。陰消入明。故無五陰熾盛苦。不生不滅。故無大小諸橫苦。一切苦難。隨持咒心。同時解脫。根本清淨。色所不刦。故無賊難苦。根境既空。刀不能傷。故無兵難苦。是以王法不拘。無王難苦。牢獄不能錮。故無獄難苦。風不能飄。火不能焚。水不能溺。故無風水火難苦。饑得之而飫。渴得之而解。貧窮得之而富足。如是諸難。應念消散。如是福利。應念所獲。無不如心也。十方如來隨此咒心。卽隨順淨覺從心滿願。能於十方事善知識。四威儀中。四事供養。無不如意。恒沙如來會中。推爲大法王子。十方如來行此咒心。施之於事物。應之於日用。令人心悅誠服。故能於十方攝受親因。令諸小乘。聞秘密藏。不生驚怖。如阿難登伽。皆是與此咒宿有親因。令聞不生驚怖。變心永脫而得攝受。若小根劣器。與此咒無緣。聞之未有不生驚怖者。況永脫乎。十方如來誦此咒心。成無上覺。坐菩提樹。入大涅槃。以常轉此咒未曾間斷也。十方如來傳此咒心。心心相印。所謂吾以正法眼藏付囑於汝汝當受持故。於滅度後付佛法事。無令斷絕。究竟正法住持。嚴淨戒律。悉得清淨。上顯如來密因。下顯菩薩萬行。△結前起後若我說是佛頂光聚般怛囉咒。從旦至暮。音聲相聯。字句中間亦不重疊經恒沙劫。終不能盡。如大經云。假使須彌爲筆。大海爲墨。不能寫盡普眼一門中一品。一品中一句。一句中一義。所謂一字法門。海墨書而不盡。唯其說不能盡。故其書亦不能盡也。亦說此咒名如來頂。卽經中所說大佛頂。名雖異而體實同也。△勸持汝等三果已前。居於有學地。未盡分段輪迴三界。若輪迴未盡。發心至誠。取阿羅漢。不持此咒而坐道場。令其身心遠諸魔事。無有是處。問。何故必持此咒無諸魔事。而坐道場。答。咒者。不可思議力之寄。非智識可到。義理可窮。如世以龜瓦卜。以無理故有靈。如童子謠。以無心故有驗。世法猶然。況出世大事。不以不思議心得哉。上明合諸佛。下明合眾生。△書咒帶佩功德○從上傳字轉出阿難。若諸世界隨所國土所有眾生隨國所生樺皮貝葉紙素白氎。此天竺貴物。有價值無量者。書寫此咒貯於香囊。是人心昏。未能誦憶。或帶身上。或書宅中。以顯弘傳。當知是人盡其生年。行居皆善。自然一切諸毒所不能害。此以咒心如阿伽陀藥。諸毒觸之無不銷除也。△總標明咒心不思議用。阿難。我上爲汝已說此咒爲如來密因。今爲汝等更說此咒。爲菩薩萬行能救護世間。苦難衆生。得大無畏。能樂。亦成就衆生出世間之妙智。此卽圓通章云。救世悉安寧出世獲常住也。△釋救護世間得大無畏若我滅後。末世衆生。有得此咒心者。或能自誦。若教他誦。當知如是持誦衆生。由咒力內伏知見之火。則外火不能燒出咒力內伏觀聽之水。故外水不能溺。大毒卽惡獸圍繞利牙爪可怖也。小毒卽蚖蛇及蝮蠍。氣毒烟火然。聞持誦咒聲。疾走無邊方。皆所不能害。如是乃至天有時惡風降雹。龍有時生嗔不雨。鬼有時伺人作害。神有罰時索祭興殃。精祇生怪。魔魅惑人者。聞誦咒之威力。所有邪術惡咒。皆不能着。何也。由此人心持誦咒力。滅三毒。得三昧正受。不受群邪。故得此咒心者。攬長河爲酥酪。變大地作黃金。如湯消冰。應念化成無上正覺。故爾一切咒詛。厭蠱毒藥。金毒銀毒草木虫蛇萬物毒氣。入此人口。不但能傷。抑復化成甘露法味。上及一切惡星。并諸鬼神。磣心毒人最惡者。於如是持咒人。既不能起惡。逆而反與頻那夜迦諸惡鬼王。并其眷屬。觀德容而意消。望慈感而心化。皆領深恩。常加守護。不唯不起惱。反來加護。不但不爲禍。反爲吉祥。當知吉凶禍福盡在乎己。釋成衆生出世間智△阿難。當知是咒。常有八萬四千那由他恒河沙俱胝金剛藏王菩薩種族。一一皆有諸金剛衆而爲眷屬。晝夜隨侍。以此咒卽是金剛寶覺故同聲相應。

同氣相求也。此金剛若約其果德。皆深位菩薩。約現身。則力士奮威之相。晝夜密護無間。而衆生不覺。

設有衆生在於散亂心。非決定常住三摩地者。但能心憶此咒心。口持此咒心。是金剛王常隨從彼諸善男子。以戲笑之所寓。亦咒心之所在。故法華經云。若人散亂心。入於塔廟中。一稱南無佛。皆以成佛道也。何況決定菩提心修三摩地者。不但金剛衆屬隨侍。此諸金剛菩薩藏王。亦精心陰感以神力加被。速令開發彼之神識。轉而成智。是人應時通達宿命。不爲八萬四千煩惱所障。心能記憶八萬四千恒河沙劫之事。如是周偏。無不了知。因得金剛慧性斷無明源。以至不疑惑之地。△明不墮惡趣從初發菩提心爲第一劫。乃至成菩提道爲後身。中間生生不生藥叉羅剎。及富單那。迦吒富單那。鳩槃茶。毗舍遮等。并諸

餓鬼。有形無形。有想無想。諸山相委。如是惡處。必不能至。以此咒心者。乃至尊至貴不思議之法也。△明不生下賤

是善男子。若讀若誦。若書若寫。圖印曰寫。若佩帶若密藏。若以諸色供養。則感劫劫不生貧窮困苦。下賤役苦。不可樂處。有妨道業。以咒心是最上弘定生可樂處也。△現獲功德

○此咒心。是諸佛秘藏。凡功德法財。具足其中。此諸持咒眾生。卽得佛心。與佛同體。縱其自身不作福業。十方如來所有功德。悉與此人。由是以心心相印。心不離佛。佛不離心。得於恒河沙阿僧祇不可說不可說劫。常與諸佛同生一處。無量功德。如惡叉聚。喻戒得與諸佛定慧同處熏修。永無分散。以行人之所修。卽諸佛之所證。打成一片。如靈丹一粒。點鐵成金。是故能令破戒之人。持此咒心。得戒根清淨。未得

戒者。持此咒心。令其得戒。未精進者。持此咒心。令得精進。無智慧者。持此咒心。令得智慧。不清淨者。持此咒心。速得清淨。不持齋戒者。持此咒心。自成齋戒。所謂一切障礙。即究竟覺。無不成就。無不如意也。△明滅現在業。阿難。法界性無染淨。離諸止作。罪性本空。動亂恒一。是善男子。持此咒時。設犯禁戒於未受戒時。所有種種罪相。持咒之後。則衆破戒罪。無問輕重。一時銷滅。縱然曾經飲酒。食噉五辛。種種不淨。一持咒後。其罪總滅。一切諸佛。菩薩金剛。天仙鬼神。不將為過。此人一心持咒。六根無染。則現身為清淨法身矣。設無新淨衣裳。就着不淨破弊衣服。一行一住。悉同清淨。縱不作壇。不入道場。亦不在道場中行道。只是一心誦持此咒。煩惱消除。地則為寂滅場地矣。此等專持咒人。還同入壇行道功德無有異也。是則無問一切穢惡不淨之人。及穢惡不淨之處。但肯專持咒心。念念無間。則與清淨人清淨處所持之功德無差別。若造五逆無間重罪。及諸比丘比丘尼婬殺盜妄四棄。八棄者。比丘尼復加四棄曰觸八覆隨。即第五不得與染心男相觸。第六不得與染心男捉手。捉衣。入屏處。共坐。共立。共語。共行。身相倚。相期。第八事。第七不得覆他重罪。第八不得隨舉。大僧共給衣食。即爲僧所舉。未作共住法者。不得隨彼僧所舉者。即舉討義。通上四棄。故名八棄。誦此咒已。如是重業。猶如猛風。吹散沙聚。悉皆滅除。更無毫髮。△滅過去業阿難。若有眾生。從無量無數劫來。所有一切輕重罪障。從前世來徧隨累。積深厚。未及懺悔者。若能讀誦書寫此咒。身上帶持若安住處。莊宅園館。如是積業。猶湯銷雪。顯此神咒妙用不可思議所謂千年暗室一燈能破豈獨滅罪哉。不久皆得悟無生忍。明△所求皆遂復次阿難。海寶千般。先求如意。以此咒心。是如意珠。取之不禁。用之不匱。若有女人未生男女。欲求孕者。若能至心憶念斯咒。或能身上帶此悉怛多般怛囉者。便生福德智慧男女。顯咒心具福足慧足也。求長命者。即得長命顯此咒心生不滅也。不欲求果報速圓滿者。速得圓滿。顯此咒心是無上頂法也。身命色力即長命中別報。謂福德為身。智慧為命。體潤曰色。勇健曰力。凡有求者。亦復如是如所願故生時持咒隨心自在。而命終之後。亦隨願往生十方國土。得見諸佛又以此咒心。諸佛無比之法。處處稱尊而必定不生邊地下賤。何況雜類形△貌命土安甯○以此咒心。是鎮國之寶。非和氏之璧照乘之珠所能並者。阿難。若諸國土州縣聚落。饑荒疫癘。或復刀兵。賊難鬭諍。三災現也兼餘一切厄難之地。寫此神咒。安城四門。并諸支提。此云可供養處。卽刹利通稱也。或脫闍上。此云幢。令其國土所有衆生。奉迎斯咒。禮拜恭敬。一心供養。令其人民各各身佩。或各各安所居宅地。所有不祥境界。如紅爐點雪。一切災厄。悉皆消滅。△令民和歲豐阿難。以此咒心是四時之宗。萬象之主一切在在處處國土衆生。隨有此咒。諸佛歡喜故天龍得益。亦生歡喜。風雨順時。五穀豐殷。兆庶安樂。莊生云。其神疑。使民不疵癘而年穀熟。△顯轉凶爲吉。○此咒不但鎮土安甯。兆民樂業亦復能鎮一切惡星。隨方變怪此等皆宿生妄業所感。由咒力而消除宿生之災障。故不起也。謂此咒心順眞常性中流出。亦能解黏去縛。由持咒力故人無橫天杻械枷鎖不着其身。良由晝則坦蕩自如。夜則安眠。常無惡夢。具足菩薩境界。阿難。是娑婆世界衆生。由八萬四千煩惱所感而有八萬四千災變惡星。順則變災爲福。逆則變福爲災。故曰人事應乎下。天道應乎上。爻象動乎內。吉凶見乎外也。其中二十八太惡星。四方各七。而爲諸星上首。復有八大惡星。即五行及羅計孛星。以爲其衆星之主。以二十八宿及八大惡星皆可以作種種形。或凶或吉。出現世時。能生衆生種種災祥變異。書曰。惠迪吉。從逆凶。是也。譬夫人參茯苓。亦可殺人。砒霜酖毒。亦可活人。今舉逆處言。故總名惡星也。以有此咒之心地。則天地合德。日月合明。四時合序。鬼神合其吉凶。故諸惡悉皆消滅。自有咒之地外。遠至十二由旬。成結界地。是以諸惡災祥。永不能入。其境。△結勸當持　是故如來宣示此咒於未來世保護初學諸修行者。入三摩地。身心泰然。得大安隱。更無一切諸魔鬼神。及無始來冤橫宿殃。舊業陳債來相惱害。汝及眾中諸有學人。及未來世諸修行者。依我壇場軌則。如法持其淨戒所受戒主。逢清淨僧。於此咒心不生疑悔。于此四者一無所失。則現生取證。必無疑矣。若是善男子於此現今父母所生之身。不得心通。心通。即明心見性。據前所說不出三義。一者證果。即端坐百日。有利根者不起于坐。得須陀洹。二者發解。縱其身心聖果未成。決定自知成佛不謬。三者宿命。是人心能記憶八萬四千恒河沙劫。周徧了知。得無疑惑矣。若果依教奉行。不得心通益者。則此十方如來便爲妄語。足見所說眞實。必不賺悞也。△明眾神護咒先明奉命金剛力士等說是語已。會中無量百千金剛。一時佛前合掌頂禮。而白佛言。如佛所說。我當誠心保護如是修菩提者。以修耳根圓通持咒心爲上。後皆倣此。△天衆護爾時梵王。幷天帝釋。四天大王。亦於佛前同時頂禮。而白佛言。審猶果也果有如是修學善人。我當盡心至誠保護。令其一生所作。身心取證。事事如願也。△八部衆護復有無量藥叉大將。諸羅剎王。富單那王。鳩槃茶王。毗舍遮王。頻那夜迦。諸大鬼王。及諸鬼帥。亦於佛前合掌頂禮。我亦誓願護持是人。令菩提心速得圓滿。△天神護復有無量日月天子。風師雨師。雲師雷師。并電伯等。師伯亦主宰統尊之稱也。年歲巡官。卽四値功曹之類。及諸星眷屬。亦於會中頂禮佛足而白佛

言。我亦保護，是修行人。安立道場，得無所畏。△地祇護
復有無量山神海神川嶽主也。一切土地。地祇也。水陸空行。舉三
以該衆多也。萬物精祇。如主樹木苗稼神等。以上皆有形之類也。△無形衆護并風
神王。即主風神也。無色界天。無業果色。皆無形類。仗佛威光。暫能現身。於如來
前同時稽首而白佛言。我亦保護是修行人。以受正法故。凡
百諸靈常自守護。又如大將兵符。符待到令行。自然尊守也。令其得成菩提。永無魔事。
△菩薩護咒○地上菩薩欲至如來究竟覺。須稽首楞嚴王金剛三昧斷惑。以根本無明最極微細堅固。
非金剛心決不能破。故金剛藏王常加冥護。縱有金剛斷惑之智。若無金剛藏王冥加護助。亦不能成。世
尊說咒爲末世修行者。爾時則有八萬四千那由他恒河沙俱胝
金剛藏王菩薩。各承願力。在大會中。即從座起。頂禮佛足

而白佛言。世尊如我等輩所修功業。久成菩提。不取涅槃。常隨此咒。救護末世修三摩提正修行者。此菩薩常果行因。以酬護生本願故也。世尊。如是修心求正定人。若在道場及餘經行處。我等當保護之。乃至或時散心而未定遊戲聚落。我等徒衆。常當隨從。侍衛此人。不令魔得其便。雖是菩薩深慈。於持咒人亦當自生尊重。勿見棄菩薩可也。縱令魔王大自在天。求其方便。終不可得。諸小鬼神。去此善人十由旬外。除彼鬼神發心樂修禪者。而得親住如來座下。護持咒者。方得近其行人。世尊。如是惡魔若魔眷屬。欲來侵擾是善人者。我以寶杵殞碎其首。猶如微塵。此大權菩薩以慈心護法。正令摧邪。若涅槃殺闘提仙。預誅淨行。皆由住無緣慈。得一子地。乃能如是。而恆令此人所作皆如願所證也。此中修行。有正有助。若利根人。即從耳根一門正修足矣。若根器少劣。必須入壇持咒為助行。故謂最初方便修道分竟。

○證道分、請示位次章

解行雙行。須知位次。不致行人濫擬聖階。便同佛境也。前耳根為入門。此則陞堂入室。以盡其奧。正明十方如來得成菩提之事也。△敘請

阿難即從座起。頂禮佛足而白佛言。我輩根性愚鈍。於至理無知。好為多聞。強記名言。於諸漏心未求出離。今蒙佛慈誨。得妙耳門為正熏修。持咒為助道因。於此正助二門。決定無疑。故得身心快然。獲大饒益。阿難前悟云。覲佛菩提。及大涅槃。猶如有人因事遠遊。未得明了其家所歸道路。至此雖已得知還家道路。從腳跟下起。然不知到家有幾許程途。故問自始至終之階級。此如遠行問經。必得其途程明白其里數。則不致中途告倦。止息化城。直造如來大涅

槃寶所矣。世尊。如是修證佛三摩提者。揀非菩薩聲聞定理。故加佛字。又五十五位。定體修成佛故。涅槃是究竟之地。必須親到。未到涅槃之前。覺路重重。云何功行名為乾慧之地。又以何等功行名為四十四心。若自始至終而論。發覺初心。至何漸次而後方得乾慧地。及四十四心之修行名目耶。既歷四十四心。又詣何方所。名入地中。既入地中。更做云何工夫。名為等覺菩薩。

○通議曰。此下問修證位次。以顯三觀具有能斷能證之力用。故乾慧地者。謂欲愛乾枯。根境不偶。即天台信前五品行位也。華嚴以信為行本。故三賢已前。總依信位。更不別開。故通有四十二位。此經備開十信。故有五十五位。以乾慧為最初之因。涅槃為至極之果。由初信至四加行。故曰四十四心耳。今將前乾慧十地成五十五。等覺乃因圓之果。作是語已。五體投地。大眾一心。佇佛慈音。直視曰瞪。冥心曰瞢。瞻依仰望。△讚善許說迷悟因果。爾時世

尊讚阿難言。善哉善哉。汝等乃能普為大眾。及諸末
世一切眾生。修三摩提。求大乘者。請。是一善也。始則從於凡
夫。乾慧為外凡。終則極十信為內凡。終於大涅槃果。欲我懸遠時歷預為指示三祇。
位歷五十有五。直入無上正修行路。中間永無委曲諸相。其所問者不亦善乎。汝今
諦聽。當為汝說。阿難大眾。合掌刳心。刳。刳剔也。說文云。空物腸也。易
日。刳木為舟。今取其意。謂除妄以虛心。默然以杜日受教。下明依如來藏性為生死涅槃
因。△明所依真如離一切相。佛言。阿難。汝問云何名為乾慧之地。云何名為等覺菩薩者。總
屬名相。當知一真之體。萬法皆如之。妙性者。統眾德而大備之謂。圓。灼羣昏而獨炤
之謂明。此妙性圓明。離諸生佛之假名。絕諸自他之形相。其體純淨。本來無有
世界眾生。生死煩惱之名。何復有菩提涅槃之號耶。△依真起妄○良以真性妙明。在體不有。

涉用不無。如是能爲染淨依者。因最初一念不覺。遂有生相無明。而妄有世界生起。眾生既
因妄有生。因生有滅。有生有滅。所以名妄。則有二種顛倒。乃至十二類生。此依
染緣而立眾生世界之名相也。△返妄歸眞○既而成妄。復立眞以遣妄。只因一念始覺斷滅諸
妄。則名爲眞。故有三漸次。乃至五十五位菩提路。此依淨緣而立菩提涅槃之名相。是
稱如來無上菩提。及大涅槃。二轉依號。特轉煩惱依菩提。故滅世
界顛倒。轉生死依涅槃。故滅眾生顛倒。但轉用不轉體。轉名相不轉眞性。當知生死涅槃。皆如來藏中之
影相也。△直示即妄明眞阿難。汝今欲修五十五位眞三摩地。直詣如
來大涅槃者。先當識此眾生世界二顛倒因。亦如菩提涅槃
即在二顛倒中求。顛倒不生。即爲二轉依號。斯則如來眞三摩地。所謂
狂性自歇。歇即菩提。向下委示一心湛淨熏成迷悟因果差別之相也。

○十二類生章

約無明熏眞如成染法。爲十二類生因。釋二倒因之疑。約眞如熏無明成淨用。爲五十五位因。及結指現行圓發一心。直詣涅槃。成無上妙覺之果。△徵標二顚倒因

阿難。云何名爲衆生顚倒。阿難。由性覺妙明眞心。爲一眞法界之體。但眞如不守自性。隨無明一念強明。則失圓照。故謂眞如不變而隨緣也。因其妄明而發無明業識之妄性。識性妄立。見相二分生焉。而根身器界頓然俱現。豈非從畢竟無相之眞。而成究竟有相之妄。故謂無明體空而能成事也。上已明惑業。此有所有。不必作惑業講。謂如是究竟。此衆生爲能有。世界爲所有也。然就衆生推之。皆非能有。因就世界推之。亦無所有之所因。故能知住所住之相。如空中華。如睡時夢。了無根本。由無明熏眞如而成染法。是故本此無住之無明。遂爾建立世界。及諸衆生

二種顛倒。斯見無明之力大。不可熏處而能熏。所以六結之初。無明一也。△別釋衆生顛倒皆見思而起

〇蓋由衆人强明立所。迷己本性圓明之眞體。妄業不能虧曰本圓。妄惑不能敝曰本明。此本明即不變之性體。是生虛妄惑業。而追窮此虛妄性。元無實體。亦非有所依之處。總言眞而不變。妄本空也。旣無體無依。眞妄兩忘。則將無明欲得復歸元眞。以誰爲復若有欲眞一念。尚屬妄想。已非未動之眞眞如性矣。況乎非眞性上。更生求復之心耶。此於無可欲處而强欲之。無可復處而强復之。則圓明本體愈復而愈違。宛成虛妄之非相矣。故知圓明本體。非有生。非有住。非有心。非有法。良有一念生相無明不覺。故於無生中計生。於無住中計住。執非心爲心。執非法爲法。展轉發生。遂有因果相續不斷。從彼妄生業力發明現行互熏以成業種。彼此相同業。運相感。則有感應因有感業。彼此相生。以其彼此相

滅相生。輪迴不息生滅無窮。由是故有衆生顛倒。△別釋世界顛倒由根塵而起。阿難。世界本來清淨。何有顛倒。悉由衆生顛倒纖妄相成。成十二類。故世界亦成顛倒。此則世界顛倒。基乎衆生。故大經云。衆生無法器。世界成雜染。上已徵明衆生顛倒。此徵云何名爲世界顛倒。是前文無明所起之衆生。由內成能有之妄心。外成所有之妄身。以無明妄心依眞而立。本無分段。但由吸取四大假色而成根身。則所既妄立。明理不踰故分段妄生。因此而有左右前後一定之界限立矣。以妄心無體。非有因爲之所因。妄身本空。故無有住爲所住之世界。於無住中妄執爲住。故妄心生滅遷流不住。因此三世相續而成世之名也。由此三世與四方。四方與三世宛轉十二。和合相涉而成十二區分。此十二區分爲十二類之依報。世約心說。以念念遷流故。方約境說。以界畔爲境故。心境相涉。方世和合不思議熏。不思議變。是故變化衆生。亦成十二類。類字。約眾生言。區分。約世界言。前修道分明世界相涉而成功德。今明世界相涉而成眾生。此下結示心境涉義。變成十二依正轉旋之相也。△明熏變之相是故內之根身外之世界而有者皆因無明內熏意識誦習之習氣。猛然發起。鼓動心體。則妄有緣氣於中積聚。假名為心。故因動有聲。然聲乃妄想風。非外境也。因此動念則隨其本習。融現六塵。而因聲有色。則習境妄現。因此妄境反熏自心。故曰因色有香。香乃妄境之氣分。因此緣氣反觸其心。而心趣境。故因香有觸。心境相觸。則綿着其味。愛之而不吐。故曰因觸有味。因此味則着知為法塵。此總顯一念妄想由習氣內發而為六塵。非外塵境。由此六亂之不次妄想熏成業性以為生因。所熏不出身心之外。故感十二區分以為受生之果。△結由此六亂妄想生滅輪轉不停。是故眾生世間但以眾生一念有間則有聲香味觸依次而成六種相分。相之在處而見鄉往還。分非立。如是心隨境轉。境隨心變。循真纖妄相成和合相涉成。十二變爲一旋復。能造根塵既具十二則所造眾生乘此輪轉顛倒相故。亦具十二類也以此顛倒之十二總是迷見相二分而起謂胎卵二種與無色無想非有色非有想者迷相分居多又眾生顛倒是眾生之別業見所獨故世界顛倒是眾生之共業相所共故若破我相證人空斷分段生死而證有餘涅槃成三菩提則眾生顛倒始息若破法執證法空斷變易生死而證無餘涅槃成大菩提則世界根身等顛倒始空故曰顛倒不生斯則如來眞三摩地。

△二總列十二類名

十是有世界從殼而出者曰卵生。從胞而出者曰胎生。從濕而出者曰濕生。離故趣新者曰化生。本質既無但用明曜之色者曰有色。空無色相者曰無色。唯依想心而質者曰有想。頑無所知者曰無想。自質非實託彼成故雖有若無故曰若非有色。自質本無託彼咒詛成己色質故曰若非無色。己本無想由彼想以成我質雖有似無曰若非有想。我有兒想彼無父母想雖彼無想覡已成我兒想曰若非無想。

向下列示四生十二類生輪迴。總皆一念妄想熏成。所謂因動有聲。認此動念爲心。卽召類之元也。△明卵生因果。○卵因想生

阿難。由因世界卵生虛妄輪迴。動顚倒故。虛妄卽想也。輪迴。卽想之生滅也。想體輕舉。名動顚倒。謂迷不動之眞體。而忽然妄動。於是俛仰天地。再撫四海。僨驕而不可係。非顚倒乎。卵以氣交。名爲和合氣成八萬四千飛沈亂想。謂此妄想忽起忽滅。忽上忽下。無有一定。故曰飛沈亂想。此屬能造之因也。△顯所造之果。○下文皆類此科。如是故有卵羯羅藍。此云凝滑。卽胎中第一位。流轉國土魚鳥龜蛇。其類充塞。然詳十二類中各有八萬四千亂想者。以一切衆生各各具足八萬四千煩惱。但各隨類轉變。則彼煩惱隨類偏顯。如魚鳥以飛沈而顯。故魚化爲鳥。蛇化爲龜。彼倏然忘屈曲之狀。而得蹣跚之質。此忽然忘游泳之能。而得飛鳴沈舉等之體。皆氣交神化所致。其類充塞。如鶴鶴相唳。鵁鶄相視。皆氣交也。△明胎生因果○胎因情有

由因世界雜染。卽情也。

輪迴是中生於愛心名欲顛倒故胎以情交名為和合滋成情有邪正故成
八萬四千橫豎亂想情之正者一夫一婦為正婬情之邪者更向他夫他婦而求婬
名為邪婬邪正感報則有橫豎如是故有胎遏蒱曇此云疱即胎中第二位也流
轉國土人畜龍仙其類充塞然想有內分外分情有世情道情故能轉情想
者即真三摩地△明濕生因果假濕而生者曰濕生濕以合感○由因世界執着者即
合也輪迴是中趣顛倒故亦由不知無住真心如摩尼珠隨方現色本無定形而觸境奔
風附時趨勢非顛倒何哉濕以陽生以人情盡向熱鬧處趨承所謂富貴他人合者也是名和合
煖成八萬四千翻覆亂想謂翻手作雲覆手雨如翟方進之門可羅雀孟嘗歸
齊賓客復滿之類如是故有濕相蔽尸此云軟肉即胎中第三位流轉國
土含蠢蠕動如醯鷄蠛蠓之類唯其平生不配道義事事無丈夫志氣故感無知之報其

類充塞。世界△明化生因果。○無而忽有曰化。由因世界變易輪迴。謂倏欻倏忽喜忽怒。朝三暮四之類。此是假顛倒故。由彼不知眞主人公隨緣不變。不變隨緣。而反背是面非。口甜心苦。非顛倒乎。是以和合觸成。謂此假人。觸處變其所守。失其本心。故有八萬四千新故亂想。如厭故喜新。好丹非素。富即易妻。貴則易交。豈知衣不厭新。人不厭故哉。如是故有化相羯南。此云硬肉。即胎中第四位。流轉國土。轉蛻飛行。如雀化爲蛤。轉飛爲沈也。蜣螂之化蟬。轉行爲飛也。唯其生平毫無操守。觸處則心生變易。感故其類充塞。世界△明有色因果。即是色界。由因世界留礙輪迴。資中曰。事日月水火。和合光明。堅執不捨。名爲留礙輪迴。障顛倒故。由彼不知大智慧光明周偏法界。本無留礙。而外道反事火從水。依日月星辰以求明。因明而立所。遂成障隔。不得圓通。豈不顛倒。和合著成。者棄自已無盡之光明。反認昭昭靈靈者爲極則事。色界諸天。皆坐於此。以諸天皆有[illegible]身光明昭著故。八萬四千精耀亂想。精耀生於明。[illegible]生於著故精耀有[illegible]麗。古人所謂弄精魂者是也。卽今做工夫的人。崇[illegible]心於古人偈頌機鋒轉語者。恐猶不在此類也。愼之哉。如是故有色相羯南。流轉國土。精明顯著。因此受生。故名色相羯南。休咎精明者。日月星辰之類。吉者爲休。凶者爲咎。至於熠火蚌珠。皆此精明之因。其類充塞。世界。△明無色因果。卽無色界。由因世界銷散輪迴。由彼不知有相身中無相身。無明山上有無生路。故厭有着空。滅身歸無。絕志以淪虛也。惑顛倒故。謂迷有漏天。作無爲解。故稱顛倒。和合暗成。謂執昏昏默默。杳杳冥冥處爲極則。四空諸天。皆坐於此。所謂晦昧爲空也。八萬四千陰隱亂想。若存若亡。似盡非盡。卽無色界外道之類。於無盡中發宣盡性。如是故有有想無色而不成業體。故亦稱羯南。流轉國土。空散銷沈者。謂將此身心消磨沈沒。散沒於空。又有感業昏重。形色銷磨。體合空昧。識附陰隱。亦空散銷洗類。**其類充塞**世界。已上二種。情之所變。△明有想因果**由因世界罔象輪迴。**謂依稀似是。彷彿不眞。故名罔象輪迴。**不影顚倒故。**由彼不知自不見根本。故執影而迷眞。如云道之爲物。恍恍惚惚等。皆由見其影而未見本來之面目耳。故稱顚倒。**和合憶成**謂旦夕撮心懸在一處。若守中緣督之類。**八萬四千潛結亂想。**如綿綿若存。用之不勤。由用之愈困。故愈結之。而不散也。○正脈曰。蓋鬼神精靈。相不可見。而實暗中有想。故曰陰隱潛結。衆生邪慕靈通。逐影憶想。時或恍惚見之。久當墮其類也。**如是故有想相羯南流。轉國土。神鬼精靈**者。如下五陰文中天魔精怪。魑魅等。皆因錯亂修習。得其影而不得其眞。即有五通。術得漏盡。**其類充塞**世界。有僧指月問古德云。兩個并現時如何。德曰。一個是影。以是發相似慧。非眞慧故。△明無想因果**由因世界**衆生。以有法障。謂之**愚**。有煩惱障。謂之**鈍輪迴**是中。以不知自性本來圓活。在眼能見。在耳能聞。如日中寶石。色無定形。似水上葫

蘆。不可按捺。而却勉強抑伏。如石壓草。如冰夾魚。古德謂之魂不散的死人。抱精魄的走肉。豈不謂之

癡顛倒故。以隳肢體。黜聰明。和合冥入於頑之地。功成八萬四千

枯槁亂想。若寒岩枯木。如冷竈死灰。無生煖氣。如是故有無想羯南。流

轉國土。精神化為土木金石。之果。如華表生精。黃頭化石。蚯蚓之變。金燈凝

僧之化木耳。皆精神昏昧。有情而化無情。此是發相似禪。非真禪也。其類充塞世界。以上二種

是想之變。自有色無色。有想無想。皆是修行而不得真者也。故派成四類。△明非有色因果由因

世界。眾生胸懷恃怙遮相假待。如影待形。魍魎待影之類。輪迴是中。不知自性。不與

諸塵作隊。萬法為侶者。卓然立於物先。而反恃人為己力。豈非偽顛倒故耶。資藉聲名勢力。

和合沾染。功成八萬四千因依亂想。如狐假虎威。客行主令之類。以

本無勢而待人成勢。如是故有所感之果。本非有色相。以待物成色相

羯南流轉國土。如諸水母等。以水沫為體。以蝦為目。其類充塞。乃至一切依草附木諸鬼神等。以及身中八萬四千尸虫。皆此因也。故曰待文王而興者。非豪傑之士也。△非無色因果

由因世界相引輪迴。謂以邪語邪業牽引人者。性顛倒故。由彼不知自性具有恆沙稱性功德。不能引之發生。反以邪語邪業熏習。誘易人性。豈非顛倒乎。和合咒成。者。謂將己神識。乘彼邪咒。彼此和合而成功業。是寄聲成事。似相如琴心御溝紅葉之類。故曰咒成。八萬四千呼召亂想。若今之書符捻訣呼神召鬼之類。倘有志喚云主人公惺惺着。如此自呼自召。則能引生稱性功德。今不自引而自引人。不呼召已而呼召鬼神。故成此亂想也。

由是故有非無色相。所感之果。假他相故。藉聲誕形。故有無色羯南流轉國土。咒詛厭生。其類充塞。若今樟柳神之類。世間別有一種邪神邪鬼。聽人驅役。若夫正神。非至誠至德。則不能感。豈妄人所能呼召哉。此由因中召鬼神。故果上

爲人所召也。上二種是合之變。△明非有想因果

由因世界合妄輪迴。實離而強合。謂之妄合。罔顛倒故。由彼不知眞君是最親之物。而反背之。乃以非己親而強爲親。非己子而強爲子。非己物而強爲己物。豈非顛倒耶。和合異成。元非同類。故曰異成。八萬四千迴互亂想。迴他人之所有。而互爲己有。如是故有所感之果。名爲非有想相成想羯南。言他人之物。本無心與我。故曰非有想相。而我強而有之。乃成我想。故曰成想羯南。流轉國土。如彼蒲盧等。本爲桑虫。非有蜂想而成蜂者。蓋己本無想。由彼想以成我質。故曰異質相成。非有想相。而成想。其類充塞。△明非無想因果

由因世界怨害輪迴。本合而反離。故成怨害。殺顛倒故。不知一切眾生同爲一體。皆是先世父母親戚眷屬。由昏昧故。互相食噉。作諸怨對。豈非顛倒邪。和合怪成。八萬四千食父母想。父母愛子。無所不至。卽欲報恩。昊天罔極。今反望至恩至愛而

害之食之此誠不忍願聞是天下極怪異事所
以生理怪誕棄絕彝倫怪因招感和合相成如是
故有感果之名非無想相無想羯南流轉國土如土梟等
附土塊為兒及破鏡鳥以毒樹果抱為其子土梟破鏡者按
史記孝武本紀云祠皇帝用土梟破鏡孟康曰土梟
鳥名食母破鏡鳥名食父黃帝欲絕其類使百物祀
皆用之破鏡如貙而虎眼似貍是獸非鳥古文云是
鳥非獸然據眼為虎眼則江東人稱鵩鵩者是也又
本草部中禽獸內有訓胡其聲自呼其名兩眼如猫
此鳥作笑聲當有人死即鵩鵩也此二種是離之變
鳥之欲土果以成其子非無子之想相
以土塊毒果本自無想因仗父母之想
子之方成有想父
母祇為成其兒則非無想相子成而父母皆遭其子之所食而父母本無子之食父母
之想故曰和合怪
成是故無想羯南其類充塞世界△結是名眾生十二種
類妙性圓明離諸名相本來無有世界眾生是故世
界眾生但因妄想而有也或問前文阿難所問證

道名位。何故世尊詳明十二顛倒也。答曰。良以顛倒障正徧知。則覺路不淨。今佛欲明證道。先除障垢。障除則倒亡。離倒即正。是知除障為入證之至要也。顛倒不生。即是如來眞三摩地。

大佛頂首楞嚴經貫珠卷第七終

大佛頂首楞嚴經貫珠集卷第八

明　金陵華山律學沙門　戒潤　述

此卷來意。由前阿難請云。我輩愚鈍。好爲多聞。于諸漏心。未求出離。蒙佛慈誨。得正熏修。身心快然。獲大饒益。世尊。如是修證佛三摩提。未到涅槃。云何名爲乾慧之地。四十四心。至何漸次。得修行目。詣何方所。名入地中。云何名爲等覺菩薩。作是語已。瞪瞢瞻仰。爾時世尊。讚阿難言。善哉善哉。汝等乃能普爲大衆及諸末世。一切衆生。修三摩提。求大乘者。從于凡夫。終大涅槃。懸示無上正修行路。汝今諦聽。當爲汝說。阿難當知。妙性圓明。離諸名相。本來無有世界衆生。因妄有生。因生有滅。生滅名妄。滅妄名眞。是稱如來無上菩提。及大涅槃。二轉依號。阿難。汝今欲修眞三摩地。直詣如來大涅槃者。先當識此衆生世界二顚倒因。顚倒不生。斯則如來眞三摩地。以故逐一指出世界之差別。衆生之妄染。竟。今明三漸次。五十五位。結經名目。情想昇沈。諸趣輪轉。故有此卷雄文。

○次章三漸

大意令識盡二顛倒因即入菩提路也阿難問位次在行布中尋階級世尊答妙性在圓融處說離相於此圓融法門一切究竟向何處立顛倒證菩提良以衆生無故從一圓融處幻出行布自衆生迷爲色陰之妄身受想行陰之妄心一有身心則分根塵識界根爲業本塵爲惑本識爲生死本世尊悟色身爲法身受想行陰爲本性一了幻身即法身則十八界一一修行皆得圓滿迷眞逐妄則有十二類生流轉生生具八萬四千之種令滅妄名眞則有五十五位還滅位位顯斷惑證眞之要上明十二類生乃釋生滅名妄及先當識此衆生世界今明三漸次等乃釋滅妄明眞併顛倒不生斯則如來眞三摩地其漸次及乾慧斷惑證眞之相但取其名爲後實證之階則無前後矛盾也△法喻結前十二類生

阿難如是十二類衆生各從元習熏種以成當類不唯人定爲人鳥定爲鳥其一一類中元由心境相織正助互造亦各各偏具十二顛倒成十二類由其不思議熏待等

流與熟不思議變。一果現起名事造餘果冥伏名理具。此一類畢。彼一類生。如是旋復十二。方爲一動始終。然妄無實體。全是眞心。是則顛倒妄具。即是妙淨眞具。故五十五位之眞。本于十二類生之妄。此十二顛倒。皆由一念顛倒妙圓。猶如捏目見太虛中亂華發生。華生太虛不儗太虛。十二亂想顛倒妙圓。無妨妙圓也。妙離妄染曰眞淨。圓光獨照曰明心。由心圓故具足如斯。十二虛妄亂想。由心妙故。不待亂想滅以見眞。以亂想空花。全無寶體故也。上結無明熏眞如。而成染事。爲十二類生根源。所謂生滅名妄。下示眞如熏無明而成淨用。爲五十五位菩提路。所謂滅妄名眞。如是或淨或染。總不出眞如隨緣不變。無明成事體空。△法喩示翻染成淨用答至何漸次。得修行月之問。汝今修證佛三摩提。即就於是顛倒本因。即所熏無明業識也。元所亂想。即六亂能熏前七。俱生分別煩惱識也。今於本因想處下手。立三漸次。從微至著。自淺至深之工夫。先滅元所亂想。破前四陰。澄四濁。經歷諸位。次滅本因。破識陰澄命濁。方得除滅。顛倒之所因。必從染處下手者。所謂當處出生。隨處滅盡也。○先德云。影由形起。響逐聲來。弄影勞形。不識形爲影本。揚聲止響。不知聲是響源。除煩惱而趣涅槃。喩去形而覓影。離衆生而求佛果。喩嘿聲而求響。欲知迷悟一途。智愚非別。是以修證佛三摩地。必從本因元所亂想而入。如淨器中。喩根中不生不滅淨圓眞心。雖爲無明所染。不妨處染常淨。若能善用。亂想卽除。淨心自現。故云淨器。蓋因本淨。故可洗滌令淨。若本不淨。豈可洗之淨哉。除去毒蜜。喩斷本因元所亂想。以諸湯水。并雜灰香。喩三漸次。戒定慧爲治心之法。洗滌其無上法器。喩修斷之功。得無生忍。安立聖位。後貯十信至妙覺之甘露味。成果地莊嚴也。△出漸次之名。○謂修習眞三摩提。當立三漸次。爲修道初步。云何名爲。三種漸次。一者防修形器熏習淨法。卽耳根圓通。大流亡所。除其助發婬等之因。謂五辛內助婬恚。外引魔業。故當除之。前四律儀爲正戒。此助因爲增上緣也。二者眞修。斷滅慮偽生死苦因。**刳其正性**。刳者空剔剜去之義。正性者爲因緣即殺盜婬爲衆生之正性。故宜刳削之。如人被毒箭所傷。必刳去所傷毒肉。則不傷命也。**三者增進**。上二是一助一正。正中但戒身業三乘其義不深。今則增進其行使六根不流逸前境。返流全一。六用不行。校上淺深。故名增進。**違其現業**。現業即根境緣。以舊種爲現根境。而根境六亂妄想流逸弃境名現業。脫塵內伏。則境違反六根。現行之業也。文漸熏種。故次違之。違則情愛自估。正助皆涸。所以用三漸次之行除三緣之首三緣既除。無生忍人。然妙性圓明。離諸名相。三種漸次及諸聖位。皆世尊隨機順應。故於無漸次中立漸次。無聖位中立聖位耳。若上根利智。則狂性自歇。歇即菩提。何藉劬勞肯綮修證。△別釋修習。除其助因且徵名標類示依。**云何助因。阿難。如是世界。十二類生。**各有形命未得法性身。日用最切要者飲食。若無飲食命**不能自全**。食以資益爲義。十二類稟報不同。所食亦異。故**依四食**而**住。所謂**人畜有執受身。所食必有分段。故以**段食**益之一分一段之食。如刀段食。飯麵菜等形段。亦如畜道食草飲水各有分段之想。此通人畜。以欲界食香味。正消變時有滋益義故。譚子云。牛可使之負。馬可使之駕。鷹可使之擊。犬可使之守等。皆以食爲資養故也。鬼神無執受身。但以**觸食**歆之。根境識三。和合能引意識相應觸對前境。攝受喜怒哀樂。資益諸根及心心所。此通鬼神。以鬼道觸氣飽足故。禪天之上。無香味二塵。故以**思食**益之。思食者。以意識相應。思與欲俱。轉於可意境。希望偏勝境。有資益故爲食義。此通禪天。思食即至。不假炊爨。或但思之即飽故。**識食**者。四空無身形色像。唯保第八識。但以識想故以識爲食。自養住故。瑜伽師地云。所言食者。謂餐噉咀嚼吞咽嘗啖。唯識云。食以資益諸根大種。心心所法。能生喜樂。相續執持等。**是故佛說三界。一切衆生。皆依食住。**而食爲命根之所係。故甘毒者不可不擇也。△勸戒明過**阿難。一切衆生食**無毒者名**甘。故生。食**五辛者名**毒。故死。**甘者養人。乃茹素助道物也。毒者傷人。即五辛害道物也。此舉身命安危之相。係於食之甘毒。引明慧命所係倘宜傾之。是故眾生求三摩提。修圓通時。當斷世間五種辛菜。乃危慧命之毒。故應絕之。孤山云。五辛者。楞伽經謂慈葱。蒜。韭。薤。興渠也。應法師云。興渠梵語也。正云興宜。慈愍三藏云。根如蘿蔔。出土辛臭。冬至彼土。不見其苗。以此方無故不翻也。是五種辛。修道之人。若不斷除。即如世人食毒無異。雖不能致死。熟食必壯相火故。發淫。生啖必動肝氣故。增恚。貪癡全具。此三者。能傷法身慧命也。佛智所鑑。不爽毫釐。物性必然。宜敬信而戒之。△天仙不聽經。阿難正修行人。決不宜食辛。如是世界。食辛之人。縱能有定有慧。宣說十二部經。十方天仙。天則精修五戒十善。仙則清心寡欲養生。皆爲聽經護持之眾。今見此辛。嫌其臭穢。咸皆遠離。今之世人。具齋戒者。尚於食辛之人。多畏避之。何況天仙。△常與鬼住。諸餓鬼等。元食五辛臭穢之眾。歆於不淨。而得其便。因彼人食之五辛次。或於睡後。諸鬼侯便。舐其脣吻。彼食辛人。常與鬼同住。夫遠故福德從此日銷。鬼近故令心所長。皆無利益之事。每見大時疫癘。世人咸謂辛能避瘟。不知由業力所使。顛倒滋禍如此。不可不警也。△聖善不護定是食辛人。雖修三摩地。菩薩天仙。十方善神。不來守護。△魔害不息。承上又不止諸餓鬼等同住。暗損福德。多增罪[illegible]而亦大力魔王。得其方便。現作佛身。來為說法。其害甚大。非法毀其禁戒。為小乘道讚婬怒癡。為相傳之法。此人由食五辛。助引魔業之故。命終之後。自為魔王眷屬受魔福盡。墮無間獄。△結阿難。若修菩提者。必先永斷五辛。是則名為第一增進修行漸次。△別釋眞修刻其正性。且徵名標定示戒。對助而言。故曰正。蓋婬殺若固有之物。不待教而自能。與身俱生。與性俱有。實生死之正性。不助則易斷矣。云何正性。阿難。如是眾生。除助因已欲修入三摩地者要先嚴持淸淨戒律以戒定慧爲正性永斷婬心等爲助因要先除婬等正性之助首要不食酒須防助欲性故不食肉斷殺心恐傷慈故凡可食者皆有微細衆生須擇出以火淨而食無啖新鮮生氣之物防生穢濁之染此亦杜漸之至况有情有命而貪食耶淨食有五十誦律云謂火淨刀淨爪淨鷄鴻觜淨手不生淨如高柴方長不折茂叔庭草不除亦皆此意△勸修示觀明次第戒益阿難是修行人若不斷婬及與殺生得戒定慧出三界者無有是處當觀婬欲猶如毒蛇則不敢狎如見怨賊則不敢近近則身命自喪婬欲亦然法身慧命卽斷矣離此門者名出塵網故以毒蛇喻之而教令觀察也○寶積經云文殊言天子若人一心專精自受貪欲心發卽應覺知方便散除還令寂靜云何除散應作是念此是空此不淨求此欲心生處滅處從何處來去至何所其中誰染誰愛誰爲染者誰爲染法如是觀時不見能染不見所染不見染事以不見故則無有取以不取

故。則無有捨以不捨故。則無有受以不捨不受。則名
離欲寂靜涅槃矣。是故修寂靜者。觀婬事。如毒蛇怨
賊。婬心即滅。必先持聲聞四棄八棄。執身口七支。不動。使無身犯執者。
把住義。即續法身慧命之工夫。後行菩薩清淨律儀。執心一念不起。使無
思犯。未持戒前。婬殺相襲。偷劫相負。無有禁遏。今者禁戒成就。則於世間。婬心斷滅。
永無相生之道。殺心斷滅。永無相殺之業。婬殺一斷。偷劫不行。偷既不行。
自然無相負累。亦於世間不還宿債。是名持清淨人。戒眞戒德
因既成。修三摩地。定戒定相資。心見通徹。不待常來。即現生父母所生肉身。通達
無礙眼根清淨。不須天眼。肉眼見暈。自然得天眼通。觀見十方世界。即色
陰盡相。十方洞開。無復幽暗。接位當在初信。小乘之初果。此菩薩初斷見惑之時也。觀佛聞法
天耳通。即耳根清淨。親奉聖旨。他心通。得大神通。遊十方界。神境通。即

身根清淨。身舌二識。亦在其中。亦受陰盡相。去住自由。無復留礙。是得意生身。隨往無礙。接位當在二信對小乘之二果。

宿命清淨。得無艱險。

宿命通。即意根清淨。是想陰盡相。于覺明心。如去塵垢。本隃中戒定之功。除去毒害。於六通。未及漏盡。論觀。行已修空假。一倫生死。首尾圓照。故得徹通宿命。除本願力。永不墮入。險難惡趣。接位當在四信位。對小乘之三果。△結名

是則名為第二增進修行漸次。

寶積經論云。以戒故。於奢摩他分同。戒是三昧因故。以多聞故。於毘婆舍那分同。能領得無漏智故。△別釋增進。違其現業。徵名示益。以顯戒生定慧。

云何現業。

現即現行無明。業即婬殺盜妄。由眾生無明。現行六塵境界。故起婬殺盜妄之業。

阿難如是清淨持禁戒修正定之人。

欲界九品思惑既盡。則

心無貪婬。

內不貪婬。

於外六塵不多流逸。

但不多流逸。而未許絕無。以根中無始虛習。尚未淨盡。所對之塵。猶在現業未違。非全不流逸也。此下忘塵盡根。始違現業。

因不流逸。

於外則不隨前塵所起知

見工夫漸久復本旋元自歸眞諦外無所入內無所出塵既不緣根無所
偶始反欲流全一精明則六受用之染對境自違不行一分別元精之
淨根始得寄根明發如鏡照相了無分析此正行陰
盡相六根虛靜自無馳逸約小乘斷思惑盡大乘郎
初於聞中入流亡所以至盡聞不住及初伏客塵煩
惱併此根初解先得人空○南臺和尚頌云南臺靜
坐一爐香終日凝然萬慮忘不是息心除妄想都緣
無事可商量此是古德脚踏實地處接位齊七信當
小乘四果○由根不接塵則世界清淨故見十方國土皎然清淨表裏洞徹譬
如琉璃內懸明月此識陰盡相下文識陰若盡十方世界及與身心內含寶月如吠琉
璃接位與後三信齊也塵不交根無所繫故身心快然身妙心圓平等不動
獲大安隱圓覺云四大不動當知覺性平等不動作凡夫時顚倒妙圓則身心世界皆是眞心
中物根塵拘礙何等苦惱今修行時顚倒不生則身
心世界總一妙圓平等根根塵塵周徧法界郎空覺

極圓與空性圓明成法解脫故曰獲大安隱

一切如來密圓淨妙

密謂秘密深幽幽遠無人能到故圓謂圓滿交徹含攝重重無盡故淨謂清淨明相精純纖塵不立故妙謂神妙一切變現皆不為礙故此皆果上四德故曰密圓淨妙前三讚體後一讚用若單讚諸佛之用者如來法身徧一切處能與眾生作平等緣隨緣應感言思莫及故曰密無生不具無法不週故曰圓居塵不染隨類不雜故曰淨自他平等凡聖無礙故曰妙如此四德

皆現其

行人妙圓平等身心

中

即去泥純水名為永斷根本無明解脫法已俱空不生生滅既滅寂滅現前之象△結

是

清淨持禁戒以生定慧之

人

其功至此始得不生不滅果地覺為因地心故曰

即獲無生法忍

獲即見義忍即安住義今見無生理以為因心安住修道直至畢功方證無生正此因心證果地覺也是知見道修道證果有異無生忍本無有二雖歷修證階級入位住位之時不見少法生出位之時不見少法滅以此不生不滅因心證諸果位即位無位故曰忍此即因定發慧貯甘露也宗門諸祖所證極理皆是此象當天台

斷界內思惑。今賢首宗正斷見惑時也。△依忍立位**從是**三種**漸修**而得忍位。於忍位中**隨所發**度**行。安立**五十五之**聖位。是則名爲第三增進修行漸次。**所謂先悟毘盧性海。後入普賢行門。故下文住以成德。行以成行。向以成願。地以斷惑證眞。皆以此位位爲基也。此中派惑次第。在悟邊說斷界內惑界外塵沙無明。在聖位章斷。答前至何漸次得修行目竟。

○聖位章

大意承上觀行位。無生忍中。安立因位聖階也。如世問人。初登鄉薦。次由進士。以歷邑宰京卿。後至台鼎位極人臣。位序以後望前。高下懸絕也。今經初乾慧而後歷聖位。亦復如是。△躡三漸次。成乾慧地。而爲因位。**阿難**眾生愛欲相滋。故有潤業無明。根境相偶。故有發業潤生無明。**是**獲無生法忍之**善男子。**返流全一。六用不行。不貪婬故。戒蘊成就。**欲愛乾枯。**斷潤業無明矣。定蘊成就。**根境不偶。**則無造業潤生無明矣。卽前塵既不緣。根無所偶。則永斷世間相殺相生之業果。既二無明斷伏則**現前**所有半生**殘質不復續生**未來之業因○所謂三緣斷故○三因不生○蓋以欲愛潤業根境造業○生死相續惟此而已○今欲枯境謝○違其現業○故殘質不續生也○若執幻身以爲實有○而婬殺盜之心續生矣○若**執心**內伏○根塵不交○現行之心○自然**虛明**○虛明之性即是智慧久而虛明無雜○則**純是智慧**○然此**慧性**○本自**明圓瑩十方界**○即前六用不行○十方國土○皎然清淨也○△結答○阿難汝問云何名爲乾慧之地○謂無生忍中○**乾有其慧○名乾慧地**○雖然○但以**欲習初乾**○名乾慧地○非眞乾慧○由有根中無始虛習○四十二品無明全在○所謂枯木倚寒岩○三冬無煖氣○以**未與如來**○本覺眞如○**法流水接**○由無欲愛潤生○故名乾慧也○○接有三種○一相似接○即十信○二分證接○即三賢十地○三究竟接○即等妙○此三種接○故名乾慧○今乾慧立三漸次之後○五十五位之先者○以諸位中○皆有乾慧之義○乾則乾識之生滅分○慧則轉識之不生滅分○所謂分破分證○以此經修證○專以斷欲爲本○故修時先審煩惱根本○發業潤生○終時

先斷二種無明見無生忍心地得此忍心斷欲立此地名雖立此位不著位相故前云從此發行妄至聖位乃知信等通名聖位非天台判三賢為外凡四加行為內凡地上名聖此約不生不滅為本聖心所履故無凡位及後始獲金剛心中初乾慧地方見此非凡也無生忍心即金剛心也以此心歷階級故曰忍心以一忍心發諸位乾慧直至等妙而後已大經善財初見文殊及五十三參已仍見文殊序云契文殊之妙智究是初機入普賢之行門曾無別異即此義也上為信位方便約觀行增進初心○立十信位信者純真無妄之謂信與心相應之謂信信得聞性本自有信得顛倒不生妙性圓明離諸名相信得自心是佛心以中道心純真無妄則因心與果覺相應故等妙雖懸可以逕造是知信中道理故稱妙信此十信中以初信為首後之念進慧等九位皆信妙德△初信**即以此**乾慧觀**心**契中道理不偏空而趣空性不著有而空諸有是謂**中中流入**入之既深乃能心精發化而**圓妙**之用如花**開敷**昭昭於心目之間沒有半點疑滯復**從**此不偏不滯所證之**真妙圓**心**重**

發眞妙之信。不隨空有生心。直信自心本無生滅。故曰妙信常住。由常住故我想法想非法想。一切妄想。俱時滅盡無餘。即如是漸增。聞所聞盡矣。亦是聖凡見息。因果情忘。唯一精眞湛不搖處。故結云以中道智契純眞理。一信永信。決了無疑。名信心住。住者不退之謂也。△二信眞信明了。此句牒上義。謂從眞妙圓重發眞妙。故曰眞信妙信常住。昭然不昏。故曰明了。由心會妙理。眞性朗徹。以理融事。則根塵一切圓通。故陰不蓋覆處不區分。界不隔判。三事既不能爲礙。如是乃至過去未來。無數劫中。死而捨身。生而受身。一切愛欲習氣。皆現在前。是善男子。皆能憶念。如察秋毫。得無遺忘。名念心住。見惑此盡也。△三信○進斷思惑。此下位次首句皆承上位。後不繁錄。謂上妙圓之信。潛中道理。故純一眞實。即此眞實。精明之信。發化無盡。而彼無始無數劫中。生死習氣。

通同化為。一精明矣。雖以此一精明之信進趣中道真淨理之名

精進心。△四信○由上習氣既消通一精明。精明即是智慧。是轉習氣而成智慧。故又進趣真淨。

心精現前。無復餘習。純以智慧。名慧心住。△五信執持以上智

慧之明。周遍乎寂湛理中。全智成理。如是寂智妙理。常凝不動。名定

心住。雖能智慧精明。若無定力執持。則妄念起而智不能偏正。念失而智不常凝。所謂無定之照。風

中之燈故。知用偏者。定用也。寂湛者。定體也。寂妙常

凝者。定相無間也。即用即體。如理如智。名定心住。此

五皆言根者。如果木之有根也。以下五信屬五力。如

樹結根既久。有不可拔之力用故。△六信○由智得

定。今定久生光。光即慧。性定慧二者。均相發明。行人定慧並運。則此明性。愈深愈

入。而無滯礙。是故唯進無退。名不退心。△七信○前雖有進無退。而勤勇無間。尚

涉工夫。至此心雖精進。尚不見有勤勞之相。故日安然保持。工夫不失。見思緣影

已盡。仗中道觀分破無明。眞如漸顯。則與十方如來氣分交接。名護法心。△八信○由前定慧資明。故得覺明保持。保持力久。心光發暉。與如來氣分交接。蒙佛慈光攝受。猶有自他之分。今此能以神妙慧力。妙契法身。迴佛本覺慈光。向自己始覺心佛安住。實無二體。心不離佛。佛不離心。猶如雙鏡光明相對。其中妙影重重相入。傳耀無盡。名迴向心。△九信○行人心光朗照。非傍人可知。故稱爲密。由迴向力。獲佛之常住。凝然妙定。此常凝定相。即是無上妙淨。第一義諦。行者既能安住妙淨。無爲之中。毫末不漏落于有爲。一滲有爲。即名破戒。是則心愈密。而戒愈嚴。所謂佛性如戒珠也。得無遺失。名戒心住。○△十信前雖不失。猶未純熟。常防其失。故未得自在。至此功用已純。是故安住性戒之中。無所繫縛身心。自在。則能遊徧十方。此從住戒不動之體。漸發自在之用。無求不達。無適不可。所去

隨願名願心住。○竊玩十信文義。前九俱屬內功。第十乃能放心於外。初一是信之體。後九是信之妙德。體德相成。通名信位。然其次第堅入。則後後勝于前前。又此十信所稱中道。猶相似中道。開登初住去。方是眞中。相似者。若鍮似金。如瓜比瓠。故名相似覺也。○立十住位。次謂以現行研窮開本覺常住眞心。所謂盡聞不住。以無住爲住。故得住名。又從初至七。各斷一品無明。增一分中道。註云。即是十番進發無漏。同見中道。佛性第一義諦。以不住住法。從淺至深。住佛三德。及一切佛法。故名十住。華嚴每位。約觀行有入住出等三相。△躡前總標

阿難。是善男子以三漸次及乾慧地。爲**眞方便發此十**種信**心**。心爲住。△別釋初住。○但十種心。歷別未圓。至十信滿。而其**心**寂照雙流**精明發暉。**此明勝進入心。使**十用涉入。**無次第相。此當住心。**圓成一心。**此當出心。**名發心住。**是以十信觀行。勝進功圓。總成初住一位也。則此無明。須漸次研窮深入。所謂理須頓悟。乘悟並消。事非頓除。因次第盡。故向後四十四心。由是而立。○起信具三發心。一者

信發心。即十信與初住。二者解行發心。即初住至十向。三者證發心。即十地等覺。今經圓教。準演義鈔云。初信斷見惑。七信斷三界思惑。九至十信斷塵沙。十住斷滅相。行向破異相。十地破住相。等覺破生相。住。行向。地。等妙。共斷四十二品無明。△二住。○既從乾慧。心體中。十種信用。發明圓妙。總成一心理境了然。是故如淨琉璃內現精金。欲進後住。即以前初住之妙心。以為基地。始堪踐履。從此步步。以腳踏成實地。意以中觀之智。游履此心。淨治無明。使其出生無量德用。如地發生萬物。故喻如地。正觀云。履即操履之謂。如人行。住。坐。臥。常不離地。喻此行人遵操營為。但不離理故。名治地住。△三住。○由十心履以成地。然後涉知。于見色聞聲處。日用動靜邊。一一天真。心境無奪。故云俱得明了。見聞不惑。無有錯謬。如此遊履十方。任運縱橫。理智冥符。不落空有。空不能留。有不能礙。故曰得無留礙。所謂百花林裏過。片葉不沾身。如是淨念無間。名修行住。○吳興云。上治地由境得名。此修行從智受稱境發於智。故曰心地涉知。以智徧修。故云遊履十方。等。正觀謂初開發妙心。二治心如地。三依地起行也。

△四住○上位菩薩修行之行。與佛行同。即始本冥符。行契理中。是受佛氣分。前文七信。十方如來氣分交接。與今何異。蓋前云接。今云受。淺深可知。雖真似不同。總成佛行。故前後文皆言氣分也。如中陰身者。引事例理。使人易知。人死之時。前陰已謝。後陰未生。中間微現名中陰身。而自求同業。以為父母。托後生陰。以成胎。故凡眼不見。冥冥一信相通。故云陰信冥通。此位菩薩。前已發菩提心。後未證菩提果。今修行因心。不過求權實二智父母。父喻權智。母喻實智。妙行密運暗與佛同受佛氣分。潛入如來智種。世以王種為貴。出世以佛種為貴。是名生貴住。

△五住○上初入聖胎。此長養聖胎。承上冥契真理者。既遊道胎。得為佛種。乃可親奉覺胤。如胎已成。人相不缺。六根圓滿。具足方便。克肖於佛。無所乏少。故名方便具足住。

△六住○由上人相不缺故。容貌如佛。外喻

應用。心相亦同。內喻理智既然內外同佛則成等正覺之心堅固矣故名正心住
△七住 身心合成。攝前表裏一如。合成佛德耳。日益增長。唯進無退名不
退住。△八住 十身有二種。一者聲聞緣覺菩薩如來及法身智身虛空業報衆生國土身二
者菩提。願。化。力。莊嚴。威勢。意生。佛。法。智也。然此覺體十身。靈相前則增長此則一時具足
雖然一時具體而微其力未充故名童眞住。△九住 ○十身形成滿月威儀赫奕出
胎親爲佛子。堪紹法化。名法王子住。正觀曰。喻破障起用也。溫陵曰。自發心至
生貴。名入聖胎。自方便具足至童眞位。名長養聖胎。今長養功終。故名法王子住。△十住 ○上雖出胎稱
法王子。年在幼沖。名未成人。今則年齒方剛。道成德備。則表以成人。堪紹委政。引喻例明。如
國大王以諸國事。分委太子。出則撫軍。入則監國之義。彼剎利王
世子長成。太子世子。異其文耳。春秋曰。會太子於首止。禮曰。文王世子。天子之子也。陳列

灌頂者。華嚴云。轉輪王所生太子。母是正后。身相具足。坐白象寶妙金之座。張大網縵。奏諸音樂。集諸王百僚。取四大海水。盛金瓶內。王執此瓶灌太子頂。是時卽名受王職位。菩薩受職亦復如是。諸佛智水。灌其頂故。名爲受大職菩薩。彼第十法雲地名灌頂菩薩。今此十住是分得也。然圓教分眞以來。悉有應用。不無優劣。故初住百佛世界現十界相利佑衆生。位位登入。倍倍增勝。經中所謂各就一義。若論一位具足諸功德。則十義俱徧。十住旣爾。餘位皆然。旣有成人之大德。可當大任。故分政化導十方。名灌頂住。○立十行位次。行者言其道全德備。廣行佛事。故利他之事漸顯矣。四教儀註云。從十住後。實相眞明。不可思議。更十番智斷。進破十種無明。一行一切行。念念進趣。流入平等法界海。諸波羅密。任運生長。自行化他。功德與虛空等。故名十行位也。△一施行。阿難。是上表以成人之善男子。成佛子已。具足無量如來。靈妙智慧德相。乘此妙德以身命法財。廣施十方衆生。隨順不逆故。名歡喜。△二戒行。○由善能隨順歡喜故。

利益一切眾生。華嚴云。一切眾生往上戒乃至菩提涅槃。又自得度。令他得度。乃至自快樂。令他快樂。彼此皆利故。名饒益行。△三忍行。因上戒德圓明故能自覺覺他。隨順苦樂等境。忍受不逆。得無違拒。名無嗔恨行。正觀云。歡喜自覺。饒益覺他。二行相成。隨順覺性。而無遺行。長水云。自覺故。無明不能違智。覺他故。有情不能拒他。二利兼成。故名無嗔恨行。△四進行。因上忍力堅強。以成精進。能於一切種類出生。若干種意生身。化利若干隨眾生。窮未來際。乃至三世。畢竟平等。而無出沒。如是窮盡十方通達。而無往來。現無盡身。度無盡生。名無盡行。△五禪行。承上種類。出生一切行故。知一切種類。別異無無量。而行行契合同。乎一心。所謂善入一切諸禪。定知諸三昧同一性也。乘一心體而行眾行。入種種法門。隨機說法。得無差悞。不着法相。故名離癡亂行。△六慧行。即理事無礙慧行。由上禪定善巧出入。則於同中。顯現羣異。即理不礙事以眞融俗。是一爲無量。一一異相各各見同。即事不礙理以俗融眞是無量爲事理雙顯眞俗並融矣故名善現行。△七方便行○即事無礙智行兼下三行皆是滿足智度而言。不但上之同異互融攝而充之。則大小相容。一多無礙。如是乃至十方虛空現滿足微塵。是界入塵而界不小故小不礙大。一一塵中現十方界。是塵含界。而塵不大。故大不礙小。而毫無執着。是故現塵現界。不相留礙。等神通道力。正觀云。上理事無礙。故得事事無礙。融通也。一塵滿空。即普徧塵中含界。即廣容。塵含世界。不可以小著界入微塵。不可以大着故。名無着行。無着即方便度也。△八願行（）即究竟彼岸智行。承上現塵現界。互融無礙。種種微妙。無非大用。現前。全彰法界。咸是第一波羅密多。究竟實相。彼岸第一法。不住生死。不住涅槃。不住中流。此般若名尊重行。即願度也。○惟日雜難經云。波羅爲度生死。密爲無極。大品云智慧輕薄般若尊重。上來理事無礙事事無礙皆是

功行到處。非是不思議。發眞如用之妙。若認此以爲
妙用。便是驢前馬後。奴兒婢子邊事。非尊重也。雲居
云。如人頭頭上了。物物上通。只喚作了事人。終不喚
作尊重者。此義也。△九力行。○卽說法度生智行。此
上法界全彰。滅塵合覺。是
故能發眞如妙覺明性。
如是圓融無礙。德既同於
如來。行亦齊於
諸佛。則此
一言一行。能成十方諸佛軌則佛
事。名善法行卽力度
也△十
智行。○卽不違實相智行。一切諸佛會
歸藏性。以事理相融。而理能奪事。故得一一皆是淸
淨無漏妙行。無思成
事。稱性而行。一眞無爲。性本然故純潔精眞。
遠諸留患
名眞實行。卽證理智度也。此十依理發行。從體起用
涉俗利生。所謂覺所覺空。證不空如來藏
也。○立十向位。次顯悲智等運。眞俗互融。位位願願
圓滿中道。此回向法。不過三處。謂回向眾生。回向菩
提。回向實際也。准大經。回向。卽是發願。良以有行無
願。行必茫然。有願無行。願必虛設。故行願相資。方人
如來大涅槃海。上十行。從初行至七行。滿足稱性
△結前起後 阿難。是善男子。

神通。至八九行。成佛事已。一一稱眞如性。至第十行於己。則純潔精眞。度生。則遠諸留患。若猶躭着無爲。成自了漢。又非遠留患者。今回已之十行涉俗度生。Δ一離相回向。○夫回向端在度生。正當度眾生之時。不見有眾生可度。若有能度之我。所度之人。則着四相。不名菩薩。故度盡眾生。滅除度相。則終日有爲。而實無爲故迴有爲。行向無爲心。回無爲心。向涅槃路。是名救護一切眾生離眾生相回向。正觀。謂回無爲心。則不住於空。故能救護眾生。向涅槃路。則不住於有。故能離眾生相。○前十住。多是出俗自得爲體。十行。多是入俗。利他爲用。今眞俗相回。理事相向。故名迴向。問。前十行位。涉俗之時何以不言滅諸度相。答。行位從體起用。且論神通化物。故不云滅度相。今位攝用歸體。故要除度相也。有僧問黃檗。佛度眾生。不。檗云。實無眾生如來度者。我尚不可得。非我何可得。佛與眾生。皆不可得。僧云。現有三十二相。及度眾生。何得言無。檗云。凡所有相。皆是虛妄。若見諸相非相。卽見如來。又南嶽大師云。三世諸佛一口吞盡。何處更有衆生可度。此是眞回向也。△二不壞回向。壞其可壞者。即上滅除度相之滅相爲可壞。遠離諸離者。即上離衆生相之離相亦遠離。以至離無可離。壞無可壞。名不壞回向。以上回向衆生。△三等佛回向。本覺湛然者。謂自己本覺顯現。故本覺得齊佛覺。名等一切佛回向。△四至處回向。精眞即本覺體發明。即從本覺體上發揮妙用。地如佛地者。上則初齊佛覺。今則同於佛地。謂從自己因地心中所含無邊境界。全同諸佛果地。所現無邊刹土。德用周徧。是故佛境無盡。故名至一切處回向。△五無盡回向。世界即所至之處。如來即所同之佛。前分自他。此融爲一。故互相涉入。得無罣礙。以如來涉世界。則一一毛孔。有無量寶刹莊嚴微妙。不礙如來入諸法界。前云。於一毛端現寶王刹。以世界涉如來。則一一微塵有無量如來。轉大法輪。不礙世界入諸如來。前云。坐微塵裏轉大法輪。月法身世界。各各無盡。故名無盡功德藏回向。△六平等回向。攝前依正互入。圓融交涉。通爲一眞。草芥塵毛皆是成佛眞體故。於同佛地。地中各各生清淨因。依此清淨因而發揮。取涅槃道果。所謂物物燈明智體。頭頭普賢行門。如金之作器。器器器皆金。故得名爲隨順平等善根回向。

△七等觀回向眞根。卽上平等善根。此根旣成則性眞圓融。本周法界。故見十方眾生皆我本性。我之性根。旣圓滿成就。卽是成就眾生。自然不失眾生所求願故。所名隨順等觀一切眾生回向。○育王裕禪師上堂曰。盡大地是沙門眼。徧十方是自己光。此是信得十方眾生。皆我本性者。僧問五祖演。如何是臨濟下事。演曰。五逆聞雷。曰。如何是雲門下事。演曰。紅旗閃爍。曰。如何是僞仰下事。演曰。斷碑橫古路。曰。如何是曹洞下事。演曰。馳書不到。僧禮拜。演曰。何不問法眼下事。曰。留與和尚。演曰。巡人犯夜。此五種善根。各有所契。又洞山指雪峰見德山。嵩山慧安指南嶽見六祖。石頭指藥山。見馬祖。馬祖指丹霞見石頭。此皆隨順等觀一切

眾生回向者。所謂圓洞太虛。無欠無餘也。已上四位。皆回向佛道△入眞如相回向。即一切法者。謂彼所修。世出世間諸法。即種種境相事行等。離一切相者。即不着世間。不取眾生。其心清淨。無所依止等。前雖上求下化。總未出即相離相之間。今則唯即與離二無所着方契眞如相。故名眞如相回向。△九解脫回向。前即離雙離。得證眞體。此發眞用故脫縛兩忘。眞得所如。既得所如。則在在皆如。所向任運。十方無礙名無縛解脫迴向。△十無量回向。蓋上無著獲德性之全體。無礙獲得性之大用。故爾性德圓成良由體無不偏。用無不周。故舉一毛一塵皆等法界。無有限量。前雖如是。猶在法界量裏。尚未消其限量。今則根根塵塵。周徧法界。則法界限量情滅不墮諸數故。名法界無量回向。此三位。皆眞如實際回向。以上十回向竟。他經別教。謂前三名三資糧位。資謂資具。糧謂糧食。所積既多。所適必遠。如適千里者。必三月聚糧。今經圓教。從眞妙圓。重發眞妙。信得自心。假十住以成自利德。十行以成利他德。十回向以成自他互融德。萬德既備，堪登地位也。○立四加行次。謂資糧位極，猶有微礙，于此復立加行位。自非世尊洞徹奧密，孰能辨之。況前將欲復眞之初，從眞方便歷住行向，但名相似覺，必由四加行，欲眞眞之念切，融前四十心爲一味，名隨分覺。雖泯前心之微礙，非離前心有別行。唯識四種加行位，各有能發定、所發觀及所觀發。今詳此經，都無此義。但以心佛二字，對辨觀智雙泯，至初地，斷其欲眞之麤念；登入地，斷其欲眞之細念；至等覺，圓證法身，無明俱斷，爲究竟覺。故此加行，本文甚明，無勞餘證也。△結前起後，明加行爲入地之勝進。**阿難。是善男子。**始從乾慧一心，漸歷信住行向各十心，總歷四十一位，皆以中道了義修證。**盡是清淨四十一心。**福慧資糧已備，識情將盡，地位可期。大抵登地功高，未便易入，故又**次成四種**微**妙**密**圓**觀照**加**功用**行**。空蕩其禪那，然後蒞斯聖位。如前圓妙中，重發眞妙，是爲猶妙也。△第一煖地。○前者雖齊佛覺，猶未爲己心。今者**即以佛覺。用爲己心。**皆是創得佛智功用未純若顯未顯之際故曰若出未出猶如二木鑽火欲然而未然其木煖相現前名為煖地○翠堂真上堂舉龍牙頌曰欲道如鑽火逢烟未可休直待金星現歸家始到頭○神鼎頌曰欲道如鑽火逢烟便可休莫待金星現燒脚又燒頭○真曰若論頓也龍牙正在半途○若論漸也神鼎猶少惜在於此日復如何諸仁者今年多落葉幾處掃歸家據翠岩見處燒不盡現柴用不盡現火胡用鑽然○雖然如是○須是出格入始得△第二頂地○前回佛智為已心今又以已之因心成佛智之所履前則借果行因今則援因成果雖念念如理而行但若依而真如猶未究竟也若非依以真如無相無所依也喻如入登高山身入虛空而足跟未離地下有微礙○唯識云現前立少物謂是唯識性以有所得故未是真唯識少物即微礙也○未能挾日月而游八表故名為頂地○大般若以執着虛空法身為頂墮者此也○唯識云○頂位有二○一約加行○二約善根○謂尋思之極登上上品善根名之為頂俱舍有二○一約最勝○二約有

還。謂動善根中。比諸法最勝。此是進退兩際。猶如山
頂。洞山問僧甚麼處來。曰遊山來。山曰還到頂麼。曰
到。山曰頂上有人麼。曰無人。山曰恁麼則不到頂也。
曰若不到頂爭知無人。山曰何不且住。曰某甲不辭
住。西天有人不肯。山曰我從來疑這漢。若此僧者到
頂不住。更有何礙。△第三忍地○自始焉中中流入
以至即以佛覺用爲己心。又以已心成佛所履。然曰
用。曰成。猶存二相。非善得也。至此則全身是佛。全佛
是心。故曰。**心佛二同。**而又**善得中道。**觀智將泯。緣影未斷。喻**如忍事人。**
欲懷之心。而又於**非**可**懷**者。欲出之於口。亦**非**可**出**者。是於所忍之事。將忘未忘。即
如善得而不實。**名爲忍地。**△第四世第一地
數量銷滅者。承前未忘。已因心數量
爲**迷**中道。未忘佛果智數量。爲**覺中道**。是二有所目之數量。至此心佛兩忘。中道泯絕。是爲
數量消滅。曰迷曰覺。**二無所目**也。數量滅。迷覺盡。中道已。高出乎世人之外。**名世第**
一地。俱舍云。此法是有漏。故名世間。此法是最勝。故名第一。婆沙云。世第一法。表聖道之始。異生之

終。所謂只有天在上。更無山與齊。若進而登地。方名出世超乎妙覺。文名出世第一地也。○正脈云。此四加行。初位。佛即是心。次位。心即是佛。三位。即心即佛。四位。非心非佛。故不離心佛而事位彰彰矣。南泉云。莫認心認佛。設認得是境。古人喚作所知愚。故馬大師云。不是心。不是佛。不是物也。上四加行竟。○立十地位。次由分證菩提。以成無上道。故良以非信不能入理。非住不能成德。非積德不能自利。非自利不能利他。故於眾德既成。神通已就。大願已滿之後。復立四種妙圓加行。以淘汰情量。必使心佛兩忘。纖塵不立。立。中道不存。然後登地。言地者。謂蘊積前法。至於成實。一切佛法。依此發生。蓋地以堅實為體。發生為義。若據前文。以果地覺為因地心。則自發心住。以至等覺。皆屬因地。究竟妙覺。方為果地也。論圓教初住。以至等覺。皆是分斷無明。分證眞理。而復用四種加行入地者。若以頓悟言。則因該果海。果徹因源。初發心時。便成正覺。若以修證言。十地既稱眞修。顯彰地前皆是似修。佛位既是眞證。彰顯十地。亦是似證。是則初心究竟。理須頓圓。而歷位漸等。序而不亂。圓融行布。兩不相礙也。△初地。

阿難。是善男

子。由前四種加行重重拂遣。數量消滅。方得超出世間。於佛大菩提果。善得通達。若據唯識。此菩薩斷異生性障。初得聖性。即證徧行眞如。目此爲通達位。以眞如無有一法不在。故覺通如來者。覺是菩薩始覺。如來是本覺。以始通乎本。故能窮盡佛之妙理境界。此菩薩初通佛覺。初進佛境。名歡喜地△二地○前位是斷九界之異性。而入平等佛性之同。然同性在而亦垢。必此同性亦滅。名離垢地△三地○前之法垢已離。方稱淨極。故淨覺光明自然發生。所謂淨極光通達。發光明地。△四地○前云明生如火始然。今云明極。如大火聚。故慧覺圓滿。名燄慧地△五地○地前智名異。地上智名同。今淨極覺滿。則同異爍絕。故異同所不及也。若有異可及。則凡情可勝。若有同可及。則聖解可勝。今則一切同異。皆已爍絕。故凡情聖解。所不能至。名難勝地。△六地○凡情聖解。悉已剗除。無爲眞如。性淨妙體自然明露。名現前地△七地○眞如既已明露觀智進趨可盡眞如之邊際以尋常望之而不見其涯窮之而不見其量今則徧界滿空無不是矣故名遠行地△八地一眞如心既盡其眞際則全體無方眞智任運不假功行得大自在以此菩薩根身器界一塵一毛皆是眞如不動之體自違現業所獲無生法至此方得親證徹法底源故名不動地△九地○前位但能純一眞如全體未能發用今因諸佛勸勉故發眞如大用自乾慧以來方結名善慧地

○大經云此地菩薩爲大法師假使大千世界所有衆生一一皆以無量言音而與問難各各不同此菩薩仍以一音普爲解說令其樂聽各得法喜辨無所屈義無所滯四辨懸河混混不竭此即眞如之用也眞如用者即善慧名也△通結前位阿難是上諸位菩薩蓋從初地親證妙眞如性由是歷位修斷至此已往則眞如全體大用皆悉現前而修習出世功德一切畢備故曰修習畢功方稱功德圓滿正顯此位死中發活廣修諸行廣度衆生廣作佛事故以

此位爲修習之始。而以妙覺所證爲終。是以亦目此地名修習位△十地慈心覆陰妙智如雲是菩薩之因德也。涅槃海是如來之果德也。菩薩至此。則悲智如陰如雲。故鄰於佛果。而覆涅槃海。融前九位。通成一心。乃寂滅現前。故名法雲地△十一地如來已先證入妙覺果海。自覺已圓。無復進取。唯以權智。下合眾生。故倒駕慈航。逆流而出。如是菩薩覺行未滿。還當進取。唯以實智。上合覺心。故望果海順行而至由是等覺菩薩。與妙覺佛。出入相撞。故曰覺際入交入交者。卽法流水接也。初乾慧曰未接。今等覺地曰入交。足知前後。乾慧無二。但交與不交。分二位也。工夫至此。忽然超越世出世間而入妙覺。故曰名爲等覺。謂菩薩覺與如來覺等無差別也。△結顯聖位始終。慧心阿難自從凡夫欲愛乾枯根境不偶。而成初乾慧心。用金剛心智斷前四住無明。卽欲有二流。出分段生死。如澄濁水沙土自沉。清水現前。名爲初伏客塵煩惱。但無明深厚。變易生死未忘。故歷五十四位。至等覺後心已如是位位以如幻金剛觀心智斷則生相無明一流纔乾而出變易生死者是覺始獲如幻金剛三昧心中初乾慧地歷諸位而不變曰金剛心歷諸位以斷惑無餘曰金剛智前慧性明圓鑒十方界此心也執心虛明純是智慧此智也今得此心地所謂五住究竟二死永亡此方眞如去泥純水名爲永斷根本無明方入妙覺是則位有始終觀無前後慧性本一因無明障蔽今復元體以力行淺深故有初後之名古德有語問何故初乾慧地至等覺而始獲答以乾慧之體始終無二今稱始獲者以初之乾慧譬初生之月後之乾慧如望夜之月然初生之月與望夜之月實無有二初生之月陰氣尚多望夜之月陰氣盡去光明熾盛始稱圓滿耳然不可謂初生之月異乎望夜之月也此乾慧心亦復如是初之乾慧已用金剛慧斷異相無明已得一分光明顯露如初生之月今至等覺亦用金剛後心斷生相無明始得光明圓滿如望夜月若以易卦喻初乾慧如復卦一陽初復也十住如臨卦十行如泰卦十回向如大壯卦十地如夬卦至等覺之乾慧如乾卦至此則陰盡而陽體始全矣故前云

以不生不滅爲因地心。然後圓成果地修證。言圓成者。謂圓滿成就也。旣稱妙覺爲圓成。則知初住已後皆分證矣。△妙覺佛果

如是重重。一名一位曰單。即乾慧煖頂忍世第一等妙也。一名多位曰複。即信住行向地也。單位有七複位有五共爲十二。由凡夫顛倒妙圓從眞起妄有十二類衆生。今聖位顛倒不生。了妄歸眞。亦十二種之修證。就修證言。十一爲因。後一爲果。故曰方

盡妙覺之所爲覺之妙者。不越乾慧。以乾慧始因乾欲以得名。修至等覺而始獲。歸到妙覺而始盡。初時慧性圓明。鑒十方界。今時妙覺圓成證無上道。前等覺爲因。猶有妙覺爲上。今妙覺爲佛果。更無有上。於佛道者。是妙覺爲窮源盡性之地也。始獲無生法忍。修立聖位。終獲初乾慧地。成無上道。正顯因該果海。果徹因源。寂滅不思議。成就一切智也。○結詞應云阿難汝請十方如來得成菩提妙奢摩他。三摩禪那。最初方便。從是金剛心中初乾慧地名初方便。如是歷奢摩。三摩禪那。重重單複十二方盡妙覺成無上道。即是十方如來得成菩提之樣子也。下文說明觀行在金剛觀察如幻十種深喻

若中下根人能作此觀日夕無間亦同上根歷位直入故二十五聖工夫有積劫因力而得者有不離世尊座前而得者皆由正觀力也△結明諸位觀行是種種因地與果地皆以金剛慧觀察謂觀一切諸法當體全空猶如金剛能壞一切所謂如幻三摩提十種深喻十觀者觀一切業如幻一切法如焰一切身如水月妙色如空妙音如響諸佛國土如乾闥城佛事如夢佛身如影報身如像法身如化由此觀察不可取捨一切空故不但觀有為法空即無為亦如夢幻故日十種深喻故觀察即金剛慧斷其惑也古德日修習空華萬行宴坐水月道場降伏鏡裏天魔證得夢中佛果此十種非小乘觀乃是奢摩他空如來藏自性本定於是定中用諸如來毗婆舍那中道觀智寂照清淨修因證果漸次工夫深入妙覺△歸重初心○意欲學人下學而上達也阿難如是皆以三種漸次逐一增進而成乾慧初心之始故善能隨所發行安立聖位成就中間五十五位真菩提

上漸次深入出前隨所發行之功行言此云皆以路三增進成就菩提路出前從是漸修之次第言信住行向地爲五十乾慧四加行爲五位自乾慧至十地是入菩提家之路故列名等妙是到菩提家故不列名也善能二字宜重看若助因不除則爲魔王眷屬不得正性難出三界非違現業不得獲無生忍○天台曰非止不能空惑非觀不能照眞非中不能流入雖三漸次三觀之功非金剛如幻觀察不能入位出位法法俱乾合乎妙覺由如是深喻深入漸次增進故此善能成就諸聖位也問華嚴與此經位次有同異否答有同有異同者華嚴不立信位加行等妙但曰初發心時即得菩提與今從是漸修安立聖位之義者是也異者彼是圓宗稱性法門一念信心即得聖位不說斷證此是圓通逆流法門從乾慧地流入果海故說漸次者是也問此與六即義同否答約義亦同也此經不分內凡外凡皆曰聖位者理即也雖不分凡聖而有五十五位者名字即也乾慧者觀行即也十信者相似即也十住至等覺者分證即也妙覺者究竟即也此是十方如來得成菩提之路方是阿難全道力之全法也△結示正觀○直令行人

始終地位中間永無諸委曲相若人作是三漸次三觀金剛如幻十種深喻觀者名爲十方如來同一道故之正觀若人作他聲支不了義偏定觀者名爲邪觀

吳興云須知圓教之外三乘所修皆屬邪觀邪之一宗對勝言劣爲邪非叛道之邪也此雖結前起後爲後陰魔之案阿難方行等慈見相發心殷請得成菩提等妙方便執內執外執因執自之邪正心迹曲直啓發始披判矣我輩發心趣菩提路人盜不熟究楞嚴作是正觀得究竟堅固哉初卷至此方盡無始菩提涅槃元清淨體

一科證道分竟

結經分

○請立經名章

大意使聞名思義持法歸心也此經以修楞嚴大定直證常住眞心性淨明體爲要旨心性即大佛頂此大佛頂即在吾人邪染心中故始以阿難婬習發起教源能令多人斷生死根修入三摩地終以文殊請名奉持要非自住三摩地根本大智莫能總持全經妙旨故佛示五名總爲究竟一切事入堅固大佛頂

法爲正觀也。世尊宣明證△敘儀○當爾果文畢之 時文殊師利法王子。在

大眾中。卽從座起。頂禮佛足。而白佛言△正請○佛示見修證道

總一大佛頂。阿難已悟退座。而我自聞迦音。率沙眾而來聞法。從前所說業已盡知。但佛前責阿難。雖復憶持十二部清淨妙理。秖益戲論。今阿難與眾既悟大佛頂。不知 當何名是經。此於大佛頂總中問名也。又責曰。縱汝歷劫修習。不如一日修無漏業。又云。安立道場。持咒違魔。既云阿難。縱强記不免落邪思。有奉持則落邪思。 我及眾生。云何奉持。△答五名 佛告文殊

師利。是經名大佛頂。大卽稱讚之詞。言諸佛以正智證眞理。是以心證心。不見有能所之相。乃大而無外。無上最尊之頂法也。 悉怛多般怛囉。此云大白傘蓋。言傘蓋者。覆被一切眾生。白者。纖塵不染。 無上寶印。含育 十方如來 妙覺王剎。乃佛祖相傳之心印。由眾生生生生迷此。故觸處成礙。如來悟此圓通法界。清淨寶覺。故曰 清淨海眼。此約智理而立

名也。若約人法喻顯密體相用立名。如來是人。大佛等是法。寶印海眼是喻。無上下是顯。大佛下是密。大者。密呪之體。化佛報頂是體中之相。用此之清白梵相。覆庇一切眾生。含育十方諸佛。故云悉怛多等。阿難由此呪印脫染汙之婬室。獲本有之妙心。世尊持此教化娑婆。降伏魔外。故云無上寶印。我佛頂光灌諸佛菩薩頂。諸佛頂光灌我佛會眾頂。亦名救護親光光互照。法法通明。故云清淨海眼。

亦名救護親郎阿難。**因**郎摩登伽以秘密神呪。**度脫阿難及此會中性比丘尼**婬難。令彼**得菩提**因**心入偏智**果**海**依功用立名也。若約得度因果立名。救字約文殊提獎。護字約佛頂之心呪。親因二字有總別。約總指佛與阿難為天倫。阿難與伽女曾為夫妻。故別阿難與佛同時發心。與伽女同了宿世恩愛。約別指十二類眾生。三緣斷故。三因不生。亦斷因緣。則同佛為親友。則依法為佛之母。此句總揀度脫下別釋由大佛頂呪之功用。一能度脫阿難幻術之所加。二能使伽女或得出纏。各得菩提。因心入偏知海。得菩提心者。不歷僧祇獲法身也。該前三卷經文。入偏知海

者卽得耳根入流知三漸次三觀金剛如幻十亦名
種深喻歷諸位也該後四五六七八卷經文

如來密因謂此日用尋常見色聞聲處卽是眞因凡小不知曰密依之而修則修無所**修**依之而**證**則證無所證故曰**了義**是諸佛所修所證正因正果無不圓滿故此約人法立名
又約果人因法立名如來者果人也密因等因法也
如來稱爲兩足尊者由福慧二因修證也既稱密因
心行處滅何假修證於其間凡有修有證者定非了
義唯密修密證者故稱了義此該十卷經文趙州因
尼問如何是密密義州以手指之尼曰和尙猶有這
箇在州曰却是你有這箇在慈受深頌曰密密深深
義最長幾人冷地錯商量師姑
若會趙州指鐵打心肝也斷腸**亦名大方廣妙蓮華**
王以體相用三清淨本然周徧法界因果
交徹無不自在故華嚴法華二題合名**十方佛母**
陀羅尼咒出生一切諸佛總持法門約顯密立名也
若約人與法喻顯密二教立名大方廣者
顯教也陀羅尼咒者密教也妙蓮華王人也佛母喻
也圓教莫如大方廣佛華嚴經以此經圓彰四法界

故頓教莫如妙法蓮華經。以此經唯爲一大事故。佛母陀羅尼莫如大準提咒。以此此咒隨心應求故。今楞嚴全具。可謂至極圓頓。不可思議之法門也。大即佛頂之體。常遍義。所謂常住不滅之眞也。方即佛頂之相。軌持義。所謂七大遍周也。廣即佛頂之用。變化義。所謂一爲無量也。妙蓮華王者。即光中涌出千葉寶蓮。有佛化身宣說神咒也。十方佛母陀羅尼者。以咒能出生諸佛。故如母也。

亦名灌頂章句

以此經在灌頂部中流出。故爲諸佛之頂法。

諸菩薩萬行首楞嚴

之大定。此約教行立名也。若約密部八行定立名。西域經分五部。東曰金剛。南曰寶生。西曰蓮華。北曰羯磨。中曰灌頂。灌頂即密部也。該經中咒也。諸菩薩人也。萬行行也。首楞嚴定也。因諸菩薩修入此定。於一心中具足萬行。故得一切究竟也。當知此經顯密理智教行人法無不包容。以具有如是種種功德。是故有種種名目。天台凡釋經題。具有五義。名。體。宗。用。教相。今以大佛頂爲名。實相爲體。圓滿菩提爲宗。徵密觀照爲用。以五味爲教相。由具如是之實。故立如是之名也。

△答奉持○阿難畜積多聞成過。所以憶持無功。汝

等自住三摩地中。既聞是已。當奉佛命持之於心。勿令失也。△敘益說是語已。卽時阿難及諸大眾得蒙如來重爲開示秘密心印般怛囉無上神咒之妙義兼聞此經五種了義名目。則知玄妙至理。本自具足。故曰頓悟妙奢摩他三摩禪那。舉一卽三。言三卽一。始從無生法忍修習五十五種聖位。一階一級漸漸增上妙覺果海了義上乘理趣忽爾觀智圓融。諸妄消亡。故得心慮虛凝斷除三界修心六品者。三界有九地。每地有九品思惑。修心是修道位人從二果至三果。皆名修道。此六品者。指下界一地中。前六種惑。斷此六品。證二果。故云修心六品也。尊者初果人。是見道位。今言修心者。指二果說。且以修惑對見惑。則名微細煩惱。此是聞經悟心所斷之惑。豈同前。尙以緣心。允所瞻仰哉。問。文中頓悟禪那。修進聖位。及增上妙理。云何斷惑。指小乘耶。答。理雖頓悟。而事漸除也。○細論此六品者。以六識俱生煩惱種子。必須修道。心中斷此。有二。一利根二

乘將九處九品合爲一聚。九品止用一生別斷。今尊
者利根。故不止言斷除欲界六品。而日三界六品。二
鈍根二乘。必須三界依九地而斷。俱舍云。苦下具一
切。集滅各離三。道除於二見。上界不行瞋。釋曰。見道
苦諦下具十煩惱。貪瞋癡慢疑。身見邊見邪見見取
戒禁取。集滅二諦下。除身邊二見戒取。道諦下除身
邊二見。此在欲界四諦下斷三十二。上二界四諦下
於前三十二中各除一瞋各有二十八。二界共有五
十六。並欲界三十二。是初果見道。以八忍八智斷八
十八品之惑也。思惑者。即十隨眠。欲界有四。即貪瞋
癡慢。色無色各三。即貪癡慢。於三界分九地。地地開
爲九品。是二果三果修道。以十八心。九無間九解脫
斷八十一品思惑也。而欲界九品共潤七生天上七
返人間方斷。謂上上品獨潤二生。上中品上下品共
潤二生。是獨也。二共也。二中上品獨潤一生。中中品
中下品共潤一生。是名獨也。一共也。一斷此中中品
盡名斯陀含向。斷中下品盡。名斯陀含果。名一往來
也。下上品獨潤半生。下中品下下品共潤半生。是名
獨也半。共也半。斷此下中品盡。名阿那含向。斷下下
品盡。名阿那含果。名不來也。由三果人不來三界受

生超色界上寄生淨居斷色界四地惑已超無色界斷色界四地惑與無色界四地惑凡九共七十二品斷七十一品名阿羅漢向斷七十二品名阿羅漢果出三界名無學位問七識中俱生煩惱障種及俱生所知障種何如答七不能入生空觀故彼煩惱無漸斷三乘將證果時一刹那中三界頓斷今阿難備聞如來密因修證了義方證二果者是表多聞之劣彼所知俱生者菩薩將成佛時一刹那中一切頓斷以七俱生所知任運內執無分別故問阿難始獲二果當是欲界前六品惑何云第九地後六品耶答約其外現之權乘佛滅後入定欲臥方得無漏者定是斷欲界前六品證二果也毗婆沙律云阿難思惟明日聖眾集法我云何以初學地人中即從初夜觀身已過中夜求有所得思惟佛言汝已修功德若入禪定速得羅漢佛言無慮當由我心精勤太過今當籌量取其中道於是從經行處下至洗脚處洗脚已入房坐牀欲少時消息倚身欲臥脚已離地頭未至枕於此中間便得羅漢約其內秘之實不歷僧祇獲法身希更審除微細惑者定是斷第九地後六品成無學也又阿難下有大眾二字不以一人而拘眾也已上

七卷半。明修證了義直心同佛一道。乃佛說之正觀完菩提涅槃元清淨體一科。下二卷半。明修證不了義。諸委曲相。同眾生異類。乃波旬說之邪觀。完生死根本一科。故不顯其所悶。而從新以問佛也。上結經分竟。

助道分

○情想升沉章

大意躡跡別明諸趣生起之由。申明無始生死根本義也。由前一往開示迷悟因果。至前章方周。法會已圓。即可罷座。大眾應散。今復重興後問者。以前立二大科。上明無始菩提涅槃元清淨體。不生不滅為本修因。而證不生滅之果竟。故下廣明生滅為因感生滅之果。前云一切眾生從無始來種種顛倒業果自然如惡叉聚。故有別明諸趣一科。又云諸修行人不能得成無上菩提。乃至別成聲聞緣覺外道天魔及魔眷屬。故有詳辨魔境一科。此皆因地不真果招紆曲。是初修心人最緊極要。故詳明之。令人搜砂揀金。不誤認瓴甋為璠璵也。△敘儀

即從座起頂禮佛足。合掌恭敬。而白佛言。大威德世尊慈音無

遮此示從眞起妄妄非眞外後示滅妄歸眞眞非妄外顚倒妙圓名衆生顚倒不生卽佛慈音敎誨不倦誠爲方便善巧開示衆生觀行研窮根中無始俱生無明是爲微細沉惑此惑雖不能頓除一超直入令我今日一聞法音卽獲斷除三界修心六品微細煩惱業已心慮虛凝身不爲見惑所動心不隨思惑所擾是爲身心快然得大饒益矣△躡跡起問世尊前誨妙圓離相若此妙性圓明離諸名相本來無有世界衆生與夫令汝諸根若圓拔已內發光如是浮塵諸變化相應念化成無上知覺則是眞淨妙心本來一切佛處徧圓一切菩薩法處如是乃至無情之大地草木有情之蠕動含靈本元眞如卽是如來成佛眞體佛體眞實本無妄也情與無情只該有佛一體之實云何復有地獄餓鬼畜生修羅魔外人天等道後答云因彼妄見有妄習生世尊此六道衆生爲復本來自

有為是衆生從妄習生起若謂本來有則妙性中元有虛妄染法何謂眞淨妙
心離諸名相耶若謂因妄有生則地獄等道現前是實何謂轉煩惱成菩提轉生死成涅槃下答云由是
衆生別作別造於世界中入同分地妄想發生非本來有于中含有妄想是一何以有六道不同之疑問
下答云因有情想之不同故有七趣昇沉之差別△引證妄有業報○意謂妄有非實方顯佛體之眞令
修行者滅妄歸眞今觀造業衆生現受果報既是妄性無體妄業如何受報世尊如寶蓮
香比丘尼犯婬謗戒自本持菩薩戒者本以不動三業爲持忽爾實實私行
婬欲而不懺悔更自妄言行婬非殺非偷無有業報發是語
已先於女根生大猛火後於節節猛火燒然墮無間
獄又則衆生既是無生云何生陷地獄如琉璃大王犯殺戒○拔琉璃大王佛在世時匿
王紹位使臣求親迦維羅國釋種家時摩訶男婢出一女顏貌端正送與匿王後生一子名曰琉璃及年

八歲與梵志子名好苦因往探外氏彼釋種五百剎利其造講堂延佛禁一切人不許先登此堂琉璃太子不知悞登法座其諸釋種呵曰此婢生物敢於中坐太子出語好苦曰此諸釋種辱我至此若我紹位汝當告我後琉璃紹位好苦以前事告之琉璃集兵往伐釋種佛告比丘往昔之時此羅閱城有捕魚城時世饑儉彼村有池多魚時城多人向彼池中捕魚食之池中有二種魚一名麩二名多舌各懷抱怨時有一小兒在岸見魚跳而喜以杖打魚頭爾時羅閱人者今釋種是麩魚者琉璃王是多舌魚者梵志好苦是小兒者即我身是以是因緣琉璃王殺釋種而我頭作疼三日是謂懷宿恨也

善星比丘犯妄語戒△出事

琉璃爲匿王太子廢父自立挾宿嫌故誅瞿曇族姓取萬二千釋種諸女刖劓耳鼻截斷手足推之坑塹佛記其七日當入地獄王謂佛語不虛必有此報故從海避之水中忽然火起焚舟而沒此業果之實非無因也

善星妄說一切法空善星是佛堂弟出家之後念得十八香象馳經空欲界惑感四禪定後親惡友退失斯定見後有身生惡邪見言無

佛法及與涅槃遂於尼蓮河側遙見佛身將起惡念**生身陷入阿鼻地獄**此是理路不明撥無因果由業力強肉身生陷後菩云非從天降亦非地出亦非人與自妄所招還自來受此業報之實非無生也又謂世界既本無住云何又有地獄**此諸地獄為有**一**定**同分**處**屬妙性本來自有之實耶**為復自然彼彼發業各各私受**屬妄習生起之不實耶彼彼發業猶言各各造業佛菩云循造惡業雖則自招眾同分中兼有元地此總顯迷中差別之體故世尊委菩曲盡迷情先舉各意以質問端不知一眞之實體無作無受而七趣之妄業畢竟不忘須假楞嚴大定乾枯諸業如性依舊圓明妄想本無無施設也△請決**惟垂大慈開發**小乘知淺喻同幼小之**童**疑昧之**蒙令諸一切持戒眾生**指修三漸次之人。**聞決定義**指三無漏學以先所聞要先持此三種律儀皈如冰霜令則犯此三種罪過墮阿鼻獄願佛重宣此義令諸眾生**歡喜頂戴謹潔**初心**無犯**戒也決定二字收決定發菩提心。發覺初心。二決定義。宣說修行三決定義。△酬上問總明內外二分為七趣因。○由前問恰稱世尊本懷故。佛告阿難。快哉上合佛心。下合眾生。犯戒退心。皆為邪見。此問令諸眾生。一聞所示。於戒無犯。不入邪見而歸正道。汝今諦聽。當為汝說。△標內外分為昇沉之元。阿難。一切七趣眾生之體實是本來真淨。無諸妄染。此荅佛體真實。設問云何復有地獄以至人天等道。蓋由迷真淨心。遂起妄見。因彼妄見。有妄習生。故有七趣矣。妄見者。即煩惱現行。妄習者。即業習亦即情想也。由惑業以為因。因此分開內外二分。內分者。情也。由動於中。從身起念故。外分者。想也。由想緣外。從勝境起念故。△別釋內分。阿難。內分者。以諸眾生隨情任愛。安然本位。不求增進。即是眾生分內之愛染。因諸愛染者。喜怒哀樂愛惡欲等種子也。由因最初對境起著為愛染躭戀不捨故。發起現行之妄情。情積不休。能滋貪業而生愛水。無不

流矣。水是有形之物。屬於色法。愛情起於妄想屬於心法。良由妄心能融妄色。所謂融通妄想也△驗其
愛水下流之相是故眾生心憶珍饈而好殺生美味所致故口中水出
心憶前人或情好則憐其孤遊。或情薄則恨其失約故感目中淚
盈。天童華曰。珊瑚枕上千行淚。半是思君半恨君。好愛惡憐恨所致也。貪求從內發。財寶
從外來。內外合故。心發愛涎。舉體光潤。好盜貪適意所致也。心着行婬、
男女二根。自然流液。好行婬。欲心所致也。總一愛染之相△結諸情因阿難
諸愛之物。雖各差別。而流液結縛是同。故爾情愛潤濕。爲水流下而
不升。自然從墜。此名內分義也△別釋外分阿難。外分者。即眾生
分外之想事也。以諸眾生乘彼想心。不安本趣。而志求出離。即是眾生分外。因慕
諸聖境。如渴之仰水。猶是心懸勝槩、發明虛想。則神馳浩遠想積不

休能生勝氣。氣必自下而上。超越分外名之爲勝。遂無往不達矣△驗眾生想氣超越之相是故眾生心持禁戒。無犯則消重濁之煩惱而舉身輕清。心持呪印。則正氣剛強。無諂無諛。顧盼則爲雄毅。心欲生天。則常希上升是故夜夢之間想自飛舉。謂之夢。由想成。故稱夢想飛舉。以其心存佛國。則聖境冥然現前向三昧唯心。外分義可明矣。內積勝氣。外慕心切。故事善知識能自輕身命。斯皆勝氣虛想所致耳△結諸想因阿難。諸想之境雖有差別。而能想之心任運。輕舉是同。以虛想爲勝氣。故上升飛動而不沉墜。所以飛動自然超越。皆虛想之因。此名外分義也。然此內外二分所明。祇情想二字。良因情想感成七趣之報。情由潤墜。故屬三途惡趣。想因輕舉。故屬四善道也。上明情想爲七趣因竟△明情想招七趣升沉果阿難。一切世間七趣眾生。皆猶生死相續。生時從順情想所造善惡業，以**習**相近，無以違逆，故有生。**死**時**從**情想所習之善惡業**變**化**流**轉於各類。

故有死。所以**臨命終時**，是現陰之將盡，後陰未定，中陰**未捨煖觸**之際。**一生**所造**善惡**業相**俱時頓現**。若生平順習善業，臨終時善心起，而貪戀生佛國天堂去矣。若生平順習惡業，臨終時惡念起，而火城現，地獄鐵床至矣。所謂游魂爲變者此也。凡諸衆生皆愛生而惡死，故於是時**死**而**逆**其現前之苦軀；**生**而**順**其生平善惡之業習，謂之**二習相**

交。重者先墜。唯善惡殊途，故升沉遂別。然生順死逆，二習相交者，言作惡之人，生順而死逆；作善之人，生逆而死順。如作惡人生時愛女色之樂，皆順情縱意。及其死也，縱有金車玉女現前，皆拂其意。若作善人，生時逆女色之樂，堅守禁戒；及其死也，則金幢玉女以迎之，皆順其意。故善惡二習逆順相交也。纓識經云：大樂白佛言：世尊，衆生捨身，云何生諸天中，乃至云何生地獄中。佛言：衆生臨命終時，福業資者，棄本視爲天妙視，見六欲天，見身動搖，見天宮殿等。乃至若睡不睡，安隱捨命。將捨壽時，天父天母，同至一

座天母手。中。自然花出。天父見花。顧謂大母愛子之
歡時將不久。天母遂以兩手搖弄其花。弄花之時。命
便終盡無相之識。棄捨諸根。持諸根事。棄捨諸境。持
諸境業。棄捨諸界。持諸界事。遷變果報。猶如乘馬。棄
一乘一。如日引光。如木生火。識資善業。速托華內。大
父天母。同坐視之。甘露欲風。吹華七日。寶鎔嚴光。耀
孩煥煜。天童朗潔。現天母手。若眾生積不善根。命終
之時。作如是念。我今此身。棄捨父母親知所愛甚大
憂苦。見諸地獄。及見已身。應合入者。見足在上。頭倒
向下。父見一處地皆純血。見此血已。心生味著。緣味
著心。便生地獄。腐敗惡水臭穢。因力識托其中。譬如
糞穢臭處。自因蟲生。故知心作天堂。心作地獄也。△
明想多情少者生逆而死順上升於天。若生前純想無情。即輕清飛舉。上升必生
天上。謂三界諸天。皆想善業所感。若飛舉想心之中。有兼福兼慧。六度
所修及與淨願。而心想佛國者。自然隨想往生心目開通。見十方佛
故一切諸佛淨土。隨願往生。如想念西方即生西方之類情少想多

者。輕舉非遠。竪不越四天。橫不出輪圍也。一情九想者。即為飛仙。二情八想者為大力鬼王。三情七想者為飛行夜叉。四情六想者為地行羅剎。暫時遊於四天。所去無礙。其此四類中。若有善願善心。而護持我佛妙之法。或護禁戒。隨持戒人。或護神呪。隨持呪者。或護禪定。保綏法忍也。綏安是等轉惡心而為部之眾。親住如來座下。護持教法也。即五情五想均。齊平等。上不飛於天。下不墜於地。生於人間。然而上智下愚。情想均等。聰鈍皆具。由彼想明。益進斯聰。者愈聰。遂成上智。若情幽日進斯鈍。者愈鈍。遂成下愚。若使高明者日用於暗昧處用心。此心亦日就暗昧。則轉聰為鈍。若使昏鈍者在高明處用心。此心亦日就高明。則轉鈍為聰。故關伊云。升魄為貴。降魄為賤。輕魄為明。重魄為暗。不明不暗者。魂魄半之。故知人所具者。皆半明半暗。若暗者習明。則反暗為明。明

者習暗。則反明爲暗。此聰鈍愚智之所由分也。△情多想少者生順而死逆。下墜於地。情多想
少者。則六情四想。流入橫生。若情重而想稍輕者。則爲毛羣。情輕而想稍重
者。則爲羽族。七情三想。沉下水輪。生於火際。此水輪火際。即寒獄
第八故。又受氣分於猛火。所以身爲餓鬼。常被焚燒。或得水飲。亦化爲火。
故曰水能害己。無食無飲。經百千劫。八情二想生有間獄。九情一
想。生無間獄。有間即十八獄。無間即八無間地獄。下洞火輪。即八熱地獄。其身在火輪而又
近風輪故。身入風火。二交過地。而身處此其苦不可言。故謂之輕生有間。
重生無間。二種地獄。若純情而無毫想者。即沉入阿鼻。大無
間獄。無間有五。謂受罪。苦具。身量。劫數。壽命。此五無遮無間。名五無間獄。唯情業最重。遂入之。劫壞
乃出。若沉心中。有兼謗大乘法者。令無窮人。生邪見故。如善星比丘。及寶蓮香比

丘尼之類。毀佛禁戒詐妄說法。虛則無修行之功。妄貪信施。濫財無道德之實。妄傳恭敬。五逆殺父。殺母。殺阿羅漢。出佛身血。破和合眾是也。十重梵網經。所治殺生乃至謗三寶。此劫雖壞。更生十方阿鼻地獄。無有出期。可不畏哉。△結答。山前問云。此諸地獄。為有定處。為各各私受。故答諸地獄果。循純情所造惡業。為因。雖則自招在私受。眾同分中共變之獄。兼各有私受定之一元地。元地即定處。非無因也。正言別造同受也。故知七趣皆以情想為本。若不著於情。則三途空。不著於想則天堂空。情想一空。雖在人間。宛然淨土。亦有元地。故曰此心能壞一切。能成一切。故一切法。皆是佛法。天人鬼神畜生。地獄。皆心所為。好惡由心。要生亦得。要不生亦得。若了心外無法。即無一法當情。一切皆是解脫。所以云。阿鼻依正。全處極善之自心。諸佛法身。不離凡夫之一念。

○別明地獄章

大意明十習爲三途因。三途六交爲十習果。令人畏地獄苦。發菩提心也。△結前。○前明情想爲七趣因。七趣爲情想果。阿難。此等非天造地設。亦非人與。皆是彼諸眾生自業所感。△起後造十習因受六交報。△徵因云何十因。△釋婬習因果。阿難。一者世人婬習染心。爲因交媾承接。發於相摩。發者。臨時之動。摩者。貪求觸樂。研磨不休。曰耗其精。尚有焦渴內熱等疾。則火界熾然。於其生也。則其死也。身見大火宜矣。如是故有大猛火光於中發動。△設喻驗實如人以手自相摩觸。煖相現前。由此發於相摩之業習成於研磨不休之種習因此二習交熾相然。正所謂死逆生順。二習相交。遂感果報昔之錦衾角枕。爲今日鐵牀之基。昔之交相摟抱。爲今日銅柱之媒。因果相符。不爽毫髮。故有鐵牀銅柱諸事。是故十方一切如來。若色目而見行婬之事。同名欲火。言人不染則已

染則焦頭爛額矣。菩薩見欲，如避火坑。言不墜則已，墜則喪身失命。毒哉火矣。是貪如來之所訶，菩薩之所避者也。△貪習因果

二者貪習交計，發於相吸。貪謂吸取於有，有具染着爲性。計謂算計，如握牙籌、鑽李核、簡髮而櫛、數米而炊之類。此貪焉本。吸攬不止，如是故有積寒而成堅冰，凌過侵奪於中凍冽△別歘如人以口吸縮風氣，有冷觸生。由此發於相吸之業習，成於吸攬不止之種習。二習相陵，故有吒吒、波波、羅羅。忍苦之聲，青赤白蓮。凍冽之色。如此寒冰等事。若肯同心反求諸己，打開自己寶藏，則取之無禁，用之不竭，何用交計哉。是故十方一切如來色目而見多求者，同名貪水。貪水若今之貪泉，飲之使人生貪。謂多求之人，愈得愈爲不足，必溺死而後已者也。菩薩見貪，如避瘴海。南海有瘴癘之氣，觸之即死，甚言可驚避也。貪利如此，餘貪亦然，可不慎歟。△慢習因果

三者

慢習交陵。發於相恃。慢有恃己於他。高舉爲性。生苦爲業。謂有慢於有德。心不謙下。由此生死輪轉無窮。受諸苦故。陵。欺壓也。恃。倚也。憍慢者。必有所倚。如倚財。倚勢。倚名位。文學。智勇。才能。乃至於一技一藝。必倚恃其長。而後凌人傲物。殊不知世法平等。無有高下。一慢生而舉跐。高心逸蕩矣若水之後波陵前波。然奔馳流蕩。不息。如是故有騰逸奔波。積波爲水之境。△喻明如人口中鼓其舌根。絞其上腭。自相綿味。因而口中水發津津流出。由此發於相恃之業習。成於馳流不息之種習。二習相鼓。故有血河。灰河。熱砂。毒海。融銅灌吞諸事。皆所感之報。是故十方一切如來。色目而見我慢。名飲癡水。西土有水飲之則癡菩薩見慢。如避巨溺之海。恐汨沒法身也。△嗔習因果四者嗔習交衝。發於相忤。嗔習者。於苦苦具。增恚爲性。惡行所依爲業。謂嗔必令身心熱惱。起諸惡業。不善性故交衝者。彼此牴突也。一言不合。怒氣相沖故忤者。逆也。由於彼此忤逆結搆不息。
則氣動於內而心熱發其嗔火鑄氣為金。如是故有刀山鐵橛
劍樹。劍輪斧鉞鎗。鋸之境。△喻明如人銜冤殺氣飛動出此
發於相忤之業習成。於忤結不息之種習。二習相擊。故有宮者去其勢。割者劓其鼻。
斬斫者斷其手。而截其臂剉其骨。刺其肉。或槌或擊。種種諸事。殊不知隨順眾
生。即是隨順覺性。嗔火若除。氣金不鑄。則無所容其刃矣。是故十方一切如來告
色目而見嗔恚之事。名利刀劍觸之即死、犯之即傷。菩薩見嗔如避
誅戮也。△詐習因五者詐習交誘。發於相調引起不住。詐即
小隨之諂。為罔他故矯設異儀。險曲為性。誘哄賺也調者謂以諂言調弄勾引也。引起他人不住本位。一
入彼之綣繢若緝縛木禁索絞。必固無所逃脫也。如是故有繩木絞校。諸事校。枷

校也。易曰。荷校滅耳是也。然狙詐設巧誘人者。如水必浸潤已久。令心中悅服。然後引入彀中。正浸田。草木潤而生長。由此發於相誦之業習。成於引起不住之種習。二習相延引之。故有杻械。枷鎖。鞭杖。檛棒。諸事。是故十方。一切如來。若色目奸偽同名讒賊。讒賊者。謂以讒言傷人。喻如賊害。菩薩見詐。如畏豺狼。△誑習因果 六者誑習交欺。發於相罔。誑者。謂利養矯現。有德詭詐為性。邪命為業。罔者。欺其不知不見而謾之。說有為無。指空為有。誣罔不止。不動聲色。而羅網四張。作諸奸惡。人不覺知。飛心造姦。由彼志在誣謾他人。如是故有塵土屎尿。穢汙不淨。以遮沒之。令彼亦不見也。△喻明 如塵隨風各無所見。由因發於相罔之業習。成於誑誣不止之種習。二習相加。故有沒溺。騰擲。飛墮。漂淪諸事。謂因中以誑語陷人。故有感沒溺。因中以誑語撮弄人。故果感騰擲。因中以誑語天淵人。故果感飛墜。因中以誑語沉浮人。故果感漂淪諸事。豈知不誑。不妄。不自欺。皆是成佛之正因乎。

是故十方一切如來。若色目其見欺誑。同名劫殺。逢此必傷命也。故菩薩見誑。如踐蛇虺。蛇虺者。暗地害人。踐此難治其毒。郭璞曰。有一種蛇。名蝮虺。身廣三寸。大頭大背。夫如來不誑不妄。所以解脫。菩薩明知明見。所以正行也。△怨習因果

七者怨習。怨、即恨也。由忿為先懷惡不捻結怨為性。熱惱為業。凡人交處必生嫌憎發於銜恨。銜、包藏也。由包藏其恨心。如是故有飛石投礰匣貯。即匣床也。車檻即囚車也。甕盛如請公入甕之類。囊撲者。以囊貯人而撲殺之。如史記。始皇囊撲兩弟是也。△喻明如陰毒人。懷抱畜惡。發於銜恨之業習。成於交嫌之種習。二習相吞。相吞者。謂銜恨之人。唯欲噬其肉而啖之也。殊不知視怨如親不念舊惡。銜恩而不銜怨者。乃出世之正因也。因怨含恨。故有投擲擒捉擊射拋

攝諸事。是故十方。一切如來。若色目而見怨家。名違害鬼。者。違背正理。暗中害人。鬼中最惡之鬼也。菩薩見怨。如飲鴆酒。者。鴆鳥最毒。翼毛割酒飲之即死。△見習因果八者見習交明。見者。於諸諦理。顛倒推求。染慧爲性。招苦爲業。邪見行相差別者有五。如薩迦耶。此云身見。即第一。謂正身有我。種種計著。二。邊見。於一切法。執斷執常。三。邪見。邪悟於理。撥無因果。四。見取。非果計果。如以無想爲涅槃。五。戒禁取。非因計因。如持牛狗等戒。爲得天因。由彼邪悟諸業。發於違拒。出生惡見彼此是非。故曰相反。如是順邪反正。各執已見。不肯捨私從公。故有王使主吏。證執文籍。諸事。喻明△如行路人。來往相見。此即狹路相逢。無處逃避也。發於違拒之業習。成於相反之種習。二習相交。故拘之同審。乃有勘問權變詐。作術。誘出其言。亦即攻發人之陰私所致。考訊其事。推詳窮鞫。察訪是非。披究在業鏡臺前令其照明善惡童子。手執文簿辭辨諸事。無所隱諱也。豈知離四句。絕百非。是如來之正見。是故十方一切如來。若色曰諸惡邪見者。同名見坑。謂凡墮一見。皆不能出也。菩薩見諸虛妄偏執。如臨毒壑。謂諸毒之中。見毒最深。能陷法身。故以壑喻之。△枉習因果九者枉習交加。發於誣謗。枉者。倩本無罪。加之以罪。理本不曲。強之以曲。由逼害良善損惱於他。心無悲愍。是害所設。誣謗者。謂以本無之事。加謗。由倚聲勢而枉逼良善。今之以氣壓人者。盜不畏哉。如是故有合山合石。碾磑耕磨。之果。而無逃遁也。△喻明如讒賊人。逼枉良善。發於誣謗之業習。成於逼枉之種習。二習相排。故有押捺者。謂心不服。強押之而過捺也。搥按按者。意不甘心。強按之而搥擊也。蹙漉者。謂攢其手足。壓之而漉出其血者也。衡者秤錘。度者衣尺。用以秤秤其罪過輕重。量其長短愆尤。諸事

一不是故十方一切如來。若色目而見怨謗。同名讒虎。讒謂
言傷人如虎。菩薩見枉如遭之霹靂。△訟習因果十者訟習交
諠。發於藏覆。訟即覆習。由覆發訟。故覆者於自作業恐失利養。隱藏爲性。悔惱爲業。諠者諍
競謂攻發陰私。故成訟也。由平生不能自見其過。而
內自訟。反吹毛求疵。攻人之惡。而又自匿其惡者。
如是故有鑒見照燭之境。在業鏡火珠前。陰隱全露無所容覆矣。所以攻人之惡者
人亦攻之。如於日中不能藏影。發於藏覆之業習。成於交諠之種習。二習相
陳。故有惡友業鏡火珠。披露宿業。對驗諸事。是故十
方。一切如來。若色目而見覆藏。同名陰賊。者暗藏害人人雖不知是
賊。而實是賊。菩薩觀覆。如戴高山。履於巨海。愈重而溺愈深也。已上十
習。貪嗔慢見四根本煩惱。婬即貪一分攝。詐即小隨
之詐與誑。皆貪一分攝。枉亦嗔一分攝。訟即小隨之

覆。貪癡一分攝此十雜因果。所彰。而所重在因。故曰十因。此十方諸佛。洞見其根。十方菩薩。謹潔無犯。惟有諸佛說無七趣。菩薩倚現七趣身。同類攝化。以斷無明。除此言無。即是妄說法空。令。今時有等增上慢人。大言自肆。劣視如來。奴視菩薩。以為言不足信。只恐惡果難逃。戒之哉。△明六交報○前十二種生。言一因中。具足衆因。此言一果中。具足衆果。前明一根返源。六根解脫。此明一根造業。六根受報。六識造業者。引滿二業。皆六識所招也。惡報從六根出者。以六根屬第八識故。若麤而言之。造業者是六識。受報者是業識。究竟言之。縱是業識自作自受。以由業識引起六識。故前文審業本誰作誰受。而卒云自作自受。故徵因說當徵其果也。

云何六報。阿難。一切衆生。六識雖然皆出因而得果造業。所招惡報。從六根出。△徵明

云何惡報從六根出。△釋眼根交報

一者見報。招引惡果。謂眼識與意識俱造業因。招引眼根受惡果也。△命終見境

此見業交。六根之時。見業屬火。則臨終時。故先見猛

火。滿十方界。亡者神識。飛墜乘烟。入無間獄。也。成論云。極善
極惡。皆無中陰。所以直入。六交。皆言直入者。就重言也。△入獄見境發明明暗二相。一者
明見。由彼因中。不能反觀自性。唯是流逸奔色。故在地獄中。與人間見明見暗無異。由人間明日張
膽。造業無畏。故在獄也。則能偏見種種惡物。如鐵蛇。銅狗。劍樹。刀山。牛頭。阿旁之
類。生無量畏。二者暗見。由在人間暗地瞞人。作諸惡業。恬不介意。故在獄也。寂
然不見。生無量恐。蓋畏生於境。而恐藏於心也。△明交報。○因中耳所聽者。或鼓樂絃
歌。嬌聲艷語。今在獄也。如是見火。燒聽。耳中但能聞為鑊湯。洋銅
之聲。因中鼻所齅者。龍涎。麝臍。花香。酒氣。今為見火燒息。鼻中但能齅為黑烟紫
燄。因中舌所嘗者。膏粱美味。適悅其口。今為見火燒味。其舌但能嘗為焦丸鐵
糜。因中身所觸者。吳姬越艷。柔軟細滑。今為見火燒觸。其身但能觸為熱灰爐

炎。因中所思者，俛仰天地，盤旋九州，今爲見火。燒心。其心但能思之生其星火迸灑煽鼓空界。此由不能返見循元，流逸奔色之報，所謂生順死逆是也。△耳根交報二者聞報，招引惡果。者，謂耳識與意識俱造業因。此招引耳根受報。△命終見境聞業交，六根之時則聞聽屬水。臨命終時，先見波濤沒溺天地，亡者神識降注乘流，入無間獄。此於大浸稽天而不溺者異矣。△人獄聞境發明開閉二相。一者開聽，耳有所聞，但聽種種鬧，亂嘈雜波濤洶湧。一切不可樂聲，令精神愁亂，而無主也。二者閉聽，寂然無所聞，令幽魄沉沒，而無覺以因中責人，明魄已則昏，故受報時如是聞波注聞。耳中則能聞爲責，罪。爲詰，情之事。因中鼓其勝氣，暗注於嗚叱咤，瞋目裂眥，故聽水見火，則眼中所見則之境。但能化爲雷，爲吼，爲惡毒氣，因中壓霧迷人。

含沙射影。故聽水注於息。鼻中所驗之境。則能化為雨為霧。灑諸毒蟲。周滿身體。番成害己。因中所嗜侯鯖禁臠並三難八俎。一切珍饈之味。今聽水注其味。則舌上所嘗之境。但能化為膿為血。種種雜穢。之物。因中觸體者變童季女。氣息香潔。今為聽水。注於觸。則身中所觸之境。但能為畜為鬼為糞為尿。因中用威作勢。出其不意而加害人。使人措手不及。今為聽水。注於意。則心中所思之境。但能為電為雹。摧碎心魄。此由不能返聞自性。流逸奔聲。招報者也。

△鼻根交報

三者臭報招引惡果。者。謂鼻識與意識俱造惡因。招引鼻根。受惡果報。

△臨終見境

此臭業交。六根之時。鼻息屬氣。具出入息。則吸則從上而入。呼則從下而出。臨終時。先見毒氣。充塞遠近。亡者神識。從地湧出。其上。又從上而墜下。入無間獄。

△入獄臭報

發明通塞二相。一者通聞。謂鼻

有所齅所被諸惡之臭穢氣熏極使鼻根心擾亂也二者塞聞謂
無所聞故氣掩不通悶絕於地而無所知覺也由因中恃虛氣以衝人故行處皆通
如是齅氣衝息則鼻根所齅之境但能化爲質凝而不通爲履足足
所依自不能行者也因中恃火以害人令息衝見則眼根所見之境但能爲火爲
炬而自燒無所躲避因中恃聽之聰利而無所不達今氣衝聽則耳根所聞之境但能
爲沒爲溺爲洋爲沸因中以滋味爲嚵飫爲爽口今息衝其味舌根所嘗
之境則能化爲餒爲爽皆成爛壞魚敗曰餒羹敗曰爽所謂神奇化爲腐朽也因中恃
氣以利刀劍觸眾生肉四分裂爲醯爲脯以肥己身今息入衝觸則身根所觸之境但能
化爲綻裂爲腐爛爲大肉山有百千眼而爲無量蟲所咂
食謂四兩還半斤也因中恃氣嘴心味已暗裏中人使人不覺今息衝思則心所思之境但

能化為灰。為瘴。為飛砂礰擊碎身體。所謂出乎爾者反乎爾者也。此
皆不能反息循元。流逸奔香之報也。△舌根交報
四者味報招引惡果者。謂舌識
與意識俱造業因。招引舌根受惡果報。△臨終嘗境
此味業交。六根之時。舌根屬兌。兌為金。因
中為此舌根用諸羅網。網諸禽獸以滋己之口腹。
則臨終時。先見鐵網猛燄
熾烈。周覆世界。亡者神識。從上而
下透挂其網。倒懸其
頭。而直入無間獄。△入獄嘗報
發明吸吐二相。一者吸氣。謂氣從外
入者屬水。故
結成寒冰凍冽身肉。二者吐氣。謂氣從內出者屬火。故
飛為猛火。焦爛骨髓。如是因中為此味故。食噉生命。令彼忍痛受苦。故令
嘗
味歷嘗則舌根所嘗之報。但
能為承為忍。受其痛也。為此味故。用火炮炙故味
金歷見。則眼根所見之報。但
能為然金石。不敢食也。為此味故用刀剖割故味

金歷聽則耳根所聞之聲但能化爲利兵刃而反自害爲此味故以能收害故味金歷息則鼻根所驗之氣息但能化爲大鐵籠彌覆國土爲此味故用弓弩以觸禽獸今味金歷觸則身根所受之報但能化爲弓爲箭爲弩爲射爲此味故懸想飛禽從空而下故味金歷思則意根所思之報但能化爲飛熱鐵從空雨下此由不能旋味循元流逸奔味之報也

△身根交報五者觸報招引惡果者身識與意識俱造業因招引身根受惡果報此身根所對是觸因中有男女身分之樂觸是故此觸業交六根之時則臨終時先見大山四面來合無復出路亡者神識見大鐵城火蛇火狗虎狼獅子牛頭獄卒馬頭羅刹手執鎗矟驅入城門向無間獄

△入獄觸報發明離合二相一者合觸感合山逼體

骨肉血潰。一者離觸。則刀劍觸身。心肝屠裂。此身爲五根之身。肉中爲此身奔走道塗。閒遊園觀。如是合觸之身根。歷觸則身根所觸之報。但能化爲道。爲觀。爲廳。爲案。道趣獄路。觀獄王門闕兩觀也。廳案皆治罪之處。亦身根所依處也。因中爲此身而觸色。故今身歷見。則眼根所見之色。但能爲燒爲爇之苦。爲此身而觸聲。故今歷聽。則耳根所聽之聲。但能爲撞。爲擊。爲劃。插刃於肉爲射。插箭於身。皆不可聞之觸也。爲此身而觸息故歷息。則鼻根所嗅之息。但能爲括。爲袋。謂猶括囊結其口。而不出氣也。爲考。爲縛。謂繫其身。而不容轉動也。爲此身而觸味。故今歷嘗。則舌根所受之味。但能爲耕。爲鉗。爲斬。爲截。不可口之觸。爲此身而攀緣故。歷思。則意根可思之境。但能爲墜。爲飛。爲煎。爲炙。不可意之觸。以思則或升或降。或熱惱故。由此不能反身以自修。而爲流逸奔觸之果報也。△

意根交報六者思報招引惡果。謂意識造業。五識皆具業因。招引意根先受惡報。意
爲土。無明風所自出故此思業交六根之時則臨終時。先見惡風。吹
壞國土。亡者神識。被無明風吹上空中。旋從空落。乘風上下
墮無間獄。此與御風而行者異也。△入獄思境發明覺迷二相。一者不覺
迷極。則荒而亂奔走不息。二者不迷覺知則苦。有無量
煎燒痛深難忍。蓋心無方所。莫知其鄉。故如是邪思結思則意根所思
之境但能爲方向爲處所。因中掩其不善而著其善。故邪思結見則眼所
見之境但能爲鑒爲證。使無隱其惡心邪思結聽火結聽水故使流者結爲大石熱者
化爲冰霜所者化爲土霧。則耳根所聞者。但能爲大合石。爲冰。爲霜爲土。
爲霧。邪思結息則鼻根所齅之境。但能化爲大火車。火船。火檻。

此皆載物之器。氣所化也。氣能載物故也。心火結嘗則舌根之境也。能爲大叫喚。爲悔爲泣。以痛苦難忍。號天叩地。無及矣。此邪思之結觸則身根之報。番覆無定也。能爲大爲小。爲一日中。萬生萬死。爲偃爲仰。亦不可定也。此由不能反思自咎。流逸奔法之報也。○問。何故一根作業。五根皆徧受報。答。以六根造業。性中相知。故報亦相通。用中相背。故諸根各別。唯識之理。信其不誣。此六根交報。皆是不思議業力熏變。而業力甚深。尤不可測。唯佛眼同明其端倪。實非思議心所能知也。若以因果對論。則毫末不爽。故宗鏡云。十因既作。亦報寧乞。皆是一念惡覺心生。顛倒想起。對境作因。成之假。隨情運相續之心。不以智眼止觀。遂陷凡夫業道。雖則一期狥意。罔思曠劫沉身。是以一切如來。同宣。箴宜刻骨。十方菩薩。皆懼貫可驚心。△結難。是名地獄十因六果。皆是衆生迷妄所造。此結前妄業。皆是迷眞實心。而循業發現。非實有也。若果識得自心。則大地無寸土。况地獄乎。△發明輕重因果若諸眾生（六報十因）惡業（具足一時）同造（此則極重）入（無間）阿鼻（大地）獄受無量苦經無量劫（若）六根（亦具足十因但前後異時）各造及彼所作（或）兼一境（或）兼一根（各造或兼二根二境各造乃至三四根三四境各造又輕於前）是人則入八無間獄（若）身口意三（根唯）作殺盜婬（二因餘不兼涉稍輕於前）是人則入十八地獄（泥犁經云火獄有八寒獄有十或是十八鬲子地獄）三業不兼（者）中間或為（秖）一殺一盜（或欽於婬中間或具盜婬而欽於殺或具婬殺而欽於盜者此又輕於前）是人則入三十六地獄（若能）見（所）見一根（一境於殺盜婬）單犯一業（或身殺身盜身婬或口殺口盜口婬或意殺意盜意婬此又輕於前矣）是人則入一百八地獄（△結別作同受○此諸地獄）由是眾生別作別造（謂各各私造其業是同）於世界中入同

分地獄也。前問此之地獄。爲是本來自有。爲是眾生妄習生起。是故結答云。妄想發生。非本來有。嗚呼。地獄之苦。比於人間牢獄。更萬億倍。乃恬不知畏。而甘心造業。自墮其中。何愚癡之甚也。或謂虛談三世報應。妄說六道輪迴者。不亦可憐憫哉。莊子曰。爲不善於顯明之中者。人得而誅之。爲不善於杳冥之中者。鬼神得而誅之。眞可畏哉。

○別明鬼趣章

大意獄罪畢而入鬼趣。令悟妙圓明心妄本無也。△總標。○獄罪有出而不出者。夫戒爲眾生出苦之具。佛爲眾生拔苦之師。法爲眾生盡苦之地。眾生若謗若毀。前情想升沈章末。已明此等更生。十方阿鼻地獄。永無出期。此章言十因報盡出而爲鬼。特先揀其已明。復次阿難。是諸眾生。若非是破律儀者。是非犯菩薩戒者。是非毀佛涅槃法者。所造諸餘雜業。即前十因於地獄。其罪重者。歷劫業火燒然。後還業識身空。地獄罪畢。受諸鬼形。△別釋怪鬼。○愛染生情。情始乎貪。故十習因。先以貪言之。蓋好德者。視金玉如瓦礫。若多貪求之人。視糞土如黃金。若眾生於本因。身輕貪物。愛畜珍奇。為罪。是人地獄罪畢。乘其餘習。遇物成形。如附金玉芝草。而為精為靈。名為怪鬼。△魃鬼。○好德之人。心如盤石。了不可動。唯好色者。觸情流轉。故曰貪色為罪。是人罪畢。所有餘習。遇風成形。或東或西。隨風不定。名為魃鬼。為亢陽所致也。△魅鬼。○若詐習之人。唯以甘言魅惑前人。故貪惑為罪。是人地獄罪畢。餘習未忘。故遇畜成形。名為魅鬼。若狐精猿精。現美色以媚人也。△毒鬼。○若怨習之人。發於術恨。故曰貪恨為罪。是人地獄罪畢。餘習未忘。遇蟲以毒成形。名蠱毒鬼。以毒人。若南方有妖術。令人成蠱病者。此鬼主之也。△厲鬼。○其嗔習之人。發於相忤。憶念舊惡。刺心入骨。俟其勢衰。以圖報。故貪憶為罪。是人地獄罪畢。餘習未忘。遇衰成形。名為厲鬼。若今行瘟行瘧之類是也。△餓鬼。其慢習之人。發於相恃。由內無實德。虛驕恃氣以傲人。故曰貪傲為罪。是人地獄罪畢。餘習未忘。遇氣成形。名為餓鬼。無飲食充腹。唯存憍傲氣息故也。△魘鬼。○其誑習之人。發於相罔。昧良心而瞞人。壓人。終身處於暗昧之地。故曰貪罔為罪。是人地獄罪畢。餘習未忘。遇幽為形。名為魘鬼。猶在暗裏。尚能欺壓在寐之人也。△魍魎鬼。○其見習發於交明。殊非正見。亦是邪明。故曰貪明為罪。是人地獄罪畢。餘習未忘。遇精靈為形。名魍魎鬼。由彼見地不真。杳冥恍忽。即為鬼物。亦似有如無也。△役使鬼。○其枉習之人。發於誣謗。成人之惡。然明知是枉。不過強彼承認。以是貪成為罪。是人地獄罪畢。餘習未忘。遇明為形。名役使鬼。由彼明了。故為大神役使也。△傳送鬼。○其訟習之人。發於交諠。結黨羽以相執證。故曰貪黨為罪。是人地獄罪畢。餘習未忘。遇人為形。

名傳送鬼即今所謂附巫祝而傳吉凶者是也良以因中結黨計露人之陰私以傳遞人故爲鬼亦附人以陰私告人也△結阿難是人皆以純情墜落地獄情屬水今以業火燒乾情水則地獄因窮果盡地獄罪畢上出爲鬼此等皆是自妄想業之所招引若悟菩提大事則妙圓明心也本無所有諸鬼業習所謂了即業障本來空未了應須還宿債故下鬼業盡而作畜生也

○別明畜趣章

大意令悟自作自受菩提心也二途皆幻妄也△總標復次阿難前之鬼業既盡是諸罪人則情與想二俱成空者但空阿鼻之純情無間之九情一想有間之八情二想餓鬼之七情三想此皆業火燒乾如人病後情想俱無尚留六情四想爲潤生而生毛羣羽族中方於世間與元負人怨對相値身爲畜生畜謂畜養謂彼橫生

稟性愚癡。不能自立。仗他畜養。故名畜生。酬其宿債。△別釋梟類。物性昔因貪習爲之鬼。猶所著之物銷。鬼報亦盡。隨其餘習。生於世間。多分爲梟類。梟爲不孝鳥。附塊爲梟。鷯鷚大反食其母。皆大怪事。謂之怪鳥。△咎徵。因貪色之餘。習而爲風魃之鬼。由所鼓之風銷。鬼報亦盡。隨其餘習。生於世間多爲咎徵。咎。凶事之先驗。如商羊舞水。江豚拜風等。一切異類也。△狐類。因貪惑之習而爲畜魅之鬼。由所成之畜死。鬼報已盡。隨其餘習。生於世間多爲狐類。作妖媚以惑人也。△毒類。昔因怨習而爲蟲蠱之鬼。由所成之蠱滅。鬼報已盡。隨其餘習。生於世間多爲毒類。奮咀螫以害人。蠱魅多憑狐。故卒爲狐蠱。集於毒。故終爲毒類。眞餘習所使也。△蛔類。昔因嗔習而爲衰厲之鬼。由所著之衰窮。鬼報已盡。生於世間多爲蛔類。蓋昔依人而作厲瘧。今依臟腑而消飲食。

雖是餘習亦由至羸而化爲至柔△食類○昔因慢習而爲受氣之餓鬼由所著之氣銷鬼報已盡生於世間多爲食類者其空腹高心人所切齒皆欲饞其皮而食其肉故卒爲食類所以謙爲至德也△服類○昔因詐習而爲緜幽之鬼由所著之幽消鬼報已盡生於世間多爲服類以作鬼常從暗中欺人故爲牛馬驢騾明中爲人服乘也△應類○昔因見習和精而爲魍魎之鬼由所愛之和消鬼報已盡生於世間多爲應類如社雁寒鴻應節而至亦明見餘習也△休徵○昔因誣謗之惡而爲明靈之鬼由所著之明滅鬼報已盡生於世間多爲休徵如喜雀喜蜘以及祥鳳瑞麟以報祥禎一切諸類也△循類○昔因訟習貪黨而爲依人之鬼由所著之人亡鬼報已盡生於世間多爲循類由彼昔循人今雖在異類亦馴擾可畜若雞犬貓獼之類是也△總結三塗阿

難。是等皆以地獄業火乾枯。而為餓鬼。則情想俱空。與元負人。相值。酬其宿債。傍為畜生。此等亦皆是自己虛妄業因之所招引。若悟菩提。於反掌則此妄緣。本無所有。如汝前所言者。寶蓮香等。及琉璃王。善星比丘。如是惡業。非外有也。本自發明。非從天降。亦非地出。亦非人與。乃是自己妄想業因所招感。故還自來受其果。元自作自受。菩提心中。實無一法外來。皆為浮虛妄想凝結。所成。如水成冰耳。下章畜生業盡復生人形。

○別明人趣章

大意息其業計顛倒。令現前聞法者直趣菩提也。△承前總標徵釋

復次阿難。從是鬼道復為畜生。以六情四想為潤生。酬償先債。債畢即當兩無交涉。若彼酬者。復有

分越所酬之物則此等眾生。又以情愛均等為潤生還復生為人也而。

反徵其昔有越分所酬之剩負徵。如彼稅之徵。剩餘也。言復索其所負之餘債也。△勝酬

如彼負剩之人或有善業力勝。兼有福德。而處富貴則就於人中。

不捨人身。酬還負彼之剩力或遭竊取或遭劫奪之類。△劣酬若善業力不

勝。無福德者。而還為畜生償彼餘剩之直。△負債易償阿難。

當知分越所酬之人。若但過用彼負重致違之錢物。或但過役其耕治田地之

力。則償彼餘直之時。亦但酬還其錢力而完足無剩則自停止。△負命難酬。若使過

用其錢過役其力。如於中間又復殺彼身命。或食其肉。如是乃

至經微塵劫相食相誅。猶如汲井轉輪。互為高下。無有

休息。除非自己以奢摩他觀而得其道。及佛出世。怨結方能解釋。不然則此

怨害。不可定寢。願諸仁者。當以慈心。常加愛護。不宜終身過用其力。尤不宜貪口腹以傷其生。夫人不負如來叮嚀苦口相勸。亦見得人道之難也。夫人於六趣中。能止息煩惱。故人即止息義。又人者忍也。謂於世間或違或順能安忍故。△別釋頑人

汝今應知彼梟倫者。昔因貪物為怪為梟。與酬債元負人。酬己足復人轉形生人道中。參合頑類。參合者。帶畜生之餘習。而參雜混合於人中也。頑類者。頑無所知之一類。心無惻隱。不知仁義。不識廉恥。毫無倫理。不可化而為善者也。△異人

彼咎徵者。由本於貪婬溺愛。不明事事皆成過咎。故為咎徵。徵者明也。人有過咎。而先酬債與明之與元負人。酬己足復人轉形生人道中。參合異類。異者。怪異。如五種不男不女之類。雖復人形。猶然愚癡昏鈍。不得精明。所謂使人愚蔽者。愛與欲也。

△庸人

彼魅鬼而為狐倫者。昔為狐媚。酬債己足復人轉形。雖足曲情飾貌搖尾。乞憐以諂世求容。不能卓然自立。故生人道中。參於庸類。所謂因人成庸碌碌庸人

也。△狠人彼蠱鬼而爲毒倫者。與人怨害。酬足已畢。復轉人形。即蜂目狠乾。剛愎自人。故生人道中。參合狠類。所謂甘心奮毒。以螫人。倘不自知其非也。△微人彼鬼爲蛔倫者。昔以衰氣附物。而成蛔類。先債酬足復轉人形。而成微蟣之人。故曰生人道中。參合微類。雖親附人。不齒錄者也。△柔人彼之餓鬼爲食倫者。由傚物而爲人切齒成其食類。與元負人。先債酬足已畢。復還人形。撫火大氣。不能奮發而委靡。生人道中。參合柔類。所謂不振之徒也。△勞人彼魘鬼爲服倫者。由宿生負重致遠。僕僕不休。先債酬足已畢。復轉人形。生人道中。參合勞類。今彼人之驅役。爲牛馬走使。勤劬勞頓不息。△文人彼魑魅鬼爲應倫者。由宿有聰明。知見不眞。故壹爲魑魅先債備能酬足。今復人形。生人道中。參於文類。言文類者。只是小有才。通文解義。與人應接。不失其序。亦有可觀。非經天緯地之文也。△明人彼役使爲

休徵者。由宿昔托　明成形。先債酬足復人還形。生人道中。參合明

類。言明類者。乃應世一隙之明而已。非輝天鑒地之大明也。△達人彼傳送鬼爲循倫者

由宿昔循順酬入心。先債足。復人生形。生人道中。參於達類。據上十種

則知人道參乎想明者十三。合乎情幽者十七。所以

昏愚頑鈍者多。文明特達者少。向上者少。下流者多

也。然此界爲五趣雜居。故究其用心。則人趣中。五趣

皆有。復形者。不止畜生一類。○如天竺僧者越。音惠

時入洛陽。諸比丘作禮。越指支法淵曰。此菩薩從羊

中來。又指竺法興曰。此菩薩從天中來。又僧曇翼生

時胷有雜毛。故名翼。因宿生聽法華經得脫雜身。故

然則人中諸類。皆有不止一類。如富貴而慈善者。似

天中來。聰明而瀟散者。似仙中來。凶狠而剛愎者。似

修羅中來。貧賤而常凍餓者。似餓鬼中來。頑癡而無

知識者。似畜生中來。常牢禁而囚首垢面者。似地獄

中來。夫種類不同。勝劣各異。則知來路定非一處。今

則僅就畜生一道復形者說。以見人身難得。而袈裟

之下。一失人身。尤難復也。張公云。鬼神沉幽愁之苦

鳥獸懷孺娠之悲。修羅方嗔。諸天正樂。可以整心慮趨菩提。唯人道爲能耳。而不爲。吾未如之何也已可不自惕自警耶。△總結以警

阿難。是等皆以昔在人道中。作三塗業因受三塗果報而宿債畢酬。三塗業盡而復形人道。皆無始來。無明障心煩惱障慧不愛物命。恣情殺啖以爲活計。如是業計顛倒。劫劫生生。相生相殺。酬償宿債債盡而復人形。反徵其剩。雖得人身。苟若不遇如來出世。不聞如來正法。令其轉殺爲慈仍於塵勞中。法爾輪轉。則此人身不久。又入三塗。爲鬼爲畜。余盡。其得人身也甚難。失人身也甚易。所以如來痛說。此輩名爲可憐愍者。下章自人道進修仙道也。

○別明仙趣章

大意令發心人。必依正覺修三摩地。不致報盡散入諸趣也。△總標仙道之自。○說文云。仙者。遷也。老而不死。遷入山也。仙趣有處不別開者。人道攝故。次於天者。少持其戒。無定慧故。前三塗皆以十習爲因。初

得人身。猶帶十種餘習。今此仙趣。則於十習無干。但是厭畏無常。希求常住。而不得其師道。故錯亂修習爲可惜也。若洞賓遇黃龍。而棄瓢擲琴。不亦幸乎。阿難。復有從人道進修。不依如來常住真心。發起正覺智。修三摩地而諮究竟堅固之理。若遇邪師別得生理。不知此身堅固妄想所成。終從變滅。反悞認有性可修。有命可接。使之長生不死。殊不知此修皆是妄念存留虛想固守色陰之形。縱令久住。八萬劫終。必落空亡。此人遊於山林之間。人跡不及之處。所謂名山洞府崑崙等處是也。所有十種仙之別道。所用工夫。雖有優劣不同。而存想固形。爲其要訣也。△別釋地行仙阿難。彼諸衆生。爲堅固其形。如煉胡麻紅鉛以爲其服餌。如是服之。而不休息。縱得食道圓成。但可壯體延齡。不能飛舉。故名地行仙。△飛行仙○若諸衆生。爲堅固其形。如生咬黃精松栢。草木如是服之。而不休息。縱得藥道圓成。但能身輕足快。行則如飛。名飛行仙。△游行仙。若諸衆生。○堅固其形。而養鉛汞煉丹砂。九轉火還於金石。如是煉之。而不休息。縱得化道圓成。但可化白石為黃金。化凡骨成仙丹。而周行無礙。名游行仙。△空行仙。若諸衆生。為堅固其形。一動一止之間如煉精化神。煉神還虛。如是凝神定氣。而不休息。此人縱得氣精圓成。但可羽化飛昇。名空行仙。△天行仙。若諸衆生。為堅固其形。如鼓天池之津液。能令水升火降。金丹內結。嗽精吋液。而不休息。此人縱得潤德圓成。肌膚若雪。顏貌如童。不食五穀。不交世欲。與天相似。名天行仙。△通行仙。若諸衆生。為堅固其形。如飡日月之光華。吸雲霞之精色。如是吸粹。既久。而不休息。此人亦得吸粹圓成。則精氣貫通物理。入金石蹈水火而毫無妨礙。名通行仙。若五通仙之類。△道行仙。若諸衆生。為堅固其形。專以咒禁之力。固守色軀。如是咒持既久。而不休息。凝神永命。此得術法圓成名道行仙。此西域多傳此咒。於井中持誦三年。自能從井飛出。△照行仙。若諸眾生爲堅固其形。如仙書初繫心於臍輪下。透尾閭。升夾脊。以至泥洹。所謂夾脊雙關透頂門也。如是思念行之。而不休息。此思憶圓成。謂之回光返照。名照行仙。△精行仙○若諸眾生。爲堅固其形。如以坎男離女。匹配夫婦。交遘而不休息。此感彼應。精氣圓成。名精行仙。○△絕行仙○若諸眾生。爲堅固其形。觀萬物生於變化。如是存想化理。久而不休不息。乃能覺悟。此仙道圓成。則可移山倒水。改易四時。此仙道之絕行。名絕行仙。△結妄阿難。是十仙等。皆於人道中治鍊身。心。不遇明眼宗師。不知修習正覺道果。別得長生之理。縱得壽千萬歲。休止深山。或大海島。絕於人境。豈知此長僅足勝短。譬如蕣華之於松栢。蟪蛄之於冥靈。雖修短不同。豈不死耶。故黃龍斥爲守尸鬼。玄砂呼爲魂不散底死人。斯亦在輪廻數也。妄想流轉。以不知性本無生。命非妄立而執此為長生久視之道故也。若遇聖師。幡然改悔。則入三摩地。若不修如來三昧道理仙。報一盡還來人間散入諸趣改頭換面。仍墮異類中也。△且夫非想天人。壽八萬劫。報終。還受飛狸之身。況神仙壽止千歲。尚未及四空天之一晝夜者。而衆人匹之。不亦悲乎。故學人當優聞道之不早。勿憂年壽之不永也。仲尼曰。朝聞道。夕死可矣。至哉言乎。近見羨長年者。悉是一種癡富貴人求仕人間。長享欲樂。若果長生可求。樂欲可久。則秦皇漢武。當不速死。富貴之習迷心如此。眞可發一笑也。倘有志。費盡許多精神。何不學十念往生。即得無量壽也。寧不簡要哉。

○別明欲天趣章

大意。令修道人。形心俱淨。依常住心為本修行也。△總標天趣之因。○天者。自在義。又云。光明照耀義。又天者。顯也。首出庶物義。天有三。為欲界。色界。無色界。欲界天。自須彌腰頂。以至空居。共有飲食婬欲睡眠。

具足三欲。故欲天男女嫁娶妻妾。亦如人間。所謂四王忉利相抱。夜摩執手兜率笑。他化自在眼相覷。此是六天眞快樂。但諸天人皆無骨肉。亦無大小便利不淨。身有光明。無分晝夜。報得五通。形無障礙。是知天趣爲欲界極尊也。阿難。諸世間人。不求如來常住眞心爲本修因。而以十善爲本修因。希求世樂。夫五欲爲果。由無正觀修行是故未能捨諸妻妾恩愛。此人持不婬戒。而婬有邪正。自己妻妾爲正婬。他人妻妾爲邪婬。是知尚有已分正婬在也。△別釋四王天於邪婬中。不但身不犯。而心亦不流逸。以邪婬念既不動。故愛水亦不澄瑩意地生明。命終之時。捨肉身而後受天身。所居報土。在須彌腰。鄰於日月。如是一類。名四天王天。以山腰四面。有持國增長廣目多聞。各居一面。各護一洲是也。是知人道之流。而爲地獄三塗者。尙婬習爲首也。人道之升。而爲上界。諸天者。伏婬習爲首也。人道之升。而成聖成賢者。斷婬習爲首也。婬習之爲害。不啻如怨賊毒蛇也。△忉利天○此人不但邪婬

之不流郎於自已妻房婬愛微薄疏淡減少不多流逸或於清淨獨
居之時間有念起不得清淨全味此之前人已超一倍命終之後超日
月明之四王天居人間須彌山頂如是一類名忉利天此云三十
三天。帝釋所統之界。已上二天。猶未離地。此二天形交成婬。與人無別。但風氣一泄。欲漏便除。非若人間
有不淨流溢也。△時分天逢欲暫交去後更無思憶。追戀之心。此人靜居已得全味。
於人間世。欲心動少而靜心忙多。倍勝於前。命終之後。於虛空
中。朗然安住空界。○問空居既無界地。宮殿何居。答七寶琉璃。與大地無異。但欲下時。郎空豁無礙。例如人問。大地聖賢天鬼。皆能上下虛豁無礙。當知萬法虛妄。業力使然。故虛實並現。昧者未達
○若論此天之高。較之須彌山更高一倍。故日月光明。上照不及。是諸天
人等。各自身有光明。互相照耀。如是一類名須燄摩天。此云

時分。以蓮花開合爲晝夜是也。正法念經云。此天人
或一百一千。共聚一蓮花鬚同坐。不隘不窄。以善業
力故。此天雖摟抱成婬。不交媾矣。△知足天

一切時靜。言動靜之間。全無婬念。校前動少靜多。又加一倍矣。但有極得意之境。必可應之觸。自來強逼。未能無心。違戾。猶順從彼意。

命終之後。生知足天。能於五欲生知足矣。上升精微。不接下界諸人天境。乃至劫壞三災不及。如是一類名兜率陀天。

是指彌勒內院言。此天有內院外院。五十重。每
重有五百億天宮。內則四十九。外則一也。彌
勒菩薩所居大摩尼殿。居其中焉。此無漏報土。是爲
別報天。如阿那含之寄居四禪也。以此內院。是補處
菩薩寄居之處。卽外院不得窺其堂奧。況下界諸天
乎。故曰精微。而不接下界諸天人之境也。縱使劫壞
三禪。而此內院。三災不及。亦未嘗壞。以是聖人後得
智所現故。上生經云。今此天主。名曰彌勒。是也。已具
三品九類。行者念念發弘誓願。得生彼處。以無漏力
三災不及。今言三災不及者。通敘內外院。蓋外院由

第九品中一分不精進者所生之處生七日後彌勒
菩薩放光雨花引入內院小摩尼殿壽為說法俾發
起精進力故然後引之令入內院二院之外又有業
報一天乃有漏有漏故所成是為總報天也修十善業者
得生彼處以有漏果故三災可壞是雖居同一天然
以總望外院尚如仙凡之隔況內院乎此文或先言
外天而後兼內院譯者過於省文也梵語兜率此云
知足故此天但以一笑成欲又不同於把手矣△變
化天○前有應觸尚有應心此言我無欲心應汝行事但於欲境橫陳
於前時雖然隨他應觸所了無欲味猶如嚼蠟此又勝前一倍命終之後生
越化地越化者謂能超越下天○又能自化樂具如是一類名樂變化天
△他化天○此守戒人心希上界了無一念世間情欲之心但同世權設行事
至於行事交合之時不但全然無味抑且心中了然超越毫無沾染此又勝於
前○故曰命終之後徧能出超化即變化天無化境即兜率天如是

一類名他化自在天。諸欲樂境不勞自化。皆由他化而自在受用也。此上二天。似相覩為婬。故益勝下天也。△總結阿難。如是六天。形雖出動。此動字。單指欲心躁動。世人為欲所動。若奔流逸。如醉象狂猿。莫能控御。今能漸制。以至靜。故曰形雖出動。心迹尚交。未至眞於無心焉。自此已還。故總名為欲界。從阿鼻至此。皆欲界攝。謂之五趣雜居地也。

大佛頂首楞嚴經貫珠集卷第八

大佛頂首楞嚴經貫珠集卷第九

明　金陵華山律學沙門戒潤　述

此卷來意。自結經殄竟云。蒙佛開示般怛囉義。兼聞此經了義名目。頓悟禪那修進聖位。增上妙理。心慮虛凝。斷除三界修心六品微細煩惱。復請助道曰。若此妙明眞淨妙心本來徧圓。如是乃至大地草木。蠕動含靈。本元眞如。卽是如來成佛眞體。佛體眞實。云何復有地獄餓鬼畜生。修羅人天等道。世尊此道爲復本來自有。爲是衆生妄習生起。如寶蓮香犯婬。琉璃王犯殺等獄報。此諸地獄爲有定處。爲復自然。彼彼發業。各各私受。惟垂大慈。開發未悟。佛示情想七趣昇沉。欲界六天。八卷既畢。故有此卷色無色修羅。及總示魔境緣起。及色受想三陰雄文。

○別名色天趣章

大意發明窮色性性入無邊際。不假禪那則無智出礙也。○此天四禪。溫陵曰。自此而上。明十八天。雖欲染已離。尚有色質。故通名色界。又通名梵世。爲已離欲染故。又通號四禪。爲已離散動也。欲天但十善感生此天兼禪定感生然特有漏禪觀六事行耳六行者厭欲界是苦是麤是障色界是淨是妙是離此則凡夫伏惑超欲界道也前天亦間有禪定而此界方名禪者以前結云形雖出動心迹尚交足知欲界諸天雖輕人欲及仙寡欲尚有飲食睡眠心迹欲交故名欲界自此以上絕無女人欲染心迹俱離無所交接兼無食眠三欲俱忘稍涉饑倦即入禪定則飽滿精明是但以禪悅爲食爲息稍離麤重身心也畧分四重各有本定故曰四禪詳分十八重但疑亦有同處而區分勝劣爲類者未必十八皆以上下爲次也先初禪三天雖入禪侶而戒德偏勝而後二天畧顯定慧也△總因

阿難世間

顯非出世三界

一切所修心人

誰不自謂眞正修心魔鬼尚謂得無上道何況禪天然諸經皆謂禪天靜慮等持靜即是定深於六欲慮即是慧揀於四空故權敎之佛寄凡而成今言

不假禪那無有智慧

者顯彼惟是有漏靜慮伏欲六行而已非無漏眞三摩地金剛觀智妙圓通也已上總通顯戒德而未彰定慧△初禪梵眾天○且獨

但能執身不行婬欲

表異六欲縱強

忘情不免身犯此身全遠故若行若坐。梵行方成。想念俱無。無則非不攝心。身心
俱潔、如是愛染不生。下無卜居。則無留欲界。是人應念身為上界
之梵侶。如是一類名梵眾臣民天。△梵輔天欲習既除。離欲
心現。謂前天既離欲習。此天定心顯露。而於諸戒。卽五戒十戒。隨師稟受律儀。愛樂
悅預。隨順戒法。而得輕安。既全定其戒因。不為天之統屬。是人臨終應時而生梵世。能
行梵德。如是一類臣王輔化。故名梵輔天。△大梵天。謂前天定心發露
復具化德。故身心妙圓。威儀不缺。清淨禁戒。加以明悟。而此
天從定戒中發起智慧。故解勝前天。堪為梵主。是人命終應時能統梵眾。為大
梵王。如是一類。名大梵天。○俱舍云。威德光明獨一。而無尋有伺。定力所感。下
二天俱有尋伺。又劫壞後去。劫成先來。外道不測。便執為常。又因起念見有天生。便執世間為一因生。△

結　阿難此三勝流。謂已離五欲。已斷十惡。能勝欲界諸趣。故欲界一切苦惱所不能逼。雖非正修眞三摩地。而戒品清淨心中。諸漏欲習已伏。不爲所動。故名爲初禪。亦名離生喜樂地。以離欲惡。故生喜。身心輕安。故生樂也。△二禪少光天　阿難。其次梵天。統攝梵人。謂從前天修來戒定慧具。故曰圓滿梵行。澄心不動。寂湛生光。進至此天。則三識不起。定心一境。唯緣內塵。故離欲得定。定深生照。而心水澄湛寂然。心光尚劣。未極其量。如是一類。名少光天。△無量光天○從前少光。更增光耀相然。照則心境互照。境隨光發。照耀無盡。映十方界。偏成琉璃。然光雖極量。但偏小千世界。猶未成音。如是一類名無量光天。△光音天○從此進修。又得以此無前五識。亦無尋伺。故能吸持無量淨光。而以圓光發宣梵行。不待言詮。自能成就教體。發化清淨。闡明淨理。

應用無盡。如是一類名光音天。△結阿難。此三勝流。文勝

下天。初禪雖得喜。未生極喜。雖離苦惱。猶有憂喜相對。此得極喜故一切憂懸所不能逼。雖非正修眞三摩地。清淨心中能以定力。前五識麤漏已伏。名爲二禪。亦名定生喜樂地。謂此定功德。與偏身樂俱發故也。△色界三禪少淨天阿難。如是前天人。雖以圓光成音教。披音則顯露妙理。然有喜心動念。猶違淨樂。此天即依妙理發成精行。且活潑寂靜而通寂滅樂。如是一類。由靜樂初通淨空始著。故名少淨天。此初伏第六識。非大寂滅也。△無量淨天○六識既伏淨空現前。而樂心愈寂。引發淨空無際。故外身內心。皆獲輕安。成寂滅樂。則淨空無量。如是一類名無量淨天。△偏淨天○前天寂樂。止偏身心。此天世界身心。一切圓淨。虛寂觸處。皆成妙樂。既爾淨德成

就無過于此是故認此淨樂爲眞際樂土將已身心勝託現前歸寂滅樂如是一類由觸處皆成淨樂故名偏淨天△結阿難此三天勝流妙樂周偏無量莫不具大隨順前三禪有喜心動念故身心不得安隱今則喜心動念皆無故得無量樂自在受用雖非正得眞三摩地不妨心雖無喜而喜樂自具則令安隱心中歡喜畢具故通名爲三禪亦名離喜妙樂地謂喜是動心所發樂是靜慮所融如是欣喜後得妙樂故界內稱三禪極樂處也△四禪福生天阿難復次天人謂初禪離苦惱二禪盡憂懸故不逼身心欲是苦因既諸欲杜絕則苦因已盡雖三禪離喜受樂此天樂非常住久必壞生故將苦樂二心俱時頓捨既離於苦不受樂則亦麤重壞相已滅苦壞雙超則淨福性生如是一類名福生天亦名捨念清淨地△福愛天○前天初專捨

心。尚未圓融。此則毫無樂念故曰圓融。於捨心中。仍生勝解。決定任持。不為異緣所攝。故曰清淨。由心圓融。故福無遮。於圓融無礙心中。有所願求。得妙隨順。故任心自在。窮未來際。如是一類。愛樂俱順。故名福愛天。諸天之福。此最可愛。三災不及故。△岐路○或此天積福別有愛求。即希二路。阿難從是福愛天中有二岐路。隨其心念。行業所感。一直往道趨廣果天。二迂僻道趨無想天。△廣果天若於先心。即福愛天妙隨順心。無量淨光。即捨俱定所發心光也。福德圓明修證而住。於無量光中以四無量心。熏禪福慧。離下地染。備歷四位廣福所感。如是一類名廣果天。△無想天若於先心。厭苦樂而增修福德此天雙厭苦樂。深搜細索精研捨心。此兩天分岐之因心。即以定力相續功夫。深研捨心勤勇而不間斷。先捨苦樂境。次捨苦樂心。乃至捨無所捨。圓窮捨道之理。必求究竟。則身與心想俱

滅。是以捨定滅除捨心令捨心不行。思慮不起。若死灰凝定。從定生。至命終。凡經五
百大劫。身長五百由旬。卽此無想。非謂無心。但得六識現行不起。如夾氷魚。不知正是微細生滅
虛妄相想。妄謂涅槃也。△斷定錯修不獲眞果是人以無想定。但見六識不行。正是微細生滅旣
以生滅爲因。入無想定自不能發明不生滅性。成究竟果初半
劫滅。謂初生此天。習半劫始得想滅定後半劫生。此天報盡於四百九十九半劫後想
心復生。生滅中間。四百九十九劫。定力所持。六識不行。一向無想。如是一類名無想
天此色界總十八天。二屬凡位。五屬聖位。其餘皆屬凡聖同居。二凡位者。一大梵天。不達業因。惟說我
能造一切天地人物。持此驕慢。輕蔑一切聖人。故聖人不居。二無想天。不達定伏六識現行。妄謂無想。受
五百劫無心之報。是外道所修。受報已畢。復起邪見謗阿羅漢。身遭後有。復入地獄。故聖人不居。△結德
立四天通名四禪阿難此四天稱勝流者。言一切世間六欲諸苦及三

禪天三災。併諸樂境所不能動。心雖不動尚屬有爲。實非第八聖位證眞無爲眞不動地。謂此禪天。器非眞常。情俱生滅。謂之有所得心。以有劫數壽命所得。此有爲無爲聖凡之別也。初禪伏鼻舌二識。故無段食。二禪伏前五識。三禪伏意識分別現行。故得妙樂。四禪伏意識分別種子。故得捨心。以其定慧均等。能捨苦樂。幾於捨盡。亦非不動者。以其功用純熟故。四禪功行而有四支。一不苦不樂支。內心湛然。二捨支。身心俱捨。三念支。正念分明。四一心支。泯然自寂。既屬支派。故非不動。而不動者。非易可及。○莊生亦云生死不動。此尚不及禪天不動。況聖不動功用純熟。名爲四禪。△標五不還天阿難。此四禪中前天皆凡外所居。今五不還亦名五淨居。乃三果聖人卜居處。故曰復有五不還天。於下欲界中九品習氣。卽思惑種子。謂以貪嗔癡慢微細惑。爲八十一品。於三界九地。每地九品。今斷欲界一地。復斷三禪三地各九品。俱是滅盡也。苦樂雙亡者。斷欲界一地九品。故苦亡。于下

欲無卜居。復斷色界三地各九品。故樂亡。於
界無卜居。上色界無其卜居。已於四地無居。
故於捨
念清
淨地
心。衆同分中。安立居處。
○俱舍云。雜修靜慮五
品不同。生五淨居。雜修
者。以有漏無漏間雜修也。靜慮者。定慧均等之謂。五
品者下品修數息。停散亂。故生無煩天。中品修不淨
觀。停貪。故生無熱天。上品修慈悲。停嗔。故生善見天。
上勝品修因緣。停癡。故生善現天。上極品修念佛。停
障。故生色究竟天。此五皆
有加行根本作爲。△一天
阿難。苦樂兩滅。
謂苦樂未
亡時。則厭
苦欣樂。交戰胸中。故
有煩惱。今已兩亡。則
鬭心不交。如是一類。名無煩天。
欲界苦境。三禪樂境。苦樂交心。以定爲鬭。心受苦境
則用定於苦苦交鬭。心受樂境。則用定於壞苦交戰
今此天兩滅。則境不鬭心。心不交境。故爾幽清。無復
煩動。前天離離苦樂。欣厭暫伏。尚存待心。今乃雜修
靜慮。了無對待。似斷離生喜樂地之九品。故名無煩
天。盛熱曰煩。身量一千由旬。壽命一千大劫。△二天
機括獨行。研交無地。
機。弩之牙。發動義。括。箭也。即箭
受弦處。收斂義。前天鬭心不與

苦樂境交。尚存交地。今天機括獨行。起止毫無所繫。得研窮心境。所交無地。斷定生喜樂地之九品思惑。得清涼樂。則意地清涼。全無微煩之熱。如是一類。名無熱天。身量二千由旬。壽二千大劫。△三天。○前天無煩熱。但除根境交地。今天既得心地澄清。發天眼通。則能偏見十方世界。無非妙境。天眼妙見圓鑑澄。則更得外無塵象。內無識情。一切沉垢。不起。正顯定慧雙融。心境俱淨。而所見皆善。如是一類。以斷離喜妙樂地之九品思惑。妙見圓澄故名善見天。身量四千由旬。壽命四大千劫。△四天。○既得天眼圓澄。不墮塵識。今獲精見現前。應用無礙。以能見之天眼既精。則所見之習氣陶鑄無礙。範土曰陶。鎔金曰鑄。由其雜修靜慮。銷磨習氣。若陶冶鑄物。無不成就。由天眼精明現前。鑑物無礙。以斷捨念清淨地之九品思惑。如是一類。名善現天。身量八千由旬。壽命八千大劫。上品天。△五天。○前天見境無礙。此天窮境之性。故爾究竟羣幾。微地。動窮則以無漏一念熏有漏種。種念至一。故能窮色性於微而復微之性。將入無色邊際。究至於此。如則色亦盡是一類。名色究竟天。故利根者。不入四空。於此便出三界。以斷四空四地三十六品思惑。上無所居。身量一萬六千由旬。壽一萬六千大劫。○前天見境無礙。此天窮境之性。故究竟羣色之幾微。研窮色性之體性。從何而來。則了色性以空爲體故云入無邊際。前云更析鄰虛卽是空性。下文惟色與空是色邊際。是也。△結五天之勝○凡此五天。必是進向三果。得四禪發無漏慧。起熏禪業。或起一品以至九品。方始得生。凡夫無熏禪業故不得生。阿難欲生此五不還天。須是阿那含。深修無漏聖定。非修有漏凡定者。可得生也。彼諸四禪。大梵光音徧淨福愛四位天王。獨有欽聞其名。不能知其受用。見其依正。以眾天所見。唯窮捨心。此天所見窮色性性。所以異也。△以人間例明如今世間曠野深山聖道場地。如五臺天台娥嵋等。皆阿難漢亦兼菩薩所住持故。世間麤人所不能見。

則知前天不見此天明矣。△結屬色界阿難。前天既不能知。何以通名色界。是十八天一窮禪定。超越欲染。故得獨行無交。謂無情欲。雖不可見。尚有色質。故曰未盡形累自此色究竟天。五淨居天已還至梵眾。皆名為色界。

○判明無色天趣章

大意正令必依妙覺明心為因。勿遭岐路也。△欲明無色界天先標岐聖復次阿難。無色界從是色究竟有頂天。昇進色與無色相鄰處。名色邊際中。其由那含人。雖根有利鈍。皆以有頂捨心為因心而修定。故於捨心之間復有二種岐路。此明入無色界路。定性聲聞所履者。捨心有二。長水曰。一於有頂。用無漏道斷惑入空。即樂定那含也。二于廣果用有漏道。伏惑入空。即凡夫外道也。△正修大聖若迴心利根阿那含。復於捨心中研窮色性。求見眞空。捨心。即四禪捨心。以此修定因心。發明無漏智慧。頓斷上界四地三十六品俱生煩惱盡。無生智圓滿。見苦不復斷。乃至見滅不復證。故名無生。慧光圓通。便能橫出塵勞三界。

成阿羅漢入菩薩乘。如是一類名為迴心大阿羅漢。

△無色界一天空無邊處。若鈍根在捨心中修定。窮盡色性。欣上厭下。生無色界。以定力故。捨

十八梵天之樂。厭欲界六欲之苦。捨厭成就。後覺有身為其質礙。不得自在。

故修空觀。漸斷漸證。暨出三界。銷礙入空。滅身歸無。偏住空境。如是一類名為

空處。由厭色依空。名空處定。故報生空處也。△明無色界二天識無邊處。○身具百骸四肢四大和

合。故曰諸礙。前天諸礙既銷。而歸空無。是色銷空存也。今天無礙之無亦滅

見至色空俱無也。既捨於空。唯觀於識。其無礙無滅中。唯留阿賴耶識。全於

末那半分。以末那意根一半依八識。一半依六識。若是外轉緣六識所取色空影相。名麤。內轉

緣八識見分為自內我。名細。今色空既捨。則無六識塵。相故緣外末那半分之麤不存也。唯留八識。故緣

內末那半分之細現行猶存。以七緣八為自我。故云識處。微細者。以第六分別已伏。故末那半分亦伏。第六俱生微細未斷。故末那半分微細亦未斷。此厭空無邊處。空則心散凝定。遂捨空緣識。如是一類名為識處定。故報生識處。所謂捨空緣識。以識為處。乃從所緣受名。壽命四萬大劫。若非佛寫其類。愚法聲聞尚不知有七八二識。凡外那含。豈知留耶。以彼離外色空。緣內心識。便為所得故。△無色界三天無所有處空色既亡前天事畢。今憑深定伏其末那半分。不起現行執我。故曰識心都滅不緣外之色空。故曰十方寂然不緣內之識心。故曰迥無攸往。以所緣既無。能緣不行。由彼厭識無邊。緣識則心散破定。遂捨識緣無所有法。此無所有處。乃湛不搖動之處如是一類名無所有處定。故報生無所有處也。壽命六萬大劫。外道執此無所有為冥諦。△無色界四天非非想處識性不動者。前天末那現行全伏。惟存種性眠伏藏識。幽深莫動也。今天見第八湛不搖處。又更加行以滅之前天窮研於無盡性中而爲究竟。不知無金剛慧斷。不能轉。行人至此。志窮力盡。不復研眞斷惑。強發宣爲一盡性。是觀識滅以見其盡。其識性何盡也。見識不動以爲存。故如存。妄窮不動以爲滅。故又似不存。研性以爲盡。故云若盡。尚有微細流注。故曰非盡。由其厭前識處。故入有想。厭無所有處故入非無想。如是一類名爲非想。以不存若盡。故非想。以如存非盡。故非非想處。此正是識陰區宇。雖無有想之麤。而緣無想之細。壽八萬大劫。外道不了。謂爲涅槃。所以不出三界。非大乘唯識觀可比。以大乘能除我及我想。一切盡捨。是則名爲眞解脫。宋宗鏡云。六欲諸天具五衰。三禪尚自有風災。饒君修到非非想也則不如歸去來。△結無色界聖凡出墜之地、此四空天人等。自初天窮色歸空。次天滅空歸識。三天滅心歸無。四天窮識歸於盡性。如此窮空不能得盡二空妙理。是自妄想之所修證。四空雖妄亦通聖修。其聖修者。有利有鈍。利者在四禪中橫出三界。回心向大也。鈍者從五不還頂之天。那含聖道窮空而至此天

者。其根行尙眞。候其八萬劫滿。斷盡思惑而出三界如是一類名不迴心鈍
阿羅漢。因彼不能同有頂之回心者故曰鈍也。此等雖無成佛之心。亦無輪迴之日。倘遇佛回心。
亦得成佛。此是根本正者。其外道修者。有住不住。若住者從無想諸外道天受報
滿後。而起謗法。卽入淪墜。不住者。於後半劫有想。不滿夙願。奮力窮空不歸正道而至此天
其根行原邪。以彼迷有漏空。作無聞聖教之解。故八萬劫報滿。無所歸托。便入輪
轉。此是根本邪者。如鬱頭藍弗。此云猛喜。仙名也以世俗智。伏下地惑。得非非想定。具五神通。時君遵務
迎以入宮。宮中女子接足而禮。藍弗觸女手。遂生貪愛。便失神通。飯食訖。徐步歸山。故偈曰。纔生一念
欲。便失五神通。命終還墮狸身。苟不明眞認坐禪持戒爲尙者。猶宜詳此。△總結三界聖凡差別阿
難。是三界諸天上。各各天人卽各天之臣民。則是凡夫修五戒十善之
業果酬荅。故荅報盡。復入輪迴。△欲色二界彼之六欲四禪二界天

王。通乎凡聖。從凡而生者。隨酬上善業果。復入輪迴。故前云五不還天之上。四禪天獨有欽聞。不能知見聖者。即是寄位修行菩薩遊三摩提。借此天位從三漸次增進聖位迴向聖倫。為成正覺之所修行菩提直路也。△無色一界。阿難。是四空天。身心滅盡。謂前二天全無身境。故身滅盡。後二天識心現行不起。故心滅盡。定性現前。亦能隨化依正自在受用。即出定時身心俱寂。依正皆空故無業果色。唯有定果色也。從此逮至非非之終。統名無色界。△復通前總結三界。○謂自六欲以至非非想此皆不能了達自心本妙覺性。本明圓心。元無生滅業果等相故從妄積妄。發生妄有三界。所以諸天報盡。於其中間妄隨七趣沈溺。曾無休息。補特伽羅。此云數取趣。即中有身。數數受生。取著諸趣。故曰各從其類。

○別明修羅趣章

大意正明護法修德。當以忍辱居先。而七趣皆妄自造。非菩提咎也。○前但明六趣。以答云何復有之問。末云妄有三界中間妄有七趣沉溺。雖復次阿難。是標末詳。故隨天後復明之也。△標類

三界中。復有四種阿修羅類。此云非天。謂其多嗔。有天福而無天行也。亦云無端正。由男醜女美。以別立名。亦云無酒。以嗔無若和氣。釀酒不成故。△別釋隨業輕重有四生之異

於鬼道。以彼前因從鬼趣發心。能護經咒禪戒法力。故藉善力。升此趣中。乘神通入空之。界居此阿修羅。或因想多氣勝故。從卵而生。飛空而入鬼趣所攝。若謂前身於天趣中。或因損德。或天福盡故爾。降德貶墜。此趣其所卜人世居。鄰於日月。此阿修羅。從胎而出。故屬人趣所攝。有修羅王。執持世界。謂能驅役鬼神。禍福人間。其威力通徹人天。洞

無所畏。但專權不及諸天。故怒之。能與梵王及天帝釋四天爭權。
此阿修羅福力。因變化有。俱等於天。固是化生。而屬天趣所攝。阿難
別有一分下劣修羅。謂此等因行微劣。故感生大海心。沉水穴
口。旦遊虛空。暮歸水宿。此阿修羅。由因濕氣而有。以下
劣故。屬畜生趣攝。△總結七趣虛妄阿難。如是地獄。餓鬼畜生。
人及神仙。天洎修羅。若謂精詳研究七趣。皆是昏沉無明
諸有爲相。即惑業因也。妄想受生。即果妄想隨業。升沉往復之由。皆是
無明惑業爲因相。故感七趣爲果相。總是由妄想所生。隨妄業受報也。若於妙圓精明無
作本心之中。曾無七趣因果之相。而此諸有爲相在本心中。皆如空華。元無所
著。但一虛妄。更無根蒂緒之生起也。△明妄無根緒頭緒因迷而起。用答妙心偏圓

何有七趣之間。阿難。此等眾生。不識卽迷也、本心。卽妙圓明無作本心也。謂汝問此等七趣自何所有。皆因迷自本心、受此輪迴。雖經無量劫。不得常住眞心、性淨明體。永沈生死。皆由用諸妄想隨順殺盜婬而成三惡故。縱能反此殺盜婬三種。又則出生無殺盜婬之三善。若有三惡則沈墜三塗。是名鬼倫。若無三惡則飛昇天界。是名天趣。由其善惡互相有無。彼此相傾相奪故上昇下降。起輪迴性。無有盡期。若知善惡總輪迴性。須得妙性開發。而於善惡都無思量。唯修眞正三摩提者。則證本妙常寂心性。果能至此。不但善惡有無二性立滅。卽無二之性亦不可得。故曰有無二無無二亦滅。豈但超七趣生死。卽二乘涅槃亦超脫矣。如是則尚無不殺不偷不婬之三善。云何更隨殺盜婬之三惡事。△結荅前問而戒勉眞修○前問云為有定處。為復自然。彼彼發業。各各私受。阿難。由不斷殺盜婬三業。故各各有私造。因各各私造。故衆私同分之中。非無定處。言造業各私。而受報有同分地。卽別業同報也。然此別業同報。從何所有。皆自妄所業之發生。妄業既生。此妄本無有因。無因則所生之處亦無可追尋窮究。然雖因不可究。要不出三惑爲之根本。汝今勗力修行。必欲得取無上菩提。當要除此殺盜婬三惑之爲要以。蓋彼三善惡業。根於惑起。故應盡其根而除之。若不盡三惑之根本。縱得五種神通皆是世間有爲功用。非無漏淨業。惟伏現行不起種子。習氣不滅。不得漏盡。終落於魔道。於魔道中。以有爲心。修魔之行。雖欲除妄。以火救火。倍加虛偽。但自名得道。而實爲業果。如來說爲可哀憐者。由阿難初請佛體眞實。云何復有諸趣。故答云汝妄自造。非菩提咎。也。菩提。卽佛體幻化之相屬有爲菩提之心屬無作也。△誠令正說○若末世之人如我作是得菩提心。應除三惑。說者。名爲佛之正說。若讚行三惡以爲勸化之他說者。卽魔王之邪說。又若謂菩提本空。安事除惑者。卽魔之邪說也。魔王說三字。爲下文張本。上明迷中七趣之相。防護戒心。竟。下明悟中魔境之相。防護定心。

○而來凭倚章

大意詳辨魔事。令五陰之人當處禪那。直趣菩提無上覺路也。△敘事卽時如來將罷法座。於師子牀。攬七寶几。迴紫磨金色之身。巍巍如山。再來凭倚。△以施不盡深慈。△詳辨魔事普告大眾。及阿難言。汝等有學緣覺聲聞。今日既能迴心趣向大菩提無上妙覺之位。我今已說楞嚴大定眞修行法。則汝等已得明了。而猶未識修奢摩

他。毗婆舍那。定中所現微細魔事。若魔境忽爾現前。汝若不
能預識。邪正難辨恐汝洗心非正。毫有染着彼則乘隙賺引令汝落於邪見
而不自覺矣。或汝色陰中禪定所迫初心自現非有外魔。倘或復有天魔
或着鬼神。或遭魑魅。皆受想二陰心中正見不明引入也亦非有外魔
魔正現前。或認魔爲聖。或復自認證聖。皆認賊爲子。而立喪家寶矣。又復心見二魔所現
皆是行識二陰於正道中。得少爲足之過又亦非外魔矣。△舉一以例餘如第四
禪無聞比丘。但修無想不要聞法不習正定。妄言證聖天報已畢。而想
又生。於是衰相現前殊不知自已元非聖想反謗佛說阿羅漢身。非後有而我現
遭後有則知阿羅漢身遭後有由謗法故。遂墮阿鼻獄。其害至此。豈不怖乎。汝等欲
修正定。趣佛菩提。應當諦聽。吾今爲汝等仔細分別。阿難等悚

然起立幷其會中同有學者歡喜頂禮伏聽慈誨△先推眞妄生滅明動魔之端

佛告阿難及諸大衆汝等當知有漏世界十二類生本覺妙明之川覺圓眞心之體與十方佛

無二無別良由汝等衆生念妄想迷背眞理而爲過咎遂有

根本癡愛發業潤生生力發明徧迷[illegible]體故有空性是故迷覺性成

妄想晦眞空爲頑空於是化迷不息有世界生矣則此十方虛空所有

微塵國土非成無漏者皆是迷頑妄想之所安立當知

虛空生汝妙明心內猶如片雲點太淸裏耻乎小矣況諸幻化

之世界在虛空中微之又微耶但爲一切衆生以妄逐妄從迷積迷故不覺知耳設

使汝等一人能於三摩中開發眞性復歸元覺此則十方虛空

皆悉銷滅殞亡。云何空中所有之。國土而不振動崩裂
者哉。魔以暗昧為體。世界為所依。今國土振裂而魔宮必隳。此實動魔之由也。△魔怖致亂〇今者汝
輩修大禪定。嚴飾三摩地。乃歸元之妙行。若汝等發真歸元之時。自與十方
菩薩及諸無漏大阿羅漢心精通溜。混同一際。無生體露故當
處湛然。虛空銷殞。而一切魔王。及與鬼神。諸凡夫外道天等所
住宮殿。或處虛空。或處水陸。見其宮殿無故崩裂。既而大地振坼。則河
海水居之精靈。山嶽陸處之鬼怪。與夫飛騰之夜叉。無不驚慴。惟下界凡
夫昏暗。故不覺其空界遷變差訛。彼等咸得五種神通。有大
神力。未盡習漏。故曰唯除漏盡通。故習漏未盡。戀此塵勞。如何肯令汝
摧裂其宮殿處所。是故鬼神及諸天魔魍魎妖精。全依暗昧

汝等是正定發明。故各不相容。所以於汝三昧之時。僉來惱汝。理必然也。△語則勝邪然彼諸魔等雖有大怒。固來壞汝禪定彼依幽暗在塵勞內之邪人。汝得定心虛明。乃妙覺中之正七其諸惱情莫過如風吹光。如刀斷水。是知明暗二般了不相觸汝之明能破暗。如沸湯之消冰。則冰自為水彼之暗若敵明。如堅冰自溶於沸湯故謂汝禪定之煖氣漸鄰而寒凝不日銷殞。邪不能敵正。暗不能破明。彼雖徒恃神力而驚怖於外。但為其暴客。汝雖未具神通而能堅守於內終是主人。然成就破亂。非客事悉從由汝心中五陰主人。主人若自迷正念認賊為子。則客得其便。遂乘開而入劫汝家寶。若使五陰主人當處禪那。惺惺察察。不受顛頑一切覺悟。自然無惑則彼魔力雖強。其魔事無由奈汝何也。由汝陰銷而入大光明藏。則彼羣邪。咸受幽氣。住於昏沉冥漠之鄉。彼若隣近光明則明能破暗。近自銷殞。正如梟之入晝羅剎向陽。尚不可見如何安敢久留擾亂汝之禪定耶。若使五陰主人心不明悟。見虛幻境。或生恐怖。或生愛着被陰所迷。反墮類矣。彼則汝阿難必爲魔子。成就魔人。所謂化家爲國亦由汝喪身亡家亦由汝也。如摩登伽殊爲眇劣。彼唯惡咒。令汝破佛律儀。幸而八萬威儀行中。祇毀衣相觸中一威儀戒以汝心清淨故。尚未淪溺。此五陰不正所致之魔王等。又非眇劣可比。乃隳汝寶覺全身。又非一戒之比爲害甚大。喻如宰臣之家。忽逢天王籍沒。則不但失官罷職。而身且不免於刑戮。是則宛轉零落。饒汝縱有神力。無可哀救。

色陰現〇境章

大意破堅固妄想之區宇。而令見諸佛心。以超劫濁也。色陰迷悟之相。魔境從生。魔以幽暗爲性。陰以覆聚爲義。始由迷一眞而成色身塵界。是以覺塲變爲魔窟。故衆生世界以爲魔所依。今破堅固妄想。返妄歸眞。必壞色身塵界以復一眞覺塲。故於將破未破間陰境隨心轉變。以有積劫習氣。化爲種種境界。或現前功用所逼。迷失照胥。所謂化迷不息也。雖皆心現悟則無咎。以淸淨心中纖塵不立。一念纔着。便墮魔類矣。△總示色陰將破未破之相

阿難當知汝坐事理道塲者。坐入角壇爲事道塲。反聞自性。心不流逸。是理道塲。欲坐道塲。正是寂然不動時節。必須銷落堅固虛明融通幽隱微細精想諸念。前云以湛旋其虛妄滅生。如澄濁水。入其流亡所。圓覺居一切時不起妄念是也。其念若盡。則觀諸相。猶如虛空。離諸念於相。一切時。惺惺不昧。了了常知。故曰一切精明。由銷落諸念。此精明之體。則動不爲浮。靜不爲沉。此動靜不能移奪其眞也。由離念精明。故憶不爲散。忘不能昏。此憶忘之識。如一理也。此正觀行相應得力

時節。當住此離念精明之處。便可耳根思修。入圓照三摩地。不受諸受得正受也
汝等心入正定。如明目人。色陰蓋覆。如處大幽暗。心入定故。精性妙淨
色陰未破。心未發光。故目前所見塵相。皆不了徹。△斷定此則名為色陰區
局其性眞如屖宇然。卽色陰未破之相也。若使心光發洩。障礙皆通。卽目明朗。雖未圓鑒
三千。而十方洞開無復幽暗。內徹五臟。不同內無所見。外徹山河。不同外不相知
天上人間。通身徧身。酸然明白。名色陰盡。卽色陰已破之相也。謂色陰元從一念晦昧為空結
暗為色等所感。旣有身相。卽有五根攬着前境而劫奪眞性。渾濁妙明。便成劫濁。此濁離彼色陰無體故
色陰盡。空亦不留。是人則能超越劫濁。然色麤劫細。何故從而超之。以起時元無
先後。故破亦兼麤細。信哉。初時便有破無明分也。觀其色陰之所元由從父母已三
堅固妄想。內外析纖。以為其本。而成四大色身。由此四纏分一精明為視聽覺察隔

礙不一。外執四大為我所。內執四大為所有。故曰堅固妄想。二字。經末釋之。○色陰將破。有十種境。△一身能出礙境明外徹

阿難。行人未以定研真。則四大相織。心隨色陰區宇。今修禪破陰。當在此離念精明之中。正好着力精究研窮妙精明性。由斯研究。妄想不行。則四大身界虛容不相交織。念念在定究心。不持四大為我。少選之間四大各離。心出色蘊色身亦能透牆出壁。了無隔礙。此名精明流溢前境而色陰未破。斯但定中加功用行暫得如是前境虛融。隨得隨失。非為聖證。一得永得。若行人不作聖證歡喜之心。雖有此境。毫無欣羨。恬然無着。名善境界。是主正而客不得便。所謂作是觀者。名為正觀。若遇此境。妄作聖證聖解者。是主迷而客便。卽受羣邪。所謂若他觀者。名為邪觀。破壞正定也。△二身拾蟯蛔境明內徹

阿難。內徹者。復以此心精研妙明。反觀五臟。其身內徹。是人忽然光逸內身

皮膚不隔通見五臟。於其身內。以手拾出蟯蛔。未生怨經云。身有八萬戶。戶有百數種蟲蟯蛔腹中蟲也。身相宛然。亦無傷毀。此名精明流溢形體。斯但精行工夫太急。暫得如是形體無礙。非為聖證。不作聖心。名善境界。若作聖解。即受群邪壞汝正定矣。△三內涉外間境。心上之心光流逸內外。行人只顧話頭。毫不着相所以名善境界功夫驗處。今者又以此定心逼拶內外精研。其時四大虛融五臟亦化。魂魄意志精神俱無所依。醫經云魂藏於肝。魄藏於肺。意藏於脾。志藏於膽。精藏於腎。神藏於心。各各安然。於清明時。是魂為主。昏睡時。是魄為主。斂固於內。是意志為主。發揚於外。是精神為主。此皆六識用事。除第八執受身。安然不改。其餘魂魄意志精神。皆失其故位。而遞相涉入。魂入魄處為主。魄與志精涉為賓。魄入魂處為主。魂與精志意涉為賓。故曰互為賓主。此風皆聞熏種子。今因定激發。遂託神魂

現說法聲。行人不知。是以忽於空中一處聞說法之聲。或又聞十方
同時敷說密義之聲。此名精魄遞相離合。六根互用。成就善
種。故於定中偶一發露曾得如是。非爲聖證。不作聖心。名善境
界。若作聖解。卽受羣邪。古德云。纔有所重。卽非沙門△四現佛踞至境○此由反
聞功勝。心體益明。又以此心研窮其心。自然身澄露皎徹。色陰既融。身內
心光。發明於外。故十方無情世界。徧作閻浮檀金色。內念禪觀在佛
故外一切有情衆生種類。一盡化爲如來。此有諸內。形諸外也。於時忽見
毘盧遮那。此云光明偏照。又云廣生息。毘者廣大也盧遮者。生也。那者。息也。卽安國意。慈悲無
邊故云廣。智慧無上故云大。生相已盡故名生息。踞天光臺。千佛圍繞。十方土地。
皆金色者。百億國土。及與蓮華。依正莊嚴。俱時出現。所謂一華百億國。一

國一釋迦。此雖定急往昔因中曾徹見亦名聞大法而心魂故有靈悟所染名言種習。故心光研明。照諸世界。偶一發露。暫得如是。非為聖證。不作聖心。名善境界。若作聖解。即受羣邪。△五空成寶色境

又以此心精研妙明心體觀察不停。毫無間斷。抱住精明。活潑周流。纔欲念過去。隨即抑按。正欲念現在。隨即降伏。當起念未來。隨即制止。如是用功超越過分。把住不定。於時忽然見晦昧。所為十方虛空成七寶色。或增為百寶色。七寶百寶。同時徧滿十方虛空。不相留礙。青黃赤白。各各純現各色光明。不相留礙。此名抑按功力逾分。妙明逼急煥散而現。故見如此種種異境。暫得如是。非為聖證放光。不作聖心。名善境界。若作聖解。即受羣邪。若得永嘉拔四大。莫把捉。寂滅性中隨飲啄者。則無此境

△六暗中見物境○上以定制其活動處遏滅寶色。此以定澄其不亂處。暗不能昏。又以此心研究澄徹。精心發光。從定起而不亂。忽於夜半在暗室內見種種物。不殊白晝。及至天明。而暗室之物。元室中向所有之物件件如故。亦不除滅。若天明時而物除滅者。是奇怪之事。若天明時物無滅者。此名觀心細密澄。明其見。所視洞幽。此亦研究澄徹之功。暫得如是。現露。非爲常光現前之聖證。不作聖心。名善境界。若作聖解。卽受羣邪。△七身同草木境又以此心精研圓入。虛融四體。離於執受。純覺遺身。內身外境。無不虛豁。內身有執有受。外境有執無受。因識不執。故其四體忽然同於草木。火燒刀斫。曾無所覺。不惟四體同草木之無知。又則火光實貫不能燒身令爇。縱使刀割其肉。猶如削木之不痛。此名定力所持。想心亦寂。

功切至極。執受不行。則五塵併同於四體融銷故塵虛也。排四大性同於草木。故情虛也。塵情兩虛。一向入純。故心融而無傷觸也。○溫陵曰。五塵併銷。四大排遣。純覺遺身。故無傷觸。

此亦暫得如是透漏非爲聖人之證眞。色即是空。空即是色也。○昔南郭子綦隱几而坐。仰天而噓。答焉若喪其耦者然之。○不作聖心名善境界。若作聖解。即受羣邪。△八偏見依正境

又以此定心研窮欣厭。習氣內融。故成就清淨。如是內之淨心功極。自然外器虛明。忽見大地十方山河皆成佛國具足七寶光明徧滿。同居淨土也。由觀成念佛。又見恒沙現在諸佛如來。徧滿空界樓殿華麗。由昔聞地獄天堂之果報。故今下見地獄。上觀天宮。上下得無障礙。若淨若穢。無不洞矚。此名昔聞教中所說淨穢二土。隨起欣上厭下之念凝想成佛土。日深想久。而定中化

成圓融影現非爲聖人所證之光土常寂不作聖心。名善境界。若
作聖解。即受羣邪。△九見聞他方境 又以此定心研究工夫到極
深 最遠處盡眞心本徧。向爲色礙。故不遠見。今以定力精研過甚。忽於中夜遙見
遠方市井街巷。親族眷屬。或聞其語。此名迫心逼極
飛出。故多隔礙。皆能見聞也。此亦暫時光景非爲聖證無邊剎海自他不隔
於毫端之象。不作聖心。名善境界。若作聖解。即受羣邪。△十
見師體變境。又以此定心研究之工夫已到精極處。欲與聖賢心精通溜之
時色陰將破。魔宮振驚。故魔於是而興端。令行人自見善知識形體變移。少選
無端種種遷改不同此名元是行人曾有邪心。含受魑魅邪種今則
定極發露。或遭天魔入其心腹。持其心神。故令行人無端說法。又能通

達妙義漸發狂慧。其非爲聖人之證。行人至此。雖不爲色陰拘攣。復爲魔冒繫縛。故用心者不可不容也。不作聖心魔事銷歇。若作聖解即受羣邪。△誡最深防

阿難。如是十種禪那現境。皆是行人自己禪觀與色陰妄想之堅固用禪定心與之交攻互戰。若一念頓破根本。五陰齊消。則無此境。若交戰未當。或勝或負。故現斯十種魔事。如一善境界現。即是觀力勝妄想。若暫現復隱。是妄想勝觀力。由互出互入。不得互融。此魔之所以乘間而入也。眾生頑迷。不自忖量。自己平日之見地。與佛何似。近日之功行。與佛何如。而一逢此因緣境界。迷不自識。謂言登聖。是未得謂得。未證謂證。大妄語成。墮無間獄。所謂初登於天。後入於地也。若不作聖心。色陰盡而入七信。前云汝等有漏聲聞緣覺。今日迴心趣大菩提。汝猶未識修奢摩他。毘婆舍那。微細魔事。魔境現前。汝不能識。洗心非正。落於邪見。汝等當依如來

實語。於我滅後。於末法中。有修正定之者。宣示斯作解不作義。使其預知。無令內之陰魔。外之天魔。得其方便。以受羣邪。更以神力冥加。保任維持。遮覆容護。而直令成無上道。結破色陰十種境界竟。

○受陰現境章

大意破虛明妄想區宇。令心離形以超見濁也。入結前起後明受陰破未破之相。阿難。彼善男子修三摩提大定。前於奢摩他容觀中。將色陰堅固妄想已盡者。四大既消。心能出礙。故見諸佛心現於觀照之中。如明鏡中。顯現其像。然色質宛存而曰破者。不為色礙而得戒蘊也。然佛心無相而見現像者。乃奢摩他觀心中所變緣影。非真見佛心相也。圓覺云。寂靜奢摩他。如鏡照諸像。若有所得其體。而未能柄體發用。心雖出礙。身根猶存。蓋有領受之執也。受陰未破者。而上見佛心同己之精明。猶如魘人手足宛然。見聞不惑。喻若有所得。受陰領納前境。不得心之自在。如魘人心觸客邪。而不能動。喻而未能用。現有體而不能用。此則名爲受陰區宇。○心本不局陰中。因無始時來。迷則過去生屬前陰。未來生屬後陰。現在生屬現陰。故不能離身自由。今加觀行。使受陰破時。若人魘咎歇。無所執受。故身不礙。心。則手足而能善用。其身在心中。得意生身。故能離身返觀其己面。此見聞之有用也。心去心住身界自由。無復留礙。名受陰盡。此受陰元爲身見之本。見者推求執受之義。因見有根身苦樂憂喜捨可愛故。受陰不盡。見之取著身不解脫。名爲見濁。今受陰盡。身見解脫。是人則能超越見濁。觀其所由。以虛而受違順之幻境。以明而生損益之妄想。故名虛明妄想以爲其本。○明受陰十境。內抑生悲境△阿難。彼善男子。色陰破盡。當在此色陰破而受陰現前之中。向色陰未消。心未發光。今以觀消盡。得大光曜。即見十方洞開。無復幽暗。其心發明一切眾生。同具佛光。杆受輪迴故。而受陰尚在區宇。故於定中。自責自咎。不發悟而度生也。如此用心太急。內抑領納之受。意欲發破度生加功用心過分。忽於其心過分處。發無窮悲。此乃宿有悲苦眾生之善種。今被觀力激起。不待異熟識發。如是觀水陸空界一切眾生。乃至觀見蚊蝱。猶如已之赤子。見其苦惱。心生憐愍。不覺流淚。此同是同體之悲。但名功用抑摧過越而發。於正受中。不宜有此。行八若悟知是非。還顧本參。則謂停無咎也。非為聖證。觀三界如一子。覺了不迷。久而淚自銷歇。若主人不明。認作聖解自得諸佛菩薩同體大悲。則有悲魔乘間入其心腑。見人則悲。啼泣無限。失於正受。正受屬定。邪受屬魔。既失正受當從淪墜。所謂如宰臣家。忽逢籍沒也。△二感激生勇境阿難。又彼定中諸善男子。

見色陰銷。受陰明白。猶是大光耀之勝相現前。謂一向但聞即心是佛。未曾親見。今始得本來佛性。遂感激過分。忽於其光耀勝性之中。生無限勇。其心猛利。志齊諸佛之地。謂三僧祇。一念能越。不知理雖頓悟。事要漸除。此名功用陵茂輕率過越。○南岳云。不從諸聖求解脫。青原云。聖諦亦不為。豈非陵率過越乎。斯由高觀聖境。畏難不進。故以此語激之耳。豈知偽山有信位人位之別。長沙有因果涅槃之語哉。可破色陰之聖人。謂三祇劫一念能超。尚名陵率過越。狂魔入心。今之自謂得向上一着。效顰呵佛罵祖者。不知破幾陰得何位次。亦敢大言自誇。我慢恣肆。恬不知恥。聖有明文。當自警省。○若具正眼者自悟為非。則無過咎。此非為聖人之證。如是覺了。不破陰迷。久則自心然此銷歇。若作聖人之解證。則有狂魔入其心腑。見人則誇。我慢無比。其心亦謂天上天下。唯吾獨尊。世出世間此法最勝。從慢積慢。乃至上不見有佛。下不見有人。失於正受。當從淪墜。△三智衰生枯境　又彼定中。諸善男子。見色陰銷。受陰明白。欲得前進。受陰功夫未成。故無新證。欲退色陰已盡故歸失故居。由智力衰微。則隳進退兩者之間。無所依倚。入中隳地。則後前皆迷。迥無所見。心中無慧水灌溉。工夫無所措手。忽然生大枯渴。於一切時。深思沉憶。不敢散失。復將此沉憶不散。以為勤精進相。此名修心無慧。而自失也。若悟速改。則得無咎。者此非為聖證。若以沉憶不散。當作聖人之解。則有憶魔乘閒入其心腑。旦夕撮心。懸在一處。失於正受。當從淪墜。○置心一處。無事不辦。何故此中撮心一處者反失正受。此為散亂多者作對治藥耳。非懸心一處為精進也。△四慧勝懷疑境　又彼定中。諸善男子。見色陰銷。受陰明白。慧力過於定力。則過失在於猛利也。以諸勝性懷於心中。謂佛性本來具足不假修成。故自心已疑己是盧舍那。更不求進。得少為足。此名用心定少慧多。忘失恒審。唯溺於已知。見性即佛知見。故執悟廢修。若速知非。則無過咎。此非為聖證。若常作聖人之解。則有下劣易知足魔來間入其心腑。見人則妄白而發狂。言我得無上第一義諦。失於正受。當從淪墜。△五歷覽生憂境

又彼定中。諸善男子。見色陰銷。受陰明白。其心欲進。而受陰亡。人未就。故新證未獲。若欲退其故居。色陰之觀心已亡。如是歷覽。色陰已盡。受陰非實。於此二際。俱難依倚。如履懸巖。自生艱險。由宿昔憂愁種子。彼定激發。於心忽然生無盡

憂。如坐鐵牀。如飲毒藥。心不欲活。常求於人。令害其命。早取解脫。此乃元從戒慎恐懼中來。但彼名修行太急。失於方便。遂至如此。悟如是非則無過咎。此非為聖證。若以憂心當作聖解。則有一分常憂愁魔乘閒入其心腑。手執刀劍。自割其肉。欣其捨壽。或常憂愁。或常走入山林。不耐見人。失於正受。當從淪墜。△六心安喜生境　又彼定中諸善男子。以定力研窮。見色陰銷盡。而無質礙。見受陰明白。處清淨中。心安隱後。忽然自有無限喜生。殊不知大事未明。如喪考妣。大事已明。如喪考妣。縱少有得。亦何可樂。若有樂之字。則不清淨矣。況一心中歡悅不能自止。此名定深而得輕安。奈無慧心自禁。若悟喜心為非。則無過咎。此非為聖人所證。所謂有所憂患。則不得其正。有所好樂。則不得其正。若以此清當輕作聖解。則有一分好喜樂魔乘閒入其心腑。或見人則笑。或於四衢路傍。自歌自舞。自謂已得無礙解脫。如刀山火聚。總是道場。酒肆婬房。無非解脫。失於正受。當從淪墜。△七自足生慢境又彼定中。諸善男子。以定力研窮。見色陰銷盡受陰明白處自謂修行已足。忽有無端自高自大我慢心起。而眇視諸聖也。言我慢者。只是恃己而凌人傲物也。此我慢雖爲七慢之一。亦爲諸慢之總也。如是乃至彼劣己勝。恃勝爲慢。與夫彼此同德。獨稱己勝爲過慢。及以彼勝己劣。稱己爲勝者。爲慢過慢。或自未得言得。爲增上慢。或對多勝者。自甘劣下。不敬不求。爲卑劣慢。摧毀經像爲邪慢。總舊時慢習一時俱發故心中尚輕十方如來。何況下位聲聞緣覺而不輕乎此名唯見已靈為尊殊勝。是以無慧自救。成其諸慢若悟諸法平等。無有高下。則尚不見有一眾生可慢。況諸聖可慢乎。如是悟則無咎。此之見勝非為聖人之證。若常作聖人之解。則有一分大我慢魔乘間入其心腑。卽近代此魔徧地。皆不禮塔廟。摧毀經像。謂檀越言此是金銅。或是土木。經是樹葉或是氈毳。計肉身為眞常活佛。不自恭敬。卻崇土木。守鄙語為無字眞經。何用樹葉氈毳。實為顛倒。信口自肆。大言不慚，欺已欺人，昧天昧地。質之於經。當入阿鼻。可不畏哉。令其深信者從其毀經碎佛，埋棄地中。疑誤眾生。入無間獄失於正受。當從淪墜。〇臨濟之不禮塔廟。丹霞之燒木佛。德山說一大藏如拭涕唾帛崖頭說祖師言句。是破草鞋。非大我慢乎。此為執外求而不達自心。執言教而不肯進修者，故作此峻

厲語以激之。此一片眞慈心也。誰曰慢心。若使祖師眞有慢心。則亦不免泥犁。況其他乎。△入悟理生安境

又彼定中。諸善男子見色陰銷。受陰明白。色陰已破故

於精明中。而受陰將盡。故能圓悟精理。理隨觀顯。無有障隔。得大隨順。身心調暢故其心忽生無量輕安。而自已言成聖。得大自在。不求前進。此名因慧。而智獲諸輕淸。悟則無咎。非爲聖證。殊不知縱有妙悟。也須叫邪。若以輕淸常作聖解。則有一分好輕淸魔。乘閒入其心腑。自謂滿足。更不求進。此等多作無聞比丘。謂無多聞慧。不達禪支。妄生止足。生疑生謗。墮大險坑。亦疑誤衆生。墮阿鼻獄。失於正受。當從淪墜。△凡得性歸滅境

又彼定中諸善男子。見色陰銷盡。受陰明白。因前定力空慧現前。故於受陰將盡。在明悟之

中。而得虛明體性本無一物。其中忽然歸向永滅。撥無因果。一向入空。空心現前。乃至空心。遂爾生長斷滅見解。而入增上慢空。豈知但空二陰。尚有三陰在耶。若悟此空爲非。則無過咎。此非爲聖人所證之眞空。若作聖解而不改。則有空魔乘閒入其心腑。乃謗持戒名爲小乘。大乘菩薩祇悟空理。有何持犯。其人常於信心檀越飲酒噉肉。一切皆空。廣行婬穢。無非道。是其前信心之人。一向歸依三寶。見此着之人。因當除其過惡。此人既魔。因魔力着體故。以巧妙言辭。攝其前之信心人。不生疑謗。△出其生疑謗之法。○此人鬼心久入。或食屎尿與酒肉等一種俱空。以此邪法所以令正信者而反信邪法。不生疑謗如是。破佛律儀。自誤入罪。令人誤墮無間不可入罪勝記豈知皆足魔力所着魔口所說哉失於正受當從淪墜。○如誌公羅什三車覗子酒肉布袋等則又何如。此皆是菩薩應身借此以作佛事而爲人解粘去縛豈撥無因果也△十味明愛生境文

彼定中。諸善男子。見色陰銷。受陰明白。以定力研窮受陰將盡內外虛味着明。其虛明以爲勝境遂深入心骨其心忽有無限愛生盡禪定中妙樂非世樂可比。自在受用靡不如意若愛極發狂。便爲貪欲。此名定境安順入心不同魔入。若無慧自照而缺操持遂致誤入諸欲若主悟得不受諸受方名正受便不躭味。則前去可期無過咎也。而此虛明非爲聖人所證。若作聖解。是主迷客便則有欲魔乘閒入其心腑。反自謂言。一向說欲爲菩提道自誤緇衣文且化諸白衣。不分僧俗平等行欲。其行婬者。名持法子。神鬼力故。世之好欲者多癡欲

者乃少。於末世中。攝其凡愚。特轉化引其數至百。如是乃至

一百二百。或五六百。多滿千萬。魔心生厭。離其彼貪定之

人身體。全無威德威德既無。陷於王難。疑誤衆生。人無間

獄。失於正受。當從淪墜。夫受有三。着境分十者。悲哀衰微。憂懸逆之苦境也。勇猛

大喜。我慢貪欲。順之樂境也。輕安。空心。疑慮。不違不

順之境。主人若悟。正定以持。戒爲本。主人若迷。邪受

以破戒爲由。非經以御女之婬術。攝阿難之戒體。況

救戒體。法破婬機。令於耳根入三摩地。則錯亂修習

究轉零落。無可哀救也。△誠最深防阿難如是十種禪那現境。皆是定力

與受陰虛明妄想。用心交互。定者不受諸受。陰者有受之受。有無相傾。故曰交互。由無

明末盡習。隨定現。故變現斯事。衆生頑迷。修行。不自忖量。五陰方破

二陰逢此。內受之因。外魔之緣。若主人迷。不能自識。而生悲喜等。生謂

言登聖。不知有佛一見於胸中。亦是魔境。故汝內心一動。外境即入。現前大妄語成。死後墮無間獄。汝等既領色陰十境之旨。亦當將如來受陰十種之語。於我滅後。自一傳十。示諸末法。徧令法界眾生開悟斯義。無令天魔得其方便。若心着境。境隨心變。失正從邪。理必然也。若徧宣示。保持覆護成無上道。已上受陰十魔竟。

○想陰現境章

大意破融通妄想之區宇。而令覺明虛靜。以超煩惱濁也。△結前起後。明想陰盡未盡相。阿難彼善男子修三摩提受陰盡者而成定蘊。則見惑已盡而分別我執亦盡。然思惑未除。俱生我執猶在。故曰雖未漏盡。受在。則耶識執受色心相纖。爲根塵所凝。如鳥在籠。受陰已盡。色心不纖。故能心離其形。如鳥出籠。所向自在也。以已此離形之心。

能成就從是凡夫身。三漸次行。上歷菩薩六十聖位。至妙覺之果。以顯圓悟圓證不歷僧祇。故曰從凡歷聖。得意生身。如羅漢山壁出之直度。如意速疾。隨往無礙。非地上三種意生身也。○六十聖位者。孤山謂三漸次。至五十五位。及等妙。如瑜伽
師地論六十二種有情之類。一名那洛迦。至六十名
菩薩。六十一名如來。六十二名輪王。又不同此前云
從是漸修。安立聖位者。以三漸次之行。成五十七位
之果。今云從凡歷聖。或非本經實證之名。若是實證
何以破後三陰現境。生遭王法。死墮無間。問。不於色
陰中明六十聖位。而於受陰中明者何也。荅。色陰屬
色法。受陰屬心法。故色盡以見佛心。受盡心離其形
雖成歷聖位之基。尚有未破之想。但得意生身隨往
無礙。雖得意生身。亦非離色身。但不執受也。意生身
者。亦名意生法身。由離執受。超乎色根。所去迅速如
意根故。此是羅漢所得。非地上所證。大慧菩薩問佛
何名意生。佛言譬如意去。速疾無礙。又以二意釋之
初云如十萬由旬外。憶先所見。念念相續。疾至於彼
次云如幻三昧力。憶本願故。生諸聖中。今者想陰未

盡。譬如有人重睡。魔各雖歇而熟寐未醒。猶作寐言是人雖則寐中有言。無別所知。若寐言者其言已成音韻。業已有倫次而不紊亂。令不寐者咸悟其語。此喻如想陰未破者。自已雖有聖位。自不能知。惟諸佛在醒處能知此人從凡身。上歷六十聖位。已成次序而不紊亂矣。此則名為想陰區宇。乃想陰未破之相也。想陰盡相者。想相為情。識情為垢。若醒時動念已盡則取境之浮想銷除。故爾於本覺虛明之心。如鏡去塵垢。想消行現。故三世分段一倫生死。生則不見首來之相。死則不見尾去之相。如此圓照。名想陰盡。以煩惱濁依想陰而有。由性發知見。容現六塵以成濁。今念盡想消。生滅心滅。是人則能超煩惱濁。觀其想陰之所由。想非一時。融通三世。先前歷境。今忽念緣現前歷境。後忽取想。以想能融遍心生形取。故云融通妄想以為其本。上明想陰始終相竟。○別

釋想陰十境。見惑是受陰根本。故前十種皆言見色陰銷。思惑是想陰根本。故十種魔境。皆由貪愛而起

△一貪求善巧境

阿難彼善男子。受陰旣盡。其心離形。作用自在。無不虛妙。故不遭前十種邪慮。由前二陰破盡。於諸前塵不起分別。成一精明。故曰圓定發明。三摩地中心生愛樂。欲令妄想盡而覺心圓明。無不了知。故勇銳其精思。貪求其善巧。爾時外之天魔候得其便。前行人受陰未盡。魔入行人心驕。令受陰已破。無有納受。故天魔即飛遣精靈附其傍人。口說經法。以扇惑其行人。自壞禪定耳。此即魔之善巧其魔附之人。亦不覺自己是其魔着。而自言謂得無上涅槃。來彼求巧善男子處。敷座說所附之法。投其所好。作諸善巧。其形斯須。或作比丘。令彼人見或爲帝釋。或爲婦女。或比丘尼。或寢暗室。身有光明。

如是說法變形蟲惑人心是求巧人愚迷無知見斯巧事惑此附人以為菩薩以巧
合巧復肯傾心信其教化搖蕩其向所修之定心欲破佛之律儀
於暗室中與所附之女人潛行貪欲果落魔之計也想屬融通故多以變化為相濁屬煩惱故
多以貪欲為境若行人智眼明徹戒根堅固開口便見其膽反上三語作照魔之鏡安能惑亂所以根本
戒中不如此說即波旬說也此魔附之人正行欲時恐行人迴光自照先心則又巧言令色口中
好言災祥變異總是惑亂人心之語祥則或言如來某處出世災則
或言劫火或說刀兵恐怖於人令人不計貪欲之事致其家資
無故耗散此名怪鬼即是貪習遇物成形所以年老方成魔使此即天
魔飛遣之精靈以惱亂是修行人魔鬼既久厭足心生去彼所附人之
體而求巧之弟子與說法之師俱陷王難汝當先覺凡有毀戒誘婬

者便知是魔决不隨彼脚跟轉故不入輪迴若迷惑不知被彼所轉則墮無間獄無疑矣覺迷二字凡聖同途可不信哉△二貪求經歷境阿難又善男子受陰虛妙不遭邪慮圓定發明三摩定中心生愛樂遊蕩諸佛剎土豈知無邊剎海不隔毫端若果熟因圓自然發現何必貪求今則飛其精神思念貪求經歷國土當爾心求經歷之時天魔候得其便飛遺精靈附傍其人口說經法其之魔附人亦不覺知魔之所着亦言自得無上涅槃來彼求遊善男子處敷座說法自形無變其聽法者忽自見自身坐寶蓮華全體化成紫金光聚一眾聽人變化如是各各變化亦如是得未曾有不自變形而變他形成佛者由彼貪求經歷佛土故即現佛國以投其所好也是修定

行人。愚迷無知。惑為菩薩媱逸其心。全無拘止。破佛律儀。潛行貪欲。口中好言諸佛應世。某處某人。當是某佛化身來此。某人即是某菩薩等。來化人間。其行人見各各身是佛身。復聞其說。故心生傾仰。如渴求甘露。如是邪見密興。種智銷滅。此名即是媱習遇風成形之魅鬼。今為魔使以至年老成魔。惱亂是修行人。魔鬼既久。厭足心生。去彼所附人之體。貪遊之弟子與說法之師。顯異惑眾。破人首出。俱陷王難。汝當先覺。凡有毀戒誘媱者。便知是魔。決不隨彼脚跟動轉。則不入輪迴。若迷惑不知。墮無間獄。覺迷二字。凡聖分途。可不信哉。△三貪求契合境

又善男子受陰虛妙。不遭邪慮。圓定發明。三摩地中。心愛綿密也。溜合也。謂欲以此心上契諸佛。下合眾生。殊

不知工夫若到寂滅現前時。自然上同下合。不必貪求也。今則密滔澄其精思。貪求契合。正爾之貪合時。天魔候得其便。飛遺精靈。附其傍人口說經法。其人被鬼所附。而實不覺知。自是魔著。亦言自得無上涅槃。來彼求合善男子處。敷座說法。痴惑行人。自壞禪定。此魔之善巧也。其形及彼聽法之人。外無遷變。由行人行貪契之心。故魔亦現默契之事。令其聽者未聞法前。心自開悟。念念移易。轉轉不同。或得宿命者。是已尋常未知。今忽知也。或有他心者。是彼尋常所念者。今亦知其所念也。或見地獄。或知人間好惡諸事。或口說偈。或自誦經。此皆是現齊機之事。各各歡娛。得未曾有。是行人愚迷無知惑為菩薩。亦纏綿生愛。遂其心之所求也。破佛律儀。潛行貪

欲。行人既墮魔境中。而魔口中好言佛有大小。某佛先佛。某佛
後佛。其中亦有眞佛假佛。男佛女佛。菩薩亦然。以如是妖
言竦動行人。其行人既見目前有密契之事。又聞魔口出妖異之語。故洗滌本
有之定心。易入邪悟也。此名誑習遇畜成形之魅鬼令爲魔使。以至年
老成魔、惱亂是人。厭足心生。去彼人體。弟子與師。俱
陷王難。汝當先覺。不入輪迴。迷惑不知。墮無間獄。△四
貪求、辨析境又善男子受陰虛妙。不遭邪慮。圓定發明。定力
研窮想陰漸消。行陰將現。故於三摩地中。心愛根本者。求萬物之本也。窮覽
物化性之終始。如烏何因而黑。鵠何因而白。一一要了元由。必致精神通爽其
心。毫無疑滯。是故貪求辨析然此皆是如來盡性之妙而秘心妄冀。由此一念。即是招魔之

蟲。爾時天魔候得其便。飛精附人。口說經法。其人先不覺知魔着。亦言自得無上涅槃。來彼求物化性元善男子處。敷座說法。身有威神。摧伏求者。謂以魔力攝伏人心也。故令其座下雖未聞法。自然心伏。是諸人等。領荷邪法。展轉化導蟲惑人心者也。由彼行人貪求化元。所以魔及魔人。將佛涅槃菩提常住法身。謂卽是現前我肉身上。父父子子。遞代相生。卽是法身常住不絕。父現在生子。子後世生父。曰父父。子後世生父。父後世又生子。曰子子。猶不知父母子孫相生不斷者。是婬殺盜貪為本。轉認相生為父子之始終也。此中不唯世間正報指現在。卽出世依報正報。亦指現在。故曰都指現在卽爲佛國。無別淨居。尚不知心淨則土淨。是認臨土為佛國淨居之根。又及不知覺行圓滿成佛金相。是認現在肉身為金色相之根。如是一切都指目前斷滅者爲常住。本穢汙者爲清淨根。以投其所好。其行人既信受其言。遂亡失先修定之心。故身命歸依。卽信目前父父子子遞代相生者爲物化元。得未曾有。於是日將魔心魔語推究以爲至理。是等愚迷無知家中內外不分惑爲菩薩。永爲魔眷推究其心。穢言熾惑破佛律儀。潛行貪欲。正行破戒之時。猶恐持戒心現魔則又以言蓋覆。口中好說卽證之言眼耳鼻舌。皆爲淨土。男女二根。卽是菩提涅槃眞根本處。魔之惑人。計已甚矣。若是正氣之人。豈爲所惑。彼無知者。信是印證之穢言。安有不惑者哉。此名怨習遇蠱成形之蠱毒鬼及誑習遇氣成形之魘勝惡鬼。今爲魔使以致年老成魔。由彼貪求辦析故現蠱形以惱亂是人。厭足心生。去彼人體。弟子與師。俱陷王難。汝當先覺。不入輪迴。迷惑不知。墮無間獄。△五貪求冥感境○懸應在畢冥感在己功深行著。感應自符。豈可以定心愛諸佛之感應。周流精研哉。又善男子。受陰虛妙。不遭邪慮。圓定發明。三摩地中。心愛懸遠也。感此應彼。即爲懸應日用周流精研。感應工夫。故曰貪求冥符感應之道。殊不知正定之心。寂然不動。本無希慕之功。既著自然冥符感應。若起心求應。即爲病矣。爾時天魔。候得其便。飛精附人。口說經法。其人元不覺知魔着。亦言自得無上涅槃。來彼貪求冥應善男子處。敷座說法。能令聽眾暫見其身。如百千歲者。此魔現老人之相也。正示懸應之徵。故行人心生愛染。而不能捨離。願身爲奴僕。四事供養。亦身不覺其疲勞。各因見其年老。令其座下人心。各各知是先輩師長。本善知

識別生法愛黏如膠漆之固結不能解而得未曾有是人愚
迷無知惑爲菩薩日日親近其心不知不覺遂將佛子轉爲魔眷破佛律
儀潛行貪欲其魔既許現冥感之事口中好言冥感之語我於前世
於某生中先度某人當時是我妻妾兄弟今來相度
與汝相隨歸某世界供養某佛或言別有大光明天
佛於中住此天乃是一切如來所休居地彼無知者安得不信
信是虛誑遺失本心此名厲鬼即嗔習遇衰成形以至年老成
魔今爲魔使惱亂是人厭足心生去彼人體弟子與師俱
陷王難汝當先覺不入輪迴迷惑不知墮無間獄六△
貪求靜謐境○此節貪求靜謐句似與後節貪求宿命句前後顛倒此文多示宿命後文多示靜謐故也

又善男子受陰虛妙不遭邪慮圓定發明三摩地中夫心亡則境寂念動則緣生今不治心歷位而反心愛定境且欲研窮深入剋已工夫不計辛勤樂處陰隱幽寂之地所謂深固幽遠人所難到而欲深入故曰貪求靜謐是故得在於心失在於外也爾時天魔候得其便飛精附人口說經法其人本不覺知魔着亦言自得無上涅槃來彼求陰善男子處敷座說法令其聽人各知宿世本業惡因或於其處語一人言汝今未死已作畜生勅使一人於後蹋尾頓令其人起不能得示宿命通也以此相合其愛於是一眾無不傾心欽伏有人起心已知其肇示他心通也佛律儀外重加精進詐現苦行如拔髮熏鼻臥杵臥棘之事以如是行誹謗比

丘之不及。罵詈徒衆之懈修。攻訐發露人之私隱事。不避高明之
譏嫌。示眼耳通也。口中好言未然禍福。及至其時。毫髮無
失。此名慢習空行之大力鬼。年老成魔。正詐現天耳眼通。詐不信伏。魔雖有五通。
變此塵勞。惱亂是人。厭足心生。去彼人體。弟子與師俱陷
王難。汝當先覺不入輪迴。迷惑不知墮無間獄。△七貪求
宿命境 又善男子。受陰虛妙。不遭邪慮。圓定發明。三摩
地中。忽然想起宿命通之種習來。夫知見無見斯即涅槃。今者心愛知見。謂世人不知。而
己所獨知。世人不見而己所獨見也。由愛知見故不辭勤苦而研究尋討三世之境而
欲盡知。貪求宿命。宿命者。小乘修成。大乘發得。令進不修。發退不待修作念求之故招魔事
爾時天魔。候得其便。飛精附人。口說經法。其人殊不

覺知魔着。亦言自得無上涅槃。來彼求知善男子處數座說法。是修禪定之人。無端於說法處。得大寶珠。此默示宿命之事以應其貪。其魔或先時化爲畜生。口銜其珠。及雜珍寶簡策符牘。簡者古無紙。以竹爲簡。書事於上曰簡。策是籌策。軍中之事曰策。符是符命。天子遣將。有銅符虎之命。或以銅爲之。或以竹爲之。命書於上。中分半付與將。半存於內。故符字從竹。從付曰符者。契也。有機密傳宣。合符取驗爲符契也。牘者簡屬。木片爲之。故字從片。有事鉛槧其上曰牘。諸奇異物。先授彼之所附人。而後着其體。或欲誘聽法人衆。於先許現珠寶。藏於地下。而後謂人言此地之下。有明月珠。照耀其處。以此三番鬼計合機。令其是諸聽者。得未曾有。若非知見廣。何以知此地有珠耶。或多食山中藥草。不餐人間嘉饌。或靜坐時。日餐一麻一麥。

其形比食嘉饌。愈見肥充。此皆魔力持故。詐現隱異之事。以悚動人心。而反以己食藥草麻麥。誹謗比丘。乞食應供。徒眾不依。則罵詈徒眾。逼正人以崇邪也。或有智者談論。不避譏嫌。口中更出隱異之語。好言他方寶藏。十方聖賢潛匿之處。隨其後者。往往見有奇異之人。而為應驗。鼓揚眾志。人安得不信哉。此名山林土地。京省城隍。川流嶽瀆。幽鬼神明。年老成魔。巧應人心。使此魔黨成羣。非止一種。尤盛於世。或有宣婬破佛戒律。左傳陳靈公宣婬於朝。君臣爲謔是也。與承事者。潛行財等五欲。或有自行精進。純食草木。無定行事。惱亂是人。世有不好食而圖財寶。不好施而好奇異。不安分而好宿命。皆斯知見也。厭足心生。去彼人體。弟子與師多陷王難。汝當先覺。不入輪迴。迷惑不知。墮無間

獄。△八貪求神力境

又善男子。受陰虛妙。不遭邪慮。圓定發明。三摩地中。忽然想起神通種子來。心愛神通者。心希此身。出沒隱顯。種種水火變化之事。令深研窮究變化之元本。故貪取神力。若正定滿足。六根自然互用。豈可貪求。一着貪求。便招魔事。爾時天魔候得其便。飛精附人。口說經法。其所附之人。誠不覺知魔著。亦言自得無上湼槃。來彼求通善男子處。敷座說法。是魔所附之人。詐現十八神變以惑人。或復手執火光。手撮其光。分於所聽四眾頭上。是諸聽人。頂上火光皆長數尺。亦無熱性。曾不焚燒。或水上行。如履平地。或於空中安坐不動。或入缾內。或處囊中。越牖透垣。曾無障礙。唯獨怯於刀兵。不得自在。此足知邪魅不實。若如來神通。刀兵悉化爲蓮花。飛鎗飛箭停住空中。刀叚叚壞。不能加害。豈有不自在耶。自言是佛。身着白衣。受比丘禮。謂正爲邪誹謗禪律。罵詈徒眾。攻發人之私事曰訐露人事。不避譏嫌口中常說神通自在。以惑人也。或復令人傍見佛土。鬼力惑人。非有眞實。讚歎行婬。不毀麤行。將諸猥媟。以爲傳法。足徵爲魔說此名天地大力山精海精風精河精土精一切草木積劫精魅。或復龍魅。或壽終仙再活爲魅。或仙期終計年應死。其形不化他怪所附。此本於見習乃遇精成形。名魑魅鬼。以至年老成其魔使。惱亂是人。厭足心生。去彼人體。弟子與師多陷王難。汝當先覺。不入輪迴。迷惑不知。墮無間獄。△九貪求深空境　又善男子受陰虛妙。不遭邪慮圓定發明。以想陰漸破。行陰將現。故三摩地中。忽然想起寂滅爲樂之種來。夫卽色明空者是智。愛滅求空者是惑。今者心愛入滅。研究化有歸無之性。貪求深空。爲寂滅樂。殊不知妄想息而眞空顯。生滅除而寂滅現。若起心着空。已是不空。爾時天魔候得其便。飛精附人。口說經法。其所附之人。終不覺知魔着己心。亦言自得無上涅槃。來彼求空善男子處。敷座說法。因貪空而現空。以投其好欲。故於大眾內。其形忽空眾無所見。還從虛空突然而出。成其存沒自在。或現其身。則能化質礙。洞明如琉璃。或垂手足。則化腥臊手足。作旃檀氣或大小便。如厚石蜜。此魔詐現如是空相。恃已邪空而誹謗戒律。輕

賤出家。口中常說斷滅空法。無因無果。一死永滅。無復後
身。及諸凡聖。雖得空寂。潛行貪欲。所謂口便說空。行在有中。受其
欲者。亦得空心。撥無因果。儒曰。感應。易曰積善之家必有餘慶者。天道福善禍
淫。老子云。天網恢恢。疏而不漏。孔子曰。敬鬼神而遠之。非其鬼而祭之。又曰爲之宗廟。以鬼饗之。春秋祭
祀以時思之。慎終追遠。民德歸厚。又曰宗廟致敬。鬼神著矣。孝悌之致。通乎神明。此因果可徵矣。朱子言
人死後。形既朽滅。神亦飄散。雖有剉燒舂磨。將安所施。是以冥府十王。不足信也。此言謬甚。若謂神飄散
何以藥師本願經云。錄其精神。在閻羅王所。辨覈此是非。儒謂祭鬼神何以別焉。△令人識名以嚴防此
名杜習所成。日月薄蝕。經史皆作食。韋昭曰。氣往迫之曰薄。形虧毀之曰蝕。故曰薄蝕。京房
易傳曰。日月赤黃爲薄。或曰不交而食爲薄。精氣流注化爲金玉芝草麟鳳者休
徵類。之龜鶴者。延年之類。故經千萬年不死而爲靈。皆本於杜習貪明。令

則出生國土。爲衛爲瑞。以至年老成其魔使受魔所遣。惱亂是人。厭足心生，去彼人體。弟子與師，多陷王難。汝當先覺，不入輪迴。迷惑不知，墮無間獄。△十貪求永處境又善男子，受陰虛妙，不遭邪慮，圓定發明。想陰漸消行陰將現後於三摩地中。忽然想起求長壽得長壽之趣來夫欲長壽必修福善陰隲豈隨心愛而空求者得乎今者其心忽愛長壽。不辭辛苦。窮研幾微相而生貪求永歲。是猶棄分段生死。三界惑盡。分段方離。如二乘無學。登地菩薩。皆得變易。今想陰未得盡盡無餘。而欲於分段身上頓希變易細相常住。而爲永壽。此中所希是羅漢果。若行陰破後。自然得之。今躁求速得。爾時天魔候得其便，飛精附人，口說經法。其人竟不覺知魔着，亦言自得無上涅槃。來彼求生善男子處敷座說法。好言他方。往還無滯。或經萬里。瞬息再來。至遠而近也。皆於彼方。取得其物。使人知是萬里。瞬息求而無疑。或於一處在一宅中。數步之間。令其從東詣至西壁。是人急行。累年不到。至近而成遠也。此地之可縮可舒。以時之可延可促。皆魔詐現。以投其好也。因此之故行人心生敬信疑魔附之人是佛現前爲是認優孟爲叔敖也口中常說。十方衆生。皆是吾子。我生諸佛。我出世界。我是元佛。出世自然。不因修得。正顯長壽以誑聽衆也。此名欲界住世自在天魔。使其眷屬。正顯魔王自不現身。是飛精附人也。如遮文茶。此云嫉妬女。又云奴神。卽役使鬼也。及四天王毗舍童子。此云噉精氣。皆屬四天。若已發善心者則護人。未發善心者。則噉人。由彼行者利其虛明。故食彼之精氣以害之也或不因魔所附之師其修行人親自觀見魔身說法稱執金剛與汝長命現美女身盛行貪欲未逾年歲肝腦枯竭計魔害人之巧計也獨言者唯獨自明餘人不見故也此美女口兼獨言徐而聽之若妖若魅前行之人未詳其意受其所說而狎猥媟者多陷王難雖未及遇王法刑傷先已乾枯死而不久所以魔之惱亂彼行之人以至殂殞矣汝當先覺不入輪迴迷惑不知墮無間獄△結勸阿難當知是十種魔前九飛精附人惟第十能自現形於末世時在我法中混為出家搀作修道昔佛住世諸魔壞法佛神力故皆不能壞魔作誓言如來滅後於末世時依教出家破壞佛法佛即墮淚曰無奈汝何譬如師子身中蟲自食師子肉是知末世壞法比丘皆魔侶也所以魔之害人或飛精附人體或

貪欲自現形皆言已成正偏知覺正是出家破法之魔子也讚歎婬欲破佛律儀先惡魔師與魔弟子婬婬相傳改正成邪也如是邪精魅其心腑近則九生多踰百世者一生爲一百九生卽九百年也三十年爲一世百世卽三千年也正法一千年像法一千年末法一萬年此九生百世卽像法將終末法時也然世教以一代爲一世如秦始皇傳二世以至萬萬世爲言此經以一期壽盡爲一世生字對世字生亦是世也如近則正法遠及末世此魔當道令眞修行之士現則總爲魔眷命終之後必爲魔民然一切人爲修正偏知覺既爲魔黨卽轉正成邪故云失正偏知墮無間獄永劫卒未能返是故正士可不愼諸△勅會尊者願留末世汝今雖在有學未到寂滅莫須先取寂滅縱得無學也須留願入彼末法之中起大慈悲救度正心深信禪那之衆生令

不着魔。得正知見。方乃了汝之願。今得果成寶王。還度如是恒沙衆。此是至囑叮嚀。留願人間流通教法也。我今度汝已出分段生死。是大恩也。汝願將此身心奉塵剎。今更當遵佛語無遺。是則名報佛恩德也。是知阿難入風奮訓三昧。四派入滅。亦是依佛語留願矣。阿難。如是十種禪那現境。皆是觀智與想陰用心交攻互戰。或勝或負。故現斯事。如三摩地中。動靜不移。憶忘如一。方爲眞實工夫。如心纔有毫釐起處。則天魔等乘閑而入。此是妄想勝觀智。當下了三摩地中無念可得。則是觀智勝妄想。由妄想與觀智互出互入。不得一體。此魔之所以附旁入。現種種境界。衆生頑迷。內起貪愛之心。外招魔境之害。不自忖量。己之見地與佛何如。似功用與佛何如。逢此因緣。改失前心。疑佛現前。迷正知見。不自識過處。口便自謂妄言登聖。是未得謂得。未證謂證。大妄語成。墮無間獄。汝等必須將如來金口所宣斷魔成佛之真語。於我滅後傳示末法。流通天上人間。徧令眾生開悟斯義。無令天魔得其方便。保持覆護成無上道。詳其魔具五通讚婬佚倆止此。欲破想盡。證漏盡通。魔眼尚不能視。敢擾害禪定耶。

大佛頂首楞嚴經貫珠卷第九　終

大佛頂首楞嚴經貫珠集卷第十

明　金陵華山律學沙門戒潤　述

此卷來意。當機始初見相發心。間經多記。不識佛身非色。經義非聲。故佛先破妄心妄見。次示真見真心。藏心悟而耳門入。戒定修而位次證。斷殺盜婬。不落七趣。示正觀竟。世尊迴紫金山。再來凭椅。詳辯五陰魔邪。歸入一真佛界。如是法門。先過去世微塵如來乘此心開。得無上道。前卷三陰既畢。此卷首明行識二章。識陰若盡。則汝現前諸根互用。從互用中。能入菩薩金剛乾慧。圓明精心。於中發化。如淨琉璃。內含寶月。如是乃超十信。十住。十行。十迴向。四加行心。菩薩所行金剛十地。等覺圓明。入於如來妙莊嚴海。圓滿菩提。歸無所得。阿難聞已。重復白佛。如佛所言。五陰相中五種虛妄。為本想心。我等平常未蒙如來微細開示。又此五陰。為併銷除。為次第盡。如是五重。詣何為界。佛告阿難。精真妙明。本覺圓淨。非留生死及諸塵垢。乃至虛空。皆因妄想之所生起。汝今欲知陰界淺深。唯色與空。是色邊際。等。此五陰元重疊生起。

生因識有。滅從色除。理則頓悟。乘悟併銷。事非頓除。因次第盡。我已示汝劫波巾結。何所不明。再此詢問。汝應將此妄想根元。傳示末法行者。令識虛妄。深厭自生。知有涅槃。不戀三界。正宗。竟。校麤流通。若有衆生。能誦此經。能持此咒。如我廣說。窮劫不盡。依我教言。如教行道。直成菩提。無復魔業。一會聽衆。皆大歡喜。作禮而退。

故行此卷緣文

〇行陰現境帝

破幽隱妄想之區宇。令性入元澄。以超衆生濁也。此陰前於二卷五陰科中。彼約迷位取其麤。故以暴流喻之。此約修位取其細。故以野馬喻之。前三已空。所餘行陰最深細故。△結前想陰盡相。阿難。彼

善男子想陰未盡。則朝想夕夢而融通。寤時取像。寐時形夢。皆隨獨頭意識所主。今修三摩地行人。前來十種。若俱透過。或始終不起愛求。或魔來便能先覺。如是久久想陰盡者則內守幽閒。是人日用平常夢想銷滅。寤寐恆常一念不生醒寂雙

妙。是故性覺妙明之體。無復想慮而能陰蓋覆。自然虛應。靜而不動。猶如雲散晴
空。無復麤重煩惱前塵影事。法塵全依想陰爲體。想盡塵自無依也。獨影既虛性
境亦虛。故六根虛透。意識轉成妙觀察智。觀諸世間大地山河如鏡鑑明。
物來無所黏。物過無蹤跡。過謂離境之後。如鏡還空。了無留滯心若觸境。但
虛受照應而已此明心境皆虛融也。△結了罔陳習唯一精眞此以想盡
眞純爲結。罔無也。宿積深厚曰陳習。蓋浮想擾心乃宿積難除之習氣。一旦滅盡故言了罔。謂了不可得
也。惟一精眞者。純一虛靜覺明之體也。△狀示行陰區宇生滅。指分段生死言三界衆生生滅無停
之根元。皆是行陰所遷。前三陰未破。此生滅根元終不可見。前三陰盡除。第四自現。是故生滅根
元從此披露。故知三界生死根元非關意識由八識含藏種子爲本。由自己想盡行現。幽隱
遷流。造作不停。則能見諸十方十二衆生。畢殫其類。殫。盡也。謂該盡天上

人間。四空。不出行苦。正謂此耳。故曰畢殫其類。雖未通其各命由緒見同生基。衆生皆依行陰生滅。故曰同生基。識息煖三連持曰命。異熟種子爲由緒。此體微細。非行盡識現莫知。〇環師謂由緒爲識陰。生基爲行陰。見二陰深淺之殊。圓師謂各命爲別相。同分爲總相。正脉謂二陰麤細。皆宜深玩。今言雖未通其十二類生各別受命由緒之識種。已見其同分生滅行陰根基之相現。猶如野馬熠熠清擾。野馬。但是陽焰。非是塵埃。熠字從火。表光明閃爍。乍生乍滅之狀。足顯陽燄。乃田間游氣。春晴伏地可見。狀如水而光如燄。渴鹿認以爲水。而實非水。虛幻不實可知。清擾。言陽燄喻行陰幽清擾動之細相。若通前後。俱用水喻。想陰如大浪。行陰如細浪。識陰如無浪流水。眞覺性體。如湛然不動之水。故行陰爲分段生死根元。識陰爲變易生死根元。前後較量。麤細妄眞。歷然指掌。故知唯一精眞亦縱許也。清淨四大爲浮根四塵之元。其體本空。究竟樞穴實在於行。以行粘湛發起。故有六根。故知行陰爲遷謝老死之深本。自人天以至螻蟻。莫不各有四大六根。故行陰又爲同分生基。門，籛曰：樞門曰臼，穴門山。樞穴運動，根因行陰遷流。今知同分生基，未達各陰由緒。此則名爲行陰區宇。蓋獨取熠熠清擾爲具相也。△破顯妄源。若此行陰清擾熠熠元性。者爲生滅之根元，曰元性。性，性體也。性入元澄。者水浪停息曰澄。元澄，澄即識陰也。蓋細浪之行水收歸無浪之識海。元習即行陰種子。一澄元習。者求絕行陰之種習，更不起也。如波瀾滅，化爲澄水。喻意全爭前之水喻。溫陵曰：生滅不停，業運常遷。名衆生濁故。行陰盡。是人則能超衆生濁。觀其所由。七乃八識之見分，由行陰密移，幽深難知，故曰幽隱妄想以爲其本。若盡此幽隱爲發悟之階則可，若執此幽隱計度爲實證則不可。故盡貪愛無想之十魔，而起計度有行之十境，由界外見思二惑有此。十計變境，言計者，但是自緣定中所見而生種種邪計，非外境魔事來擾也。十計既當想陰已破、行陰未破中間所起，故牒敘想破行現以爲發端。△一二種無因。標因示墮。阿難當知是得正知不遭邪慮奢摩他中諸善男子圓定發明正止觀益勝止增而凝則不動卽始終不起變求觀增而明則不迷卽魔來先覺止觀均等得名正心此雙承不動不迷頭正尾正故前十類天魔畢竟不得其便方得精研力破想陰窮生類本初得微至行陰遂起十種邪計良以想破之後天魔不復更至惟是自心邪解作孽所謂心魔也於本身類中生滅遷流根元始得披露者觀彼身相密移曰幽行陰流注似停曰清十二類生皆隨行陰所動生滅不停曰圓擾遷死轉爲始生曰動元圓者徧十二類幽清擾動皆微細動相若於圓擾動元中不起計慮則歷墾位若識種未淨起計度者則生機不盡是人墜入二無因論此論乃先世外道修心邪解所立違理背正之惡見耳今行現之解適與之同故卽墜彼二無因論中如後車蹈前車之覆轍故卽同墮一坑塹也後文諸論皆倣此意向下分條詳釋△一本無因此約過去不得遠

因而立已見量。一者是人見本無因見屬觀心本即生機此觀行陰本生前際無因也。△徵釋○夫善惡業唯識所造。今見本無因者。何以故是人既得生機全破。生機發動之本。即行陰全破。乃顯意非盡也。正行陰全露。欲破之際。乘於中眼根八百功德力。仗止觀發宿命通力。徹見八萬劫內所有類十二衆生隨善惡業流輪迴。任行陰之灣環死此生彼。八百八萬俱數相應而已。不必分約過未數。反不合。○問此何不爲則相答亦多總見類生展轉灣環。生死無停而已。非一一各詳也。若能各詳則不成自然。自然之執待下執自然處再當明之。祇見衆生輪迴其處者。八萬劫以內也。蓋其通力分量止於此數。故八萬劫數外冥無所觀矣。△謬成邪計便作是解此等世間十方衆生八萬劫來無因自有。以不見處而起無因之計。約此則名無因外道。岳師謂卽冥諦是也。蓋衆生三道展轉爲因。窮極無始。惟佛眼能徹。菩薩

尙有分限。何況凡小。故凡小極其通力。但此而止。岳師責其不知因識非是。縱知因識。亦豈能窮乎。△失
眞墮外由此不知行陰。焉知善惡種子異熟變起之生因。妄自計度無因爲其諦。爲渾沌
守此不纂上進。亡正徧知。邪計妄度。故非正知。不了業道無始。故非徧知。墮落外道。
惑冥諦爲菩提性。旣墮邪覺。終迷正覺矣。△二末無因此約未來無後因果而立己見昰。
二者是人見末無因。末卽滅是。此觀行陰遷變後際無因也。△徵釋○夫善惡唯心
所召。今見末無因者。何以故。是人於生旣見其根。據釋詞。乃是詳推過去例
定未來。生卽趣內類生。根卽趣外無因。蓋卽以無因爲類生元本。今解知人生人。人之本無
生烏之因。悟烏生烏。烏之後無生人之因。烏從本來黑。未有未後生白鵠之因。
鵠從本來白。未有未後生黑烏之因。人天本豎。未有未後生畜生之橫因。畜
生本橫。未有未後生人道之豎因。白非洗成。黑非染造。詳明皆本無因自然

而然也。故此此轉計名爲自然外道。然此驗知，但是總相。見於多分衆生長時不變，輒起斯計。如八總觀開市，但見人行，不見坐立。若能一一別察，則少分坐立者，亦應知之。良以上二類生，惟人類易轉，而餘皆長時難變。今由總見，不能別觀，故約多分而成自然。從之計，以今日觀八萬劫前，見本無因，人從人生。今觀八萬劫後未亦無因，鳥還生鳥，自本至末。無復改移結成無變。岳師註此意同。但引鸞子觀鵠之事。應不盡同。彼能別相而見，如來故擇常不變者。令其別觀，欲勉其進也。且四果羅漢行開識現，便能別見各命由緒，終不執於自然。人謬成邪計。○上科全是詳推過去。此科方以例定未來。今盡此形者盡末來也。亦復如是決定皆不改移也。下擇成。而我八萬劫前際本來不見有菩提之因性起。云何八萬劫後更有成菩提果之事以此相例。一法如此，法法皆然。當知今日一切物象皆本無因遂以判決執成邪計矣。○岳師謂本字合是末字。末無因者。言八萬劫盡，終成斷滅，無復因果而已。蓋以從無因而起者還復無因返於冥初之意但是推前而知不言觀後而見疑恐行陰未破不能前後劫同不然何用種種推前再詳△失眞墮外由此計度亡正偏知據本推末末亦無因由此執無亡正知也觀前觀後止知八萬劫事亡偏知也墮落自然外道計生滅形骸惑菩提自性準前解△結成外論是則名為第一外道立無因論此由末見識陰不能別見各命由緒焉知情想合離更相變易僅見七識無根半依八識生時無見遂謂本無因半依前六死後無用遂謂末無無因惟見行陰流注不息乃謂自然成斷滅論也△二四種偏常標由示墮阿難是三摩中諸善男子凝明正心魔不得便窮生類本觀彼幽清常擾動元夫意但因窮至行陰向猶被覆而未見其幽隱惡流遂於末偏末常之圓常中早起計度偏常者是人墜入四偏常論是謂常見外道然四種雖皆不離行陰起計而前三皆兼窮他法且以法之廣狹而分劫

之多少惟第四則無所兼而亦不言刼量此其別也

○長水曰行陰生滅相續不失故名常所計四種徧一切法故名圓溫陵曰徧即圓也故此標名徧常後結名圓常向下分條詳釋△一心境計常

一者是人想破行現乘此心闕遂爾窮研內心外境本元之性自何而起然於心境二處窮之不遠但見二萬劫前無因自有良以所窮之法麤略而狹故其見量止此而已修習者即窮心境之修習能知二萬劫中蓋言二萬劫外冥無知見而二萬劫內親見十方眾生所有生滅咸皆循環不曾散失故不計劫外斷滅惟計劫內相續計以為徧常以是異前後三準此△二四大計常

二者是人亦乘心開而窮四大元早萬法皆從四大和合而成故作意窮之見其體性常住修習能知四萬劫中十方眾生所有生滅咸皆體恒不曾散失計以為常洞照眾生生死劫量至於四萬此上所窮之法稍為詳廣故其照劫

數倍於前然計常之故亦準前人。但據劫內而已。△三八識計常三者是人窮盡六

根根字決是識字之訛第七末那第八執受集起名心牒上執受相續名意牒上

末那了別名識牒上六根其心意識。中本元由處者通指八個識各各生起生滅之元

由處岳師云。本元由處指行陰也。性常恒故而不變第八則生生受熏持種第七執我眼識

識色意了法塵以此修習能知八萬劫中一切眾生。隨行陰於十二類中。

遷變循環而入識中不失一個各各識性。本來常住未滅窮此不失之識

性妄計以爲常也然六八二識皆依七識爲生滅根元計此生滅根元爲常住性。如見細

流之性謂之止水。八識豈不妄哉。楞伽云。凡夫二乘不知聖識。僞門學道之人不識眞祇爲從前認識

神無量劫來生死本癡人喚作本來人。劫有成住壞空此言住劫二萬及八萬者由定深淺所見也。△四

想盡計常四者是人既盡想陰之元。已息融通則行陰元常之生理更無

流止運轉以此流止運轉之生滅想心今力由定已永滅盡則生
理行陰於中不待研永滅窮修習自然成不生滅所以無遺轉也然不知行陰是
生滅之元妄計不生滅理乃以生滅爲不生滅且又因心所度計以爲常妄得眞見
其常哉前標文曰偏常約行陰一已之別相言結曰圓常約行陰諸總相言○端嚴問嚴頭如何是本常理頭曰動也嚴云動時如何頭曰不見本常理頭曰肯郎永脫根塵不肯則永沉生死嚴乃禮拜此乃其正偏知所見之常也然肯之一字尚向且拈郎況計度爲常乎△結成外論由此計偏圓非偏圓而眞常計眞常亡失正偏知覺墮落外道之邪覺惑菩提
性是則名爲第二外道立圓常論此中不必取舊註強分屬於五陰而言前廣後狹反顛亂於本文矣四種偏常已竟△三明自他中雙計常無常標山示墜又三學
中諸善男子堅凝正心魔不得便窮生類本觀彼幽

淸常擾動元於自他中起計度者。以七識執第八見分爲自內我故初總觀以成我爲自十二類生爲他而唯觀國土爲他三以別觀我心我身爲自四直觀行陰爲自如是自他中起計度者。是人不順正理墜入四顚倒見一分無常一分常論。向下條分詳釋△一雙約自他一者是人以有漏觀智。觀八識之精妙明心。徧十方界湛然之象。此乃變似影眞以爲究竟神我。言神我者外道名主諦謂一切法皆是我所悉以此神爲其主。此蓋二十五諦中末後諦也。二卷說有眞我徧滿十方。亦即此耳。從是則計我徧十方。凝明不動。無生無滅。一切衆生於我識心中。自生自死則我不生滅之心性名之爲常彼衆生自生滅者。計名眞無常性。△二約他國土二者是人不以定觀其自心。但以相似通力。徧觀十方恒沙多之國土。旣曰不觀心顯是單觀他法卽

惟觀國上也見㓹壞處計名爲究竟無常種性見㓹不壞
處名究竟常三禪以下終爲三災所壞名無常種性四禪以上災不能壞名究竟常△三約
自身心三者是人別觀我心外道我有三一微細我二廣大我三大小我此微細
我也。心即知見精細微密此身麤濁猶如微塵世界有聚散微塵性無改微塵性雖
或聚一合相爲世界或散世界一合相爲流轉十方性無移改能令此身
心於十方即生即滅其不壞性名我性常一切死生從我
流出名無常性△四雙非他自四者是人以有遍觀知想陰盡見
行陰流行陰恒常遷流計爲常性色受想等今已滅
盡名爲無常。○正脈曰此觀前四陰而起計以自他不純故言雙非計行則非他以行是自
心故計三陰則非純自心以色有外六塵故若約自
多他少以少從多亦可科云約自四陰今圖四義不

缺不重。故作是科。分常與無常文易可了。△結成爲論。由此計度一分無常。一分常。此皆亡正偏知。故墮落外道。惑菩提性。是則名爲第三外道。一分常論。此皆約自他單雙不定所計常與無常四種顛倒已竟。△四明雙計常與無常。取常爲勝。標由示墮。又三摩中諸善男子。堅凝正心。魔不得便。窮生類本。觀彼幽清常擾動元。於分位中。生計度者。溫陵曰。分位有四。謂三際分位。見聞分位。彼我分位。生滅分位。是人墜入四有邊論。四種有邊文中。雖雙計有邊無邊。理實但是邪計邊見而已。非眞得於無邊理體。故以正教判之。但名有邊。詳其立意。殆以有邊爲有限際。非勝法也。以無邊爲無限際。是殊勝法。向下分條詳釋。△一約三際。一者是人。以定研窮見行陰本。故爾心計行陰元生現露。觀得流用不息。溫陵曰。生元流用行陰也。因遷流計三際。計過去者。有已去之分位窮。未來者。未有

至之分位名爲有邊觀不計現在息處計生滅相續之心不斷名爲無邊
既取現心續處爲無限際則必以過未斷處爲有限際然現心無限際者以常念觀心浩渺無涯岸之謂
也△二約見聞二者是人見聞亦以定力觀八萬劫內見聞所及。則見此
衆生非彼聞彼衆生非此八萬劫前。見聞衆生不及以劫前寂無聞見無
聞見處名爲無邊以劫內有聞見衆生彼此身分處名爲有邊
△三約彼我三者是人計自神我徧知一切衆生是我得無邊之知性。
彼一切人性。現在我知之中。唯我知能知彼曾不知彼人
之知性能知我是名彼不得無邊之知心但可自知唯有邊性
殊不知若干種心。如來悉知也△四約生滅四者是人以功窮行陰將空更復
以其所見心路籌度一切衆生一身之中現隨行陰遷移若謂

全滅。滅不復生。若謂全生。生永不滅。是故計其咸皆半生半滅判明其世界也。一切所有。一半有邊分位二一半無邊分位。○正脉曰窮行陰空寂者蓋斯人窮至行陰不了區宇未空而遂謂眞空寂滅之性故計半生半滅乃據見妄虔衆生身中自想陰以前半屬於生自想陰以後半屬於滅更判生爲有邊滅爲無邊而意取行陰空寂爲無限際之勝性也。△結成外論由此計度有邊無邊墮落外道惑菩提性。是則名爲第四外道。立有邊論。四種有邊已竟。△五四種矯亂標由示墜又三摩中諸善男子。堅凝正心魔不得便窮生類本。觀彼幽清常擾動元。彼定心。於所知所見中生計度者。是人墜入四種顛倒。報答不定之不死矯亂遍計虛論。○溫陵曰以邪倒故於知見中狂解不決。遂矯亂其語也。今之邪人妄謂得道而中無主。正是矯惑於人者。多類此四。資中曰。準婆沙論釋外道計天常住。名為不死計不亂答。得生彼天。若實不知而輒答者。恐成矯亂。故有問時。答言秘密。或不定答。佛法詞云。此真矯亂。故名不死矯亂。虛論也。前四屬自巳計常無常邊無邊尚未混淆。此下屬應劂計亦自亦無不能決擇矣。向下分條詳釋。△一八亦亦矯亂

一者是人觀變化之行元見三世遷流有邊處名之為變二見小間相續無邊處名之為恒。三觀八萬劫內見現在所見行相處名之為生四觀八萬劫外不見過生行陰見處名之為滅此非生滅因果之義也。五觀前念為後念相續之因。後念續前念性不斷處名之為增。六觀前後二念正相續中。中所離處名之為滅。此非不增不減之義也。七觀一念一念。各各生處名之為有。八觀一念一念互互亡處名之為無。此非有無俱遣義也。此自已以一行陰之理都觀用心別見入處兩可俱是不能定見有求

法人來問其義答言我今亦生亦滅亦有亦無亦增亦減以遮之既以兩可混答於一切時皆亂其語令彼前人不得其實遺失章句失章句有二意一謂答者既自矯亂聞者自難憶持故隨聞隨失也二謂言既兩持是非不決能令聞者番疑平日舊習經綸猶言喪其所守也△二惟無矯亂二者是人諦實觀其行陰之心念但見一念一念互互無處遂謂一切諸法皆然因無得證為宗有人來問者惟答一字但言其無除無之餘無所言說蓋執拗而不順於理為矯心無主正為亂今詳第一第四言皆兩可亂意為多而終非順理亦兼於矯也第二第三言唯一偏矯意為多而終非主正同歸於亂故總名矯亂△三唯是矯亂三者是人諦觀其心但見一念一念各各有處一切諸法皆有因有得證為宗有人來問惟答一字但言其是除是之餘

無所言說。上雖見滅而亦知生。此雖見生而亦知滅因含生答無謂之矯。含無答是不直答有
故名亂此皆中無卡正防過混答也△四雙計有無矯亂四者是人有無俱見有即
念念生。無即念念滅。既見互互有。又見互互無。故曰俱見其境枝故其心亦亂枝條
如木一本而分二枝。即空有二岐。兩楹不定之意。有人來問。答言亦有。即是
亦無。有必因無。名不專於無也。亦無之中不是亦有。無必離有而成。不專於有
也。如是一切矯亂無容窮詰。△結成外論由此計度矯亂虛
無墮落外道。惑菩提性。是則名為第五外道四顛倒
性。不死矯亂偏計虛論。虛無謂虛妄非實也。顛倒性謂其見非真正脉判屬於偏
計執性。見其執繩為蛇。妄之至也。若真徹了之人。道有道無。皆自出身之路。不死偏計也。四種矯亂已竟
△六十六有相標由示墜又三摩中。諸善男子。堅凝正心。魔不得

便。窮生類本。觀彼幽淸。常擾動元。於無盡流。生計度者。資中曰。無盡流。即行陰也。是人墜入死後有相。發心顛倒。由見無盡故言死後有相。若眞悟無生。自知初生即有滅。生前尙空洞而無相。何況死後。豈可妄計有相耶。△釋相名數○即外道六十二見中四計也。或自固身。者。堅持護養也。云色是我。者。同彼即色是我也。或見我圓。含徧國土。云我有色。者。同彼我大色小。色在我中也。或彼前緣。隨我迴復。云色屬我。者。同彼離色是我也。前緣。流師云。即目前之色。迴復即運用也。既云屬我。顯是我所。與我爲二。非即我矣。或復我依。行中相續。云我在色。者。同彼色大我小。我在色中也。沇師謂行相續相即色。故我行中。即色中也。皆計度言死後有相。如是循環。有十六相。環師謂於色作此四。於受想行亦然。故有十六相。敏師謂不言識陰者。所計之我。即識陰也。岳師非之。乃謂行陰未破。識不當情。故不言之耳。更成轉計。△從此或計畢竟煩惱。畢竟菩提。兩性並驅。各不相觸。上因見行無盡。遂計前三已滅之陰。仍復無盡。而同成有相。此更轉計一切染淨諸法。無不皆然。故言煩惱徧盡染法。言菩提徧盡淨法。煩惱與菩提兩性。皆無盡而恒有。並有即並行也。各不相觸。猶言各不相礙也。△結成外論出此計度死後有故。墮落外道。惑菩提性。是則名為第六外道。立五陰中。死後有相。心顛倒論。言五陰者。通結五陰。正結前四。又雖在前四義。惟行陰耳。○有僧問洞山元亡僧遷化後向甚麼處去也。山曰。火後一莖茅。投子頌野火燒時越轉新。至今煙燄雨難霖。旱地紅蓮遮日月。無根樹長翠成陰。若識此相。言有也不妨。上十六有相竟。△七八種無相。標出示墜又三摩中。諸善男子。堅凝正心。魔不得便。窮生類本。觀彼幽清。常擾動元。於先除滅。色受想中。生計度者。是人墜入死後無相發心顛倒此與上計敵體相番故變有成無蓋上觀未滅之行陰見其無盡而因計前三并萬法皆當無盡此觀色受想已滅之前三見其無相而因計行陰并萬法皆當無相故曰死後無相發心顛倒也△釋相名數見其色滅形無所因觀其想滅心無所繫知其受滅無復連綴色爲形想爲心而受則雙以連持色心今因皆滅故形無因心無繫而受無連綴也色受想三陰性銷散縱有行陰生理而無受想則行滅而與草木同也此在定之質現前猶不可得死後云何更有諸相因之勘校卽計處也死後相無如是循環有八無相此約昔有今無今滅後無全是生滅顛倒邪計何陰各計現未二無四陰共成八無相矣△更成轉計從此或計涅槃因果一切皆空徒有名字究竟斷滅上由前三而推行陰同滅爲無此更轉計諸法皆然同歸斷滅涅槃

以轉生死爲因。故生死即涅槃之因。涅槃即生死之果。目生死攝世間法。涅槃屬出世間法。一切死後皆是空無。故曰徒有名字。究竟斷滅。○吳興曰。涅槃因果。依現陰而修。後陰而證。陰既叵測。修證何有邪。△結成外論

由此計度死後無故。墮落外道。惑菩提性。

殊不知行滅則歸於藏識之體。非可滅者。此特無相。非無其理以菩提性不立一塵。不捨一法。今謂皆空。故云惑也

是則名爲第七外道。立五陰中死後無相。心顛倒論。

八種無相已竟。△八八種俱非標由示墜

又三摩中諸善男子。堅凝正心。魔不得便。窮生類本。觀彼幽清。常擾動元。於行存中。

見行陰區宇究在。

兼受想滅。

見前三已滅體相全空。

雙計有無。

於存計有。於滅計無。

自體相破。

以行陰自體之有。破前三之無。以前三之無。破行陰之有。故曰相破。

是人墜入死後俱非。起顛倒論。

者。以破無。則成非無。破有。則成非有也。△釋相名數

色受想中。見有非有。行遷流內。觀無不無。此正自體相破義。前三色受想滅境之中。見行陰是有。亦即同滅而非有矣。如暗夜中。看皎潔之物。亦同暗而非皎潔矣。行陰遷流擾動之內。觀無不無者。言正在擾動處。雖觀前色受想三已無。亦即同動而非無矣。如動水中。看靜定之影。亦同動而非靜定矣。互破以成雙非。正自體相破也。見有非有者。言正者滅境時。雖

如是循環窮盡四陰界限。八俱非相。每於一陰。隨得一緣。皆言死後有相無相。乃出雙非之因。所以成立上雙非之宗。如云因有相故非無。因無相故非有。每於一陰計此二非。歷四陰而成八非也。故知首科但言受想滅。語之略也。舊註未諳以因立宗。故釋為雙亦雙非。應成十六。不成八非也。△更成轉計

又計諸行。此諸行。乃指萬法。非謂行陰。如諸行無常。亦指萬法也。上但雙觀已滅未滅之四陰。而正計八非。此則更以例成轉計。而謂一切法無不皆然。性遷訛故。者。例皆死後有無。交相破奪也。心發通悟。者。增廣邪見邪解也。有

無俱非。虛實失措。結成一切雙非。非虛實者。亦即有無失措者。不定之謂。△結成外論

由此計度死後有無俱非。四陰。以後未來際與識死後來際處昏瞢。杳杳冥冥。

於有於無。無可道故。道言說也。墮落外道惑菩提性。不知菩提妙有非有。眞空不空。有無不立。中道不安。言思路絕。今計死後俱非。故云惑也。是則名爲第八外道。立五陰中。死後俱非。心顛倒論。八俱非想已竟。△九七際斷滅標由示墮

又三摩中諸善男子。堅凝正心。魔不得便。窮生類本。觀彼幽淸。常擾動元。於後後無。溫陵曰。見行陰念念滅處。名後後無。

由是生計度者。是人墜入七斷滅論。設生人天七處後皆斷滅。△釋相名數

或計身滅此計陰性如無源之水。有流近而竭者。有流遠而竭者。指四洲六欲人及天人。後念滅已。身亦滅也。或欲盡滅。指初禪見行欲果處亦滅也。或苦盡滅。指二禪

或極樂滅。指三禪。或極捨滅。指四禪。皆計後後滅如是循環。窮盡七際。謂四洲六欲。初禪二禪三禪。四禪。四空。其七處也。現前銷滅。謂生理永無。滅已無復更生。故云斷滅。此方儒宗末流。惡聞輪轉。亦計似此。然但許人間即滅。仍不許有餘六處也。△結成外論由此計度死後斷滅。墮落外道。惑菩提性。菩提乃今古真常。因執死後斷滅。故曰惑也。是則名為第九外道。立五陰中。死後斷滅。心顛倒論。九際斷滅已竟。△十五現涅槃。標由示墜又三摩中。諸善男子。堅凝正心。魔不得便。窮生類本。觀彼幽清。常擾動元。生滅不停。故見滅執無。見生執有。此觀念念滅後。復生五處於後後有。生計度者。是人墜入五涅槃論。正脉曰。後後有。亦應準前相番。前於行陰念念生處起計。後後有者。蓋觀見行陰念念相續新漸成有。故解其當有實果。必不滅無也。△釋相名數

○行陰通欲色二界。觀色受想滅故。或以欲界爲正轉生死依涅槃觀行陰將盡見識陰圓明。爲不生滅妄謂涅槃。心生愛樂。志慕不捨。故如仙家計玉皇橫統三十二天爲玄都上清之境。無生無死。不知是十習因感生帝釋。澄瑩生明。越過日月。便計此處爲現涅槃。或以初禪離生喜樂地。性無憂故。已離欲染。無復憂心也。或以二禪定生喜樂地。心無苦故。已得極喜。心輕安也。或以三禪離喜妙樂也。極悅隨故。得寂滅樂也。或以四禪捨念清淨地。苦樂二亡。一切世間諸苦樂境所不能動。三災不壞。不受輪迴無生滅性故。或者不定之辭顯非一人偏計五處各隨所見或計一處而已欲界指六欲天上也爲正轉依者妄計爲眞涅槃境也。以涅槃爲佛轉依之果正脉云觀見圓明者。以初得天眼普觀天光淸淨明麗迥離人間之濁穢而已準下四皆對本天勝境爲言非之性也。△斷定○此皆迷有漏天中作無爲果解。即妄計爲離繫自在之果。誤濫爲涅槃眞我也。不知欲漏有漏無明漏。依然潛伏藏識。以稍離下界之不安計**五處安隱**而誤濫爲涅槃之眞樂也。以稍離下界之濁穢計五處**爲勝淨依**誤濫爲涅槃之眞淨也。**如是**行陰將盡稍離下界之短壽。識陰將現末現用工**循環五處究竟**不去誤濫爲涅槃之眞常也。安知刼滿還入輪迴者哉。此總判五處皆然。若分五處別判。初於六欲作離人間之塵穢。而妄謂眞淨。次於初禪二禪作離下界之憂苦。而妄謂眞樂。又於三禪作得隨順自在。而妄謂眞我。後於四禪暫得三災不壞。而妄謂眞常不生滅也。此正於無常苦空無我不淨中。而妄計常樂我淨。所謂前顛倒耳。△結成外論**由此計度五現涅槃**者。謂此五處是現在受用。不待來生故。**墮落外道惑菩提性**者。不知菩提平等無有高下。不屬生滅。今於後後有生計故云惑也。**是則名爲第十外道立五陰中。五現涅槃心顛倒論。**中間十計已竟△結害囑護**阿難如是十種禪那狂解**禪那云息

慮由計度以成狂。皆是破行陰之觀用心交互故現斯邪十種悟
前想盡則外魔不擾，今行現則自心為孽。○溫陵曰
前云禪那現境，乃天魔候得其便，此禪那狂解，乃心
魔自起深孽，凡見道不真，多岐妄計，皆邪狂解，是謂
心魔，最宜深防。此悟字即邪解也。然通論十種邪解，
不出斷常空有四字而已。且前五屬斷常，後五屬空
有。第一斷見，第二常見，第三雙亦，第四第五皆充廣
雙亦也。○正脉問：何無雙非？答：斷見皆過，若雙非則
為離過正見，非外道也。第六執有，第七執空，第八雙
非。問：此何不為離過正見？答：有空不定屬過，偏始過
生。且此雙非，蓋指後陰昏瞢，不定有無，非是雙遮之
中道，故非正見。第九推廣畢竟斷空，第十推廣畢竟
滯有。若更以空有攝入斷常，仍惟斷常二見而已。△
迷則成害。**眾生頑迷**癡暗曰頑，正悟難發也；惑亂曰迷，邪解易生也。**不自忖量**者大
端由於不揣己之修證至何
地位，輒敢自專判決立論目。**逢此現前以迷為解自**
己**言登聖**位。**大妄語成**故**墮**之極重**無間獄**矣。△囑作摧邪知識

汝等必須將如來語於我滅後傳示末法徧令眾生覺了斯義謂迷解分明不顛倒也無令心魔自起深孽冥顯加持力也孽者禍之萌心魔自起深孽者言天魔不至自心禍生所害非淺猶曰天作孽猶可違自作孽不可活也此二句蓋令未起者勿起保持覆護銷息邪見是已起者令息也△囑作趣眞道師教其身心開覺眞心實義迥然不屬於斷常空有即煎離即離非是即非即一念不煎生中中流入也於無上道不遭枝岐木旁出曰枝路旁出曰岐夫遭枝岐即墮妄見外道勿令心祈得少爲足者祈求也求少足則流二乘此二皆爲極果中途之險阻心目洞開方不爲所惑故教傳示衆生作大覺王清淨標指此二句囑其作成佛指南一邪不染故稱清淨耳行陰魔相已竟

○識陰現境章

破顛倒妄想之區宇。令見聞通鄰以超命濁也。△矚前行陰盡相。以明未破區宇。

男子。修三摩提。行陰盡者。諸世間十二類生。遷流體性。幽清擾動行陰之相也。同分生機。行陰之體。即同生機也。世間眾生。皆依行陰生滅。故曰同分生機。前曰基。表生之根。此云機。明動之始。其意一也。同分仍目總相。以上矚前行陰。向下明盡相也。

倏然隳裂。沉細綱紐。此八字作一句讀。倏然猶忽然。言修之功力。隳裂猶解散。明擾動之停息。沉細極表深微。言行陰之幽清。綱紐喻明生滅總要。然即生機綱紐。結縛之深根也。綱上大繩曰綱。衣領結處曰紐。十二類如網如衣。行陰貫通如綱如紐。眾生有行則生。滅如網衣有綱紐則成用。由前行人大定堅凝。正心。十計不墮。工夫徹至。故能於此行盡。如綱紐忽然解散矣。

補特伽羅。酬業深脈。感應懸絕。此三句覆明此處於三界分段生死。即應解脫。然亦約一類聖性習種純熟者言之。餘不盡然。補特伽羅。此云數取趣。即中有也。眾生由此能數數取於諸趣而受生也。

因行遷流起惑造業。令入識受總報。六識受別報。如
一線之脉。時刻動搖深沉不可見微細不可指是有
深脉而命不斷且受生所以酬答宿業而酬業深潛
脉絡即此行陰所謂感應即因果也。今沉細之行陰
既盡。補特伽羅隨盡則諸類無感。入識無應則深脉
已斷。故分段生死因亡果喪。不復受生。是謂感應懸
絕問證同則事同。此何別取於聖性熟者而餘又不
然耶。答按下佛言。各以所受先習迷心而自休息。今
言界內因果斷絕。顯是十執後二。聲聞緣覺所能佗
豈能哉。△引喻明識陰區宇○涅槃性天。為五陰所
覆昏如長夜。前三陰盡。如鷄初鳴。雖為
曙兆。猶沉二陰。精色未分。此行陰盡。
於涅槃天。將
大明悟。如鷄後鳴。瞻顧東方。已有精色
此陰若盡則大明悟也。
六根虛靜。無復馳逸
者。按圓通。此當聞所當盡。已得六銷之時。亦即漸次中塵既不
緣根。根無所偶。反流全一。六用不行之時。
內根外塵化為一味湛明之境入即入流初
心亡所。故言入流既盡。根塵更
無所入。
前行陰存。未通各命由緒。今行盡識現。則
深達十

方十二種類受命元由環師謂即識陰然亦即是類生別相所謂各命由緒顯異前之總相而見故曰深達既以觀見受命由緒必能執守受生元本令不流逸則諸類不召。謂盡十二類皆不能牽引受生矣。於十方界已獲其同界指情界。同有二解。一謂同者一也。言其銷六和合復一精明也。二謂同者空也。言其根塵既盡惟一空性也。此即雖得六銷猶未亡一。小乘涅槃。正齊於此。精色不為四陰之所沈者。如天曉可辯色也。發現幽秘。言其具見暗中之物也。但能發其不覩不聞之幽。現其無聲無臭之秘。如將黎明時見物非大明時通徹。此則名為行陰除時識陰之體將明為存執受。故曰區宇。△顯露妄原若於羣召已獲同中識元加以金剛智力銷磨六門此三句猶躡未破區宇。若於羣召。指十二類生皆業牽引受生。故言羣召。已獲同中。即識陰區宇中。所謂受命元由空靜湛一。故稱為同。自行陰盡後。而入此境中矣。銷磨六門者。根識不行。解其結而泯其異也。合開成就者歸於一而融爲空也。成就猶言功成。此躡上以牒銷六成亡。所以起下文亡一而用六也。故下方明圓通之用。不惟情界脫纏。而亦以情器交徹也。見聞者略舉六根之二。通鄰者其結已解。其體不隔也。互用清淨者。體既無隔。用可互通也。謂眼家能作耳家佛事等。以其迴脫浮塵勝義根結。無障無礙。故曰清淨。細言之。元依一精明分成六和合。今將分爲六和合者。以全一六用不行文。使一六情明以開爲六。寄根明發。分者可合。一者可開。開合自由。互用無礙。故曰成就。曰通鄰。曰清淨也。至此打通界墻。合開成就。則情界脫纏。十方世界及與身心。如吠琉璃。內情外器交相明徹。卽前所謂山河大地應念化成無上知覺也。此方天大明時。名識陰盡。此句結定。故知行盡無過者。在七信位。齊小羅漢。識盡乃十信滿心。住位初心。方以證入圓通。是知凡言羅漢獲圓通者。皆指初住。以圓住齊於別地。是大乘羅漢也。末復結其所超所觀。溫陵曰。性本一眞。由塵隔越。性用之間。同異失準。名爲命濁故。又人命本由識陰。去後來先。與息煖合成。今識陰盡息殘滅是人則能超越生滅命濁得無生智慧命也觀其所由識乃妄覺影明元無自體由顛倒起生滅與不生滅和合而成欲言其眞則隨妄流轉欲言其妄由當體全眞今稱罔象虛無皆生滅相罔故若無象故若有若有若無正生滅影子即生相無明一結虛實恍惚非眞虛無謂顛倒妄想以為其識陰之本上明始終竟下明中間十執變計也△一因所因執於兩楹中起計○夫行陰即是前楹識陰即是後楹而十執起處正當此二之中故十執皆以此科冠之阿難當知是善男子已能窮諸生滅之行蘊空不隨諸類所召則相生住滅元從識海騰躍轉生者今於識海還乎元位是為已滅生滅則行陰清擾之象俱澄其識之生滅一邊已滅而於不生不滅之寂滅精妙一邊未圓尚有微細流注生住滅在但由功用滅其生滅故未精妙識元尚存故曰未圓此識陰未破故也寂滅者即圓通中次第解結末後之寂滅不帶纖毫生滅惟餘一味寂常始是純眞精妙性

體今未圓者。識陰猶覆。似一似常。未精未妙也。若連上句讀之。宛是已得圓通中生滅既滅而尚猶未得寂滅現前耳。後皆此義。上明兩楹。下舉所計。夫凡起執。必觀大定中殊勝之象以發端。雖未精妙純圓。已得銷六歸一。能令已身六根。隔礙者。合一精明歸元者。開寄諸根互相為用。不唯了已性天。亦與十方諸類通覺明此境為羣心統同混一之區。如千燈共室光通無二。覺知通溜。此句合明。言上與諸佛覺相通。下與眾生知溜合。破行至此。渾身住在識中。故曰。能入圓元。圓表諸類。偏含。元彰萬化托始。言能入此者。意明四陰蕩盡。歸宿於斯。如諸浪已停。銷落於海。正識陰區宇。未是入無所入。若於所歸圓元。立真常因。依妄生殊勝之解者。是人則墮因所因執。本非可依。而妄計能依之心所依之境也。良以識乃無明幻影。罔象虛無。畢竟非實故也。如人夢見依歸得托之地。妄生慶幸。豈有真實哉。推其計者。識非常因。由其所歸。妄執真常為萬法之因。不知萬法因妄有生。妄本無因。故說無生。今觀

此識還元處寂滅爲常娑毗迦羅所歸冥諦明所墮
執爲萬法之因則與同類。即
黃髮外道所立冥諦。有二十五。百論云。從冥生覺。從
覺生我知。從我知生五唯量。從五唯量生五大。從五
大生十一根。神我爲主。常覺相處。中不敗不壞。攝受
諸法。此中所執冥諦。爲第一諦。中間二十三法。從冥
諦生。神我即受用此二十三法。遂計終亦還歸冥諦。
前文云。非色非空。拘舍黎等。昧爲冥諦是也。然計終
者。非止一人。前後異出耳。故曰成其伴侶菩提云。覺是佛正果。今於所歸立眞常。是迷佛
菩提。昧正果也。知見無見。是佛正因。今不如實知。妄生勝解。亡失知見迷眞因也。後皆
放此。△結名異種。○此經究竟歸無所得。今有得有
歸。如人夢中拾得金寶。歸於家中。所得所歸。皆非眞
也。故曰是名第一立有所得類通覺心。爲眞常因。成所歸圓元爲結
果者。則圓者偏而通者隔。違遠圓通因地之心也。前於涅槃天將大明悟。今入識元。成所
歸宿而不轉。背涅槃城果地之證也。前覺心欲發將爲佛子。今墮因所因執者。反生外

道種也。此中曰歸曰立曰生曰成皆禪人心上寸絲罣礙。即名外道。大般若云。邪見外道。即求解脫但欲斷死。不知斷生。若法不生。即無有滅此也。因所因執已竟。△二能非能執於兩楹中起計阿難。又善男子。窮諸行空。已滅生滅。而於寂滅。精妙未圓。準前若於所歸覽為自體。上科已將識陰作所歸果故今所歸二字。仍躡前識陰前但計為歸托之性。今復覽為自體。是其差別。盡虛空界之報。依十二類內所有眾生之報。正皆我身中識體一類流出。以為決定。生勝解者遂執我能生彼。而實不能。是人則墮能非能執。摩醯首羅。即色頂魔王天也。妄計我身。能現無邊眾生身。遂謂一切眾生皆我流出。如此計類。成其伴侶。十二類生皆有耶識。其變山河。各變自身。非一人之識能生於彼。今覽識為自體。妄謂能生可乎。迷佛菩提。亡失知見。異種△結名是名第二立能為心。即能造化之因心。成能事果。謂能成辦所造化之事。以為實果也。立能為心。違遠圓通之因心。成能事果。背涅槃城之果證。生大慢天溫陵曰。大慢天即摩醯也。雖居色頂。未超三界。而曰能生三界。及與眾生。不能謂能。故名大慢。計我體圓徧空界、流出眾生。故曰我徧圓種。正脈問。此計識為自心流出一切。何異內發萬法惟識。答。內發萬法。惟識表如夢幻。生即無生。此計實生、安得一轍。又惟識正明無他心外之法。此計自能生他法。宛是顛倒。奚疑乎。能非能執。已竟。△三常非常執。於兩楹中起計又善男子窮諸行空。已滅生滅。而於寂滅精妙未圓。此下與上執皆從識起。而所計不同。上執所歸之識。識覺為自體用。徧虛空未為錯。但計十二類生。從我流出。不達各有識體。故為迷。此計所歸之識。自疑身空。咸其生起。未為錯。但作真常之身。執為無生滅解。不達湛不搖處。還屬生滅。故為迷也。若於所歸之識為有所歸依。自疑身心。從彼流出。彼能生我及一切法。十方虛空。咸其生起。卽於都起所宣流地。作眞常身。無生滅解。此則在生滅中。早計常住。既惑眞不生性是常。亦迷現在生滅為非常。安住沉迷。生勝解者。是人則墮常非常執。正與外道計自在天。能生一切我法為常者。成其伴侶。不知自在天亦非常也。迷佛菩提。亡失知見。△結名異種是名第三妄依識元為常因故立因依心。又計識元生我與虛空故成妄計果溫陵曰。由依識元妄計常住故曰立因依心成妄計果。違遠圓通。背涅槃城。生倒圓種。前計我圓生物此計彼圓生我。名倒圓種常非常執竟。△四知無知執於兩楹中起計又善男子。以觀照研窮諸類生基之行空。已滅念念不停之生滅。而於寂滅識性其精其妙將大明悟尚未至圓。只可猛力究至歸無所得。圓無所圓。悟佛菩提。入正徧知。順圓通理。坐涅槃城。則不負聞眞修之法。破四陰之功矣。若於所知卽所觀識陰由知體變起因知體偏圓諸法遂立偏圓。故因觀識有知。立偏圓見解。意謂依正諸法皆從一知偏識生起。能生既一所生無二。烏得人獨有知草木獨無知。是知十方無情草木。皆稱有情。與人無異。何以見得無異草木爲人。人死還成十方草樹。無擇情與無情而偏皆有知。生勝解者。謬執無情有知而實本無知。是人則墮知無知執。婆吒霰尼。此二種外道名。又涅槃云。婆私吒先尼。執一切覺知草木有命者。成其伴侶。迷佛菩提。亡失知見。亦計偏知之類。△結名異種是名第四計圓解無知爲因心。草木爲有情故成虛謬果。違遠圓通。背涅槃城。生倒知種。溫陵曰。此謬計圓知以爲因心。則果終虛謬矣。以無知爲知。是倒知也。正脉問。此與內教山河化爲知覺。無情作佛之旨何所簡別。答。孤山亦有此辯。意是而辭欠明了。

今詳內教明見相二分本惟一心迷之爲二故妄見無情不通知覺大悟復歸一心則通一知覺更無外物非謂各各有知同他心量也今計各各有知互相輪轉誠爲虛謬是知內教明訓銷歸一心此執謬計成無數心豈濫同哉問今何草木爲妖亦有知乎答此非草木有知是彼依草附木之精靈有知斯則仍是有情之知非彼無情之草木能知也譚子化書曰老楓化爲羽人朽麥化爲蝴蝶自無情而之有情也賢女化爲貞石山蚯化爲百合自有情而之無情也此非老楓一朽麥元有情賢女山蚯元無情乃偶有感而化非謂一體也僧問忠國師古德云青青翠竹盡是法身鬱鬱黃化無非般若有不許者云是邪說亦有信者云不思議不知孰是師云此蓋普賢文殊境界非諸凡小而能信受皆與大乘經合華嚴云佛身充滿於法界普現一切羣生前翠竹既出於法界豈非法身乎般若云色無邊故般若亦無邊黃花既是色相豈非般若乎於是禪客作禮而去晉晦堂老人與夏倚公立論道至萬法爲自己及情與無情共一體時有一犬卧香案下以壓尺擊犬又擊香案曰犬有情便去香案無情自住情與無情何得便成

一體去直不能答。堂曰。纔入思惟。便成剩法。何得會萬法爲自己耶。知無知執竟。△五生無生執。於兩楹中起計

又善男子。窮諸行空。已滅生滅。行盡則六亡以歸一精。而於寂滅精妙未圓。識現則一精以寄六用。若於圓融六根互用中。已得隨心順意。便於通圓化一切發生四大之相意謂六根本由清淨四大而有。四大本由耶識熏種而變。以識能變四大。四大能成六根。便稱識爲元化。能現四大。有四大則一切根身俱能發生。所生身根有生滅。能生四大是常住。於是背自性火反求火之光明者。背自性水。反樂水之清淨者。背自性風。反變風之周流者。背自性地。反觀地塵之成就者。身上出水。身下出火等。如是各各隨己偏執而崇尚奉事。以此四大摹塵。發生一切造作之根法本元因。故立常住解者。目爲常司造化之眞宰也。是人則墮生無生執。四大本不能生妄計能生萬法

而貴不能生。諸迦葉波也。別姓并婆羅門。總相也。總有十八家。迦葉一也。此皆事火外道等。朝夕之間。勤心役身。堂中事火或架炭火。崇水或盛清水之因。求出生死之果者。成其伴侶。原夫破五陰求菩提。今立解故迷佛菩提。修觀行以入佛知見。今崇塵則亡失知見。△結名異種是名第五計著即惑也。崇事邪業也。迷已一眞靈覺之心。從彼四大無知之物。立妄求因。非因計因也。求妄冀果。無果望果也。如此錯亂修證是爲違遠圓通背涅槃城心本化原識本化種迷而不知。四大非能化能生執爲能化能生。是爲因果皆妄。顛倒化理故名生顛化種生無生執已竟。△六歸無歸執於兩楹中起計又善男子。窮諸行空。已滅生滅而於寂滅精妙未圓。若於圓明。即識陰區宇。計明中虛者。於此境中。初見前四陰盡。諸有皆空。即以罔象虛無爲究竟非。非滅羣化。

非毀也使欲厭身滅土纖毫不立也以明中虛無為永滅依為所歸依處生勝解者復願常處虛空永為依托也是人則墮歸無歸執者蓋謬計永滅斷空為歸不知幻滅虛境亦等空花非實歸處也以五百大刼想心不行故云無想此無想天中略舉非非想以該四空非取四禪無想也諸舜若多總舉趣空天衆成其伴侶迷佛菩提亡失知見也∆結名㝠種是名第六執圓明罔象虛無識之心為因成所歸斷滅空亡之果外道以此為真因果為真常種不知違遠圓通背涅槃城生斷滅種問此與後二乘何別答業有取空見解志願皆同但先心各別此凡外種伏惑取空彼聖性種斷惑取空歸無歸執已竟○七貪非貪執於兩楹中起計又善男子窮諸行空已滅生滅而於寂滅精妙未圓若於圓常亦識陰區宇歷觀上來於此一境稱圓元圓融圓明圓常義各有表元表諸法統歸融表

萬化含蓄。明表徹體虛朗。常表究竟堅牢。各與本文闕渉。細尋可見。然同是識海周徧。故皆稱圓。且均是識陰似一似常之相。行人不達。似而非眞。故各隨所見而起異執耳。上見識圓明。便依明中虛無。今觀識圓常而欲

固身常住。

然圓明未常不虛。由執虛以墮空亡。圓常未嘗不常。由執常以墮妄延。是知執情爲外道本。空執爲正道根也。蓋因見性常而并欲命常。即仙家性命雙修。形神俱妙之見。而又言

同於精圓。長不傾逝。生勝解者。

精即性也。如見性轉稱見精之例。傾逝與死義同。今欲同身命與性同圓長生不死也。夫四大色身。定業所拘。生死有命。因果不爽。雖色身由識執受。身有生滅。識無去來。若於圓常湛不搖處之識現在執身。恐身壞而識亦壞。第不知身本常。實不可固。不可貪而妄貪其長生。

是人則墮貪非貪執。

豈非妄起貪留。而不知生滅無停。本非可貪留乎。良以所托之性但惟識陰。已是似常。而非眞常。何況所兼之命全是生滅虛幻。經多劫終落空亡。豈眞常住哉。

諸阿斯陀。

云無比。即壽長無比之仙。

求長命者成其伴

侶以其修煉生理者。在固身長生故爾。迷佛菩提。亡失知見也。△此名異種是

名第七執著命元。以識陰爲長命之元。立固妄因。者。以因中工夫。惟求堅固妄性妄命也。趣長勞果。者。言所趣之果。徒以長勞終非常住也。莊子云。大塊勞我以生。又熊經鳥申。吐故納新。亦勤苦之事。故曰長勞。濟師謂勞。應作牢。爲聲之誤者。似爲最順。違遠圓通。背涅槃城。生妄延種。妄延者。妄求身命延長也。貪非貪執已竟。△八眞無眞執於兩楹中起計

又善男子。窮諸行空。已滅生滅。而於寂滅精妙未圓。觀命。異前身命。以天魔不用前身故也。應如環師所謂以識爲命元也。要之亦住世壽者之相。且命以連相。即連持意。又識陰爲十二類生持色心爲名。今互受命之元。由則我命通彼。彼命通我。故曰互通。却留塵勞。不出運心役色。諸欲叢擾也。今言觀命留塵者。以見命元既與塵勞連持。則存與俱存。亡與俱亡。恐其塵勞銷盡。而元命必斷。由是妄起留塵之計。不令銷盡。且

行盡識現者。圓化隨心。得大自在。便於此際。坐蓮花宮。恣意廣化七珍。多增寶媛。以為菩薩行事。自樂度生。不知縱恣其心。非其菩薩同事攝化。生勝解而不改者。以此樂為真樂。而不知恣欲非真。妄執命元為已真宰而實非真宰。是人則墮真無真執。吒枳迦羅。成其伴侶。即欲頂自在天類能化欲境以自娛樂。迷佛菩提。亡失知見。△結名異種是名第八發邪思因前明十種天魔。潛行貪欲是邪思所發不可禁制。今增寶媛以為真樂。故曰發邪思因以縱大欲塵為事。故立熾塵果。熾然恣縱塵勞妄謂果中受用也。違遠圓通背涅槃城。生天魔種。墮入欲頂天魔者。生以類聚也。真非真執已竟。△九定性聲聞又善男子。窮諸行空。已滅生滅。而於寂滅精妙未圓。於命明中環師謂因窮識陰。深明眾生受命元由也。分別精麤。了達界外聖法為精界內凡夫為麤流

決眞偽揀擇內教因緣爲眞。外道斷常爲偽。**因果相酬**雙明世出世間二種因果。感即是修。應即是證。**惟求感應**唯求實修實證。速出三界而已。**背淸淨道**不順無修之修。無證之證。了義如幻之大道。**所謂見苦斷集證滅修道**也。苦集是世間果因。滅道是出世果因。即因果相酬義。知之與斷。是於世間則厭果除因。冀之與修。是於出世則欣果從因。即惟求感應義。文則命明。即識陰明。辭也。由見識明所含漏無漏種。即於此中分別決擇。苦集是有漏種子名麤名偽。道滅是無漏種。了名精名眞。擇去麤偽集因苦果。而留精眞道因滅果。但以修道爲感。證滅爲應。不知淸淨道中。生死涅槃。猶如作夢。以此因果感應爲實修實證。故云背淸淨道也。所謂下釋成麤偽者。見苦果以斷集因也。精眞者。證滅諦以修道品也。永嘉云。知苦常懷厭離。斷集恒畏其生。慕滅獨證無爲。修道唯論自度。尋詞止觀云。因緣所生法。即生滅四諦也。我說即是空。即無生四諦也。亦名爲假名。即無量四諦也。亦名中道義。即無作四諦也。此是**居**化城寂**滅已休**於寶所。**更不前**

進生勝解者。是人則墮定性聲聞。不迴心鈍羅漢也。諸無聞
僧增上慢者。成其伴侶。言此一類。多由愚法無聞。未證謂證。未得謂得者。迷
佛菩提。亡失知見。也。△結名異種是名第九圓精應心。成趣
寂果。圓滿也。專求日精應。郎證也。滿其專求取證之因心。成其偏趣冥寂之斷果也。違遠圓
通背涅槃城。生纏空種。爲空所縛。曰纏空種。良以有餘涅槃。位僅齊於七信。識陰
所覆。尚不達圓通之因地。安能至無餘之果地哉。故約之違圓通而背涅槃也。下科做此。定性聲聞已竟
△十定性辟支又善男子。窮諸行空。已滅生滅。而於寂滅精
妙未圓。若於銷六入一爲圓融。破有歸空爲清淨。了見命元爲覺明
此由禪觀之際。見覺明之體。更欲以智發研湛不推處之深妙。有二。獨覺觀物遷變。緣覺
推審因緣。皆發深妙之悟。有從凡夫而觀者。用推因智審因智。助因智。次第斷十二因緣。始以十一推因

智推行至老死十一法次以十一審因智審行至老死十一法約三世推審其六十六智加十一助因智於推審中其七十七智然不推以所悟深審無明者以其未究根本故今即妙之境立涅槃歸息之地而不前進生勝解者是人則墮定性辟支諸緣獨倫即緣覺獨覺之同倫不迴心者成其伴侶迷佛菩提亡失知見餘可準前例知△結名異種是名第十圓覺溜心獨覺緣覺皆能侵斷習氣智則研至湛不搖處之深妙心則溜合於圓覺故曰圓覺溜心圓即圓融覺即覺明溜心即清淨成湛明果即以悟境爲涅槃也違遠圓通背涅槃城生覺圓明不化圓種者不能融化透過所悟所執空淨圓影祖家所謂隱人胸次自成情也住此則障眞寂滅凝圓通用終不達於實所參問聲聞辟支爲內教正乘號出世小聖今何亦列魔數答以魔羅害正之稱今此經大定以順圓通向涅槃爲益以違圓通背涅槃爲損而二乘宛然違背之者則枝岐鈍滯害

正事均非魔而何然以定性簡之是取於不同心者而能同心固不墮斯數也中間十執已竟△結害屬護示因交互

阿難如是十種禪那

總牒結名自三資糧四加行斷前四陰識陰亦從初住伏起至初地乃得分淨自初地至八地乃得半淨雖捨藏識名第七執爲我又名異熟識自八地至等覺金剛道後方始全盡若見道位識雖存而伏住則不生此狂解由其將入見道窺見湛不搖處即生勝解取證故云

中途成狂

依識妄處惑以爲眞故曰

因依迷惑

識雖現而未轉將所熏習氣由定中各自發現由無明妄執自晝不進妄謂究竟故曰

於未足中生滿足證皆是識陰

以定破陰原爲上歷聖位以妄當眞不妨

用心交互故生斯位

文雖是總結而亦可略分中途成狂一句前八意多蓋前八魔外中途各起狂解或所歸果及識塵果等因依迷惑一句意兼前後蓋十執無非因迷而起依迷而住於未足中生滿足證後二意多蓋後二小乘得少爲足不復前進皆是識陰用心交互故生斯位△迷則成害總標迷妄。

衆生頑

迷。不自忖量。逢此識元所歸等處現前。各以積劫無明所愛先習所熏宿種迷心。今於定中各境界相適與先心相似者投彼病根發其痼疾卽便亡失知見欣取依止而自休息。將為畢竟所歸甯地。故背涅槃城。自言滿足菩提救迷十方如來無上菩提。斯皆謬妄成立大妄語成而為因非實所得。△分害重輕○斯是第七外道。第八邪魔。起界內邪見俱未斷惑所感盲修福業報終從墜墮無間獄。第九聲聞。第十緣覺。起界內見愛。已能斷惑所感。偏修果證。不成增進。亦不墮也。夫魔外既由先心而各墮其類。是業已成矣。及享其修禪所感業終福盡。墮無間獄何疑。圓人住前墮義解現想陰中貪求善巧科矣。此害之至重者也。聲聞緣覺不成增進。明其若於先心原有二乘種習。見其竟界有相似處卽證小果。然二乘已能斷惑取證。必無墮義。但惟永閑化城。不達寶所。此害之稍輕者也。永嘉所謂一愚癡。一小騃是也。△囑令保護○阿難。我既詳說。汝等存如來大悲之心。兼如來二利覺道。將此辨魔法門。於我滅後。傳示末世。普令眾生覺了斯義。無令見魔自作沉孽。

分別曰。見見魔。即顛倒分別也。前曰心魔以心流動兼六識言。此云見魔以妄見處生解。兼七識言。依岳師前七純是現。第八是見愛以留塵勞生勝解故也至於二乘界內見愛雖盡。而界外見愛仍存。如其於涅槃則迷真執似。於諦理則厭有着空。不達法空。惟求自利等。皆顛倒分別也。沉亦深也。○問。前受盡以超見獨行識何又起耶。答。前約斷位得意生身言。今約伏位於二陰區宇中發。此皆離師承後自修觀行。由見一機一境作此虛謬等沉孽。若得傳示師承。保綏哀救消息邪緣。綏安也。邪緣。即前倒見。全障正真知見。能破此圓惑。則障盡理見。令其身心入佛知見。自證入矣。從始成就真心出離生死。不遵歧路。即至終也。中間永無諸委曲相魔外二乘多計皆違圓通背涅槃遭歧路也總之見在即凡情亡即佛。古德云。不用求真。唯須息見。金剛經云。應如是見不生法相則五陰魔自空也詳分五魔境相一大科已竟△引證結示超證護持○阿難汝初問十方如來得成菩提之方便如是識隂法門先過去世恒沙劫中微塵如來乘此心開得無上道夫識者起自真妄和合盡則純真無妄迷則中途成狂悟則成無上道○觀舊解此法門亦應總指五陰中辯魔法門諸佛乘此心開者每於一陰未開之時須要依此法門以辯別之不為十種魔境所惑方得一陰破除從色至識無不皆然故云爾也成無上道者言乘此陰破入住可以超證極果矣○不唯過去諸佛斯門成就識陰若盡則汝現前初住位菩薩即得諸根互用蓋體圓圓融而用亦不隔見聞通鄰每一根中皆兼具五根之用此方初住圓通之位○舊註乃判七信不思經文明言聲聞緣覺位在識陰交互未開列於魔數正齊七信何乃識開仍是七信理似不通從初住諸根互用中亦能超入等覺菩薩金剛乾慧前乾慧乃欲愛乾枯之慧名故流入信位○今乾慧乃陰盡復真之慧體直入妙

莊嚴海此正轉八識為大圓鏡智轉前五識為成所作智故圓明精心於慧中發化如觀音忽然超越世出世間也○廓周法界曰圓寂照無邊曰明此即知見菩提之實相偽曰現在諸菩薩今各入圓明是也精心者揀異相似位中無明初伏之麤心於中者於初住等覺兩楹之中發化者以清淨禪那歷超諸位○慧則如淨琉璃心如內含寶月心淨則土淨故世界身心交徹無礙前圓妙開敷歷諸位以破四陰此圓明發化入等覺以破識陰也○古解琉璃譬圓明精心含月譬於中發化之諸位也○惟識陰破如是乃超十信十住十行十回向四加行心菩薩所行金剛十地等覺圓明規矩云圓明初發成無漏三類分身息苦輪也○正脈曰於中發化一切諸位而確指列名也蓋識陰破後信滿入住之初一超直過以至後心然既當信滿而復超十信者全顯此經十信乃初住十心也於地而特言所行者以表入地乃真修聖位耳皆以金剛利智修斷故言金剛十地於等覺而復言圓明者見始終惟此

一心但至等覺，則發化之極也。按天台言圓教有利根者，一生超登十地；淸凉言解行在躬，一生圓曠劫之果，皆從初住超之。蓋初住名發心住，以是義言從初發心即成正覺。故舊註謂從七信超之，未敢聞命。大抵詳究圓家只有二位，一斷前通惑，從滿觀行一超直入，中間亦不取證。而佛於圓家仍例多位者，有二意：一者引爲漸機，令欣從圓頓也；二者見佛眼明極，能於至迅速者能見能析也。譬飛隼上山，雖至迅速，然亦自下歷上，但眼鈍者終不能徹見而分析之，故須佛眼也。〇首示有三摩提，十方如來一門超出妙莊嚴路。今識陰路破，

入於如來妙莊嚴海

矣。首請十方如來得成菩提，今以妙奢摩等金剛慧心

圓滿菩提，歸無所得。

矣。〇孤山曰：金剛乾慧是等覺無間道，轉入解脫道即妙覺也。故云入於如來妙莊嚴海，是福究竟；圓滿菩提，是智究竟；歸無所得，是理究竟。福即解脫，智即般若，理即法身，不縱不橫，三德秘藏，於茲具顯。妙莊嚴者，具足萬德莊嚴之果海也。圓滿菩提者，完復一切種智也。歸無所得者，一一契合性眞本有而不從外得也。上二句顯修成，末句顯性具。蓋從

性起修者而修還契性。離性眞外無片法可得矣。夫都始悟妙明心元所圓滿為因。終得妙覺圓滿菩提為果。行以妙奢摩他為修。果如妙莊嚴海為證。如是修因證果。方無無委曲相。福慧兩足也。邪宗有得之得外得。正教無得之得自得。故曰歸無所得。上引過去已證之諸佛。現在修習菩薩。結修證二分。此下明先佛授受。自行經過之境。結觀行詳辨魔境。以示護持。△遵古辯析

此是過去先佛世尊奢摩他中。毗婆舍那。止觀性修。覺明分析微細魔事。以過去大通智勝諸佛未有不從止觀中用始覺智觀察分析魔事也。△正合諳識魔邪。○既先佛皆從分別魔事得成正覺。末法行人。必不能免。前云魔境現前汝未能識。洗心非正。落於邪見。今詳示

魔境現前汝能諳識。前云五陰區宇。今則心垢洗除。不落邪見。雖似成害由魔致魔實因心垢。前云各以所愛先習迷心。卽心垢也。今能諳識魔境。豈但不墮魔奸。兼亦洗除心垢不陷邪宗。△諸魔不現○前云或汝陰魔。今則陰魔銷滅。前云或復天魔。今則天魔摧

碎。前云或遭死。鬼神今則大力鬼神褫魄逃逝前云或遭魑魅今則魑魅魍
魎無復出生。陰魔。即心見兩魔也。發難在於最後。今山即屬心垢。故首先言其銷滅。育以深
況淺之意。如云汝能依此。則滴識魔除垢。陰魔早已銷滅絕根。何況外魔。焉敢留難。足以天魔及鬼神精
魅。悉摧心喪魄。以逃遁矣。△至果無障。○前云心中不明。認賊為子。今云直至菩提無諸
少乏。此二句。言自初因以至無上智果。中間略無缺乏。前云又復於中。得少為足。今於辯鬼之法要
令下劣增進。前云背涅槃城生趣寂湛明等果。今則於大涅槃心不迷
悶。此三句作一氣讀。大涅槃。是佛究竟無餘斷果。所謂五百由旬之外。真實寶所。前行之中。二十種魔
外。小乘皆下劣得少為足。或迷馳險路。或悶閉化城增進。今推諸識魔境。則諸下劣皆增進於寶所無迷
悶矣。是此法門。後二尚賴如此。何況前三陰中利鈍可知。此見再來凭几之恩不盡也。△結示密修咒護
衆生正教勸持。○夫利智宿業輕者。一聞微密之因。從發心住。破五陰以直入。無三魔留難。若諸

末世愚鈍衆生愚者未識奢摩止觀禪那不能明悟於諸魔境也鈍者不知說法宿業深厚鈌多聞性也人雖愚鈍根有善因樂修佛母眞三昧者好獨領簡便之法如直修反聞三摩性定是也汝恐同於邪見欲保護者必使聞秘密之因一心勸令持我佛頂陀羅尼呪若未能誦住則寫於禪堂行或帶於身上亦得破五陰以究竟而一切諸魔所不能動此全顯呪力極勸行人當持也Δ可囑欽古教範○如是智以法究愚以呪拔既佛等慈不捨一生汝當恭欽十方如來密因首楞嚴王究竟修進始請最初方便是佛登座說法最後詳辨魔境是佛最後垂範何以護最初方便如是始再來垂範若無終地位中間永無諸委曲相而後與佛共遊也論自利之智則究竟之修進非中路化城之止息論利他之悲則最後之垂範非始教不了之權義可不敬承以利已利他哉無問自說五陰魔境已竟

○重明陰本界盡章

大意務了身心本虛。魔佛一如。結明用諸妄想。此想不真也。前精研七趣。情想通明三世因果。苦樂雖有不同。生死輪迴一也。後結云。此等衆生不識本心。受此輪轉等。詳辨五陰魔邪。直約當世進修。取着雖各不一。着魔失正一也。故各陰結文。囑令宣護。於無上道不遭枝岐等。總之行人於定中發境。主人不迷不取。則魔亦是佛。名善境界。主人若迷取着。則佛亦是魔。即受羣邪。此雖真行防修。正出諸委曲相。乃至別成聲聞緣覺諸天魔王及魔眷屬。由此不了義。以顯前之了義也。然魔境五十。以得究竟。而從前開示五陰。皆依妄想妄立。未知妄想爲本之義。上言破五陰相。不知頓漸次第。亦不知五陰以何爲界。總伸三問。冀佛最後開示。以令滅妄明真。△敘儀

阿難即從座起。聞佛諄諄示誨。存細分別。汝當欽承十方如來究竟進修。最後垂範。今則頂禮欽奉。憶持無失。謂於世尊所示之法。不敢纖毫漏落。一肩擔荷也。於大衆中。重復白佛。△躡迹三問 如

佛平常所言陰等幻妄稱相。因緣和合。虛妄有生。因緣別離。虛妄名滅。令即相以明性。謂此五陰當體全空。曾未言及何為根本。上五陰相中。每破一陰。令觀其所由。指妄想以為其本。我等雖知五陰之異。色曰堅固。受曰虛明等。尚未知五種虛妄為本於妄想心者何我等平常未蒙如來微細開示。此問生起因緣。前云一人發真歸元。十方世界悉皆消殞。又云汝坐道場。消落諸念。其念若盡。則諸離念一切精明。動靜不移。憶忘如一。當住此處。入三摩地。又云識陰若盡。能入菩薩金剛乾慧。如是乃至超十信等。似乎為頓。前云是種種地。皆以金剛觀察。又云如是皆以三增進故。善能成就五十五位。又聞色陰盡而受現。受盡而想現等。似乎為漸。故問五陰總屬妄想。令又破此五陰為當一時併盡銷除為復次第令盡。此問還滅因緣。即今一身四大五陰和合一處。前云色陰盡。則十方洞開。無復幽黯。受盡則去住自由。無復留礙。想盡則一倫生死。首尾圓照。行盡則性入元澄。一澄元習。識盡則互用中能入菩薩。如

是五重未盡之時。五陰和合一身。必有界畔。從何處也。若欲斷除。各有淺深。詣何處爲
何陰之界限耶。此問生起還滅中分際之因緣。有此三疑未決。惟願如來重爲發宣。
無倦大慈。一一詳示。不獨爲此大衆清明其心目。抑亦以爲末世
一切衆生入佛知見。作將來道眼。△總答五陰以妄想爲本。○當機問妄。敘主先
明眞者。意在一超直入。若不自返。則爲妄本也。佛告阿難。精眞妙明。本覺眞心
本來圓滿清淨。不生一念。不立纖塵。非留死生之根身。及諸塵垢之器界。
乃至晦昧之虛空。何有五陰差別之相。此之色空衆生業果等事。皆因妄想之
所生起。是則眞自淨而妄自垢若是本覺。此妄從何處起。推其斯妄根元。皆從本覺
妙明眞精妙心中一念隨緣。轉爲妄想。是以發生諸器世間相。則知此
相。本非實有。而誤認以爲有者。止如演若多。迷已本頭反認鏡中影像以爲已

頭。有何異哉。此法喩之妄皆無因也。前云既稱爲妄云何有因。凡夫不知妄性體空。本無所因。從迷積迷。以歷塵劫。既從妄生則。妄元無有因矣。汝等二乘觀諸妄想展轉相因。如無明緣行等故。於無知業愛妄想法中。立因緣性。自謂五陰等法。皆從因轉生起。夫執因緣者已非正覺。況外道迷因緣者。稱五陰等諸法爲自然性殊迷妄虛不知彼有的空性。究若不可壞者。猶非實有。畢竟幻生。因緣自然皆是衆生妄想分識別心計度。本非實有可知也。△釋疑○疑曰。上云虛空等因妄所生。次云虛空幻生皆因緣等妄計者何也。釋曰。阿難因衆生妄執五陰爲實。不知妄想所起之由故說妄法從因緣生。若知妄元無。則說妄之因緣元無所有。既說妄之因緣所生諸法尚無。何況因緣而亦不知者復更離因緣而妄推五陰等爲自然生一切法者又有哉。可謂迷之又迷者也。△結○以是五陰情器等法皆妄生之故。

如來與汝發明五陰本因。同是妄想宜當悟入精眞不留塵垢則前皆由不知常住眞心用諸妄想此想不眞故有輪轉此始結局轉更明白我輩則作經文看必於自己不相干者聽下詳示。△別示堅固妄想爲色陰本。○約投胎受身發起也。阿難我雖爲汝發明五陰本因汝猶不知色陰同妄想者云何而生。生由識也。識動爲想元。因想而識遷故知

汝今形體非有先因父母。愛染欲想交遘生起而後有赤白二滴汝心乘此納想爲胎乃爲色陰之始若汝中陰愛涎。識心種子非想則不能來父母想中結胎傳命。故交遣者多。成胎者少。前陰已卸後陰已續。故曰傳命。是則汝身蓋因父母與己三處妄想和合而成。△引驗現身之想。○然想雖虛而能成事如我先言心想醋味。口中因之而涎生。心想登高。足心因之而酸起。卽今懸崖不曾有醋味未曾來。汝若言此身體。必非虛妄之想。通同倫類。則口中之水如何因

人談醋梅而出。足酸如何因想崖而生乎。△結名○以是口水足酸因想驗生之故。
當知汝現色身。乃三想凝結交因而成名為堅固第一妄想。若識
此色陰妄想非因緣生。非自然生。全體是妄。則當下寂滅。本自無色。孰為交執而有堅濁。故破色陰而超
入三摩地也。△別示虛明妄想為受陰本○承前受之妄想者。即此所說心想臨高一事
可知也。此想在心。懸崖不有能令汝形眞受酸澀。△正顯○是知汝受非有。
由因先曾歷懸崖峻嶺領納之受生。故一想時。能動汝色體之酸也。△結名○以
是有想即有受之故而受則有三。汝今觀此現前順境益身而生樂受。違境
損體。而生苦受苦樂二法。現今交互。驅馳不息。或時不苦不樂名捨受。以虛則受如
太虛之受物。明則領納。如明鏡之領像。此受無體。虛有所明。名為虛明第二妄想。
領納前境。則成見濁。今受盡故能超入三摩地也。△別示想陰為融通妄想之本○想陰妄想者。由

汝意識念慮一起使汝色身動轉作爲故五根身有質元皆聽其所使也色身屬四大無知想念無形能爲一身主宰無知色法非與念慮同倫汝身諸根何因隨念所使種種取像耶所以不倫而相使者想之融通也不然何以心生虛想形取實物足知汝形所取與念相應二六時中須與無間寤與形接卽爲想心寐與神交則爲諸夢則知汝之通身皆是想念融通搖動妄情本無實體斯則名爲融通五根第三妄想六識作用是煩惱窠臼故想盡則超煩惱濁也△別明行陰爲幽隱妄想之本○行陰妄想者無像可窺無境可執但汝心中生滅不停故使汝身之中隱隱變化之理新新不住運運密移△釋明○如是形運甲之長髮之生漸漸自少而壯是其生也形運氣之銷容之皺漸漸自壯而老是其滅也化理不住則生滅日夜相代乎前曾無一人覺悟者誠哉密移也每見解家講至此理皆

取莊周夜半有力者負之而趨等。孔老逝者如斯夫等。粥熊謂運轉亡已。天地密移。疇覺之哉等語配合。不知彼皆謂天地流行。此經謂吾心妄緣流注。彼爲造化之元。此爲生滅之本。彼見此理欲法之。此見是理欲脫之。所以不必取況。恐致蒙昧之譏也。△反顯妄想結名

阿難。此運運密移之行陰。**若非汝**體者。**云何**使汝甲生髮長**體**自**遷**變。**如**此化理不住之行陰。**必是**汝**眞**體者。**汝何**日夜代曾**相無覺**悟可見至則知幽至隱者。則是**汝諸行念念**遷變**不停**之妄想。所以**名爲幽隱第四妄想**行屬七識生滅流注最細密移三界。成衆生濁。故。行盡則超也。厶別明罔象妄想爲識陰之本。**又汝**識陰元非有體。本是眞**精**妙**明**心體。但受妄想熏習。蓋覆眞性。故名識耳。以此耶識對前六識波浪。則曰精明湛處。對本一眞如體。則名微細急流。卽此精明之體。善惡不萌。意識俱泯。湛然常住。似有類乎本覺精眞。故曰**湛。不搖處。名恒常者**湛不搖處者。落在無記。無記之性。通乎現量。**於身不出**前六

識見聞覺知。以此見聞覺知。雖無擬議卜度。却能受熏持種。故似本覺。而非精眞也。若實精眞者。不落見聞覺知。不容熏習妄種。何因汝等曾於昔年覩一奇物。見家現行。熏識持種。經歷年歲之久。初時則憶。憶久則忘。及後憶之與忘俱無。於後忽然覆覩前異。記憶宛然如故。曾不遺失。猶如夾氷之魚。觸境卽發。而生滅未嘗泯也。蓋昔受熏雖由前六。而記持不失。則第八之功也。據覩一物如此。則此精明了別湛不搖中。於見聞覺知處。念念受熏持種之力。有何籌算。如此安得爲恒常之眞精耶。由其罔象虛無。眞熏則眞。妄熏則妄。此受熏者爲妄。而不受熏者眞也。△喻明非眞阿難當知此湛不搖處。非眞常者。正如急流之水。望之如安恬寂靜。正是流急。但遠不見。其流相。非是眞無流也。此流注微細生滅之識。對前六看。則云湛不搖處。凡夫二乘全不覺知。十地已前雖覺未盡。以微細不見其流。相非是眞不動也。蓋前五識未入思惟。則與第八相近。非有後得智。不能轉前五。故曰六七因中轉五八果上圓。及轉識成智。方信湛不搖處非眞也。此識眞妄合成。依眞如門則名正徧知覺。依生滅門則名顚倒想元。此識若非想元甯受虛妄熏習。既受熏習。足知屬生滅矣。此之生滅想元。非汝得六根互用開合自由。此之妄想。則無時得滅者。何以故。以第八與前六根同一體性眞則同眞妄亦同妄。故得六根銷已。此想亦歸妙湛屬眞如矣。既得六根互用。妄想滅而眞如現。汝今現在見聞覺知之中。如觀一物受熏。則念念受熏貫串習氣。幾微生滅相。日用聽視不已。則在湛精了別之內。欲言其有。昔覩奇物。後憶忘俱無。又似於無。故曰罔。欲言其無。於後忽覩前異。記憶宛然。又似於有。故曰象。始從一念不覺而有。今從六根互用而滅。故云虛無。即此似有如無。未嘗無想。故云第五顛倒微細精想。顛倒者。顛倒妙圓而有也。微細者。流念不見也。

前曰妄想。此曰精想者。即識精元明也。△總結妄本阿難。由此觀之。是五受陰。雖有精麤
五種之別。總皆五種妄想以成其本自非有也。此乃識初動處。五種妄想以成五陰受報
之地。蓋覆自心。是以衆生世間。見五陰爲實有。二乘
眞諦世間。離五蘊以觀空。菩薩正覺世間。以戒定慧
解脫知見。達五陰實相。諸佛出世法門。不外乎此。蓋
五陰三世間外。更無一法能建立爲俗爲眞。一代時
教所詮。除此別無方便。生佛迷悟。唯一心開合無異。
故前會五陰以即藏性。到此示妄想以成五陰。無非
要人達妄即眞。轉凡成聖而已。上詳答五陰虛妄
爲本想心竟。△答五陰界分○上明五陰想成本因
同一妄想。五想成立。由妄相因而起。
此答一問竟。次問詣何爲界。故答汝今欲知因界
淺深等。因即五種妄想之因。界即五種妄想之界限
邊際。淺深者。即五種妄想。前淺後深之別。而各
陰亦各有淺深也。但知色質爲色陰邊際。而不知空
亦色邊際者淺也。若知空色二皆色陰邊際者深也。
乃至但知分湛爲識際。不知合湛亦識際
者淺也。若知分湛合湛皆識邊際者深也。唯色與空。

是色邊際。色謂形色。有分段也。空謂顯色。無分段也。俱色蘊攝。由四大圍空以成色質。一向但知分段色身爲色邊際。而不知空此分段色空。亦是色陰邊際也。以無色界。雖無微細色。而空色身。亦色邊際之據也。**唯觸及離。是受邊際。**六識中之觸心所根境相對曰觸。根境不對曰離。觸則有違順。受苦受樂。不觸則無違順。但有捨受不常。但知領納違順二境爲受邊際。而不知不領納二境。亦是受陰邊際也。梵志以不受爲宗。世尊詰曰。是見受否。故知受與不受。皆是受也。**唯記與忘。是想邊際。**在念爲記。失念爲忘。一往但知念一切法爲想邊際。不知不念一切法亦是想陰邊際。故今示曰。想不自想。因記忘二處以名想。是記忘邊際。乃想之界限也。圓覺經云。動念息念。皆歸迷悶是也。**唯滅與生。是行邊際。**化有爲無曰滅。化無爲有曰生。素常但知念念遷流如暴流者爲行。不知不遷處如澄水者。亦是行陰邊際。經云。至於無生法忍。猶爲三相遷流者是也。故今示曰。行不自行。因滅生不停以名行。是生滅邊際。乃行陰界限也。**湛入合湛。歸識邊**

際。上湛乃六根湛精。下湛是第八湛體。六湛元從八識流出。反歸曰入。混一曰合。往常但知分汝湛圓爲視聽流逸奔色等爲識邊際。不知反流旋一。合於圓湛。亦是識之邊際。故今示曰。是湛合湛邊際。乃識之界限也。△答頓漸銷除○初明向上一着。頓悟便了。更無妄想可除。次第可指。今談五妄想成五陰因界。是必有生滅次第。故從機便而答也。言此五陰根元。由一念不覺眞妄和合而成識。由識投胎有名色等五陰重疊次第生起。故知生因業識受熏則有行陰遷流由行則有愛憎之想。因想則識有領納之受。因受則成四大之色。是生從細至麤。今欲返妄歸眞。滅塵合覺。必從色解除。先覺色體匪堅則無領納之受。不受苦樂則無憎愛之想。無想則息遷流之行。無行則湛入合湛。是滅從麤至細。然妄有則云生滅之次第。而眞空元無生滅之起伏。若論即事之眞理。則頓悟五陰當體全空。乘此一悟而五陰併銷。不歷僧祇頓登佛地矣。若論即理之陰事。元從次第結生。無始歷劫之無明。非能頓除。必因次第漸盡。

然五陰之相漸生漸盡。我前已示汝等刼波羅巾。明一理而成無明五陰之六。猶一巾結之次第。卽今由無明迷一理爲識。四陰以綰六結隨生。亦如一巾之同。成六結之異也。前六解一亦亡。猶解六結以棄一巾。卽今先滅色等五陰無明之異。後滅一藏性之同。亦如解結異而棄一巾之同也。一經明破五陰。前後一致。次第法喩。前後昭然。何所不明。再三到此。又詢問耶。△結勸轉教末世。○阿難前未蒙開示妄想陰界。今發揮五陰根元。全是妄想。本性非有矣。汝應將此建立一切世界之妄想根元。諦實硏究。現前心得開通。不同前心皆不明。則身心世界當下消亡。有何涅槃之難證。又何三界之可戀哉。前爲末世衆生。作將來眼。今明正法眼藏。已汝應將此妄想根元。傳示將來末法之中。諸修行者。令識五陰根身心法。總一虛妄。則深厭之心自然而生。求出生死之苦。知有涅槃之樂。不戀此塵勞三界。不戀。卽斷德。克證菩提。此佛之所以深示也。以上正宗五分。通前顯示已竟。

○流通分

衆喜奉行章

顯弘通法人。福慧超勝。直成菩提也。由啟請十方如來得成菩提最初方便。佛爲七破以顯常住眞心性淨明體。至如何自欺。尚留觀聽。明大佛頂如來密因阿難心悟實相。請華屋之門。至恒令此人所作如願明修修之了義。最初方便。七卷後半。阿難白佛。我輩愚鈍好爲多聞。於諸漏心未求出離。蒙佛慈誨得正熏修。身心快然。獲大饒益。世尊如是修習證佛三摩提未到涅槃。云何名乾慧之地。四十四心。至何漸次得修行目。詣何方所。名入地中。云何名爲等覺菩薩。世尊一一酬答。如是皆以三增進故。善能成就五十五位眞菩提路。作是觀者。名爲正觀。此皆明諸菩薩萬行首楞嚴究竟堅固爲正宗竟。故當流通以繼選芳焉。△舉財施較弘經功德。令生信重。阿難。若復有人。徧滿十方所有無盡之虛空。盈滿無盡虛空七寶之財。持以奉上微塵無盡福田之諸

佛。如是承事供養。心無虛度。可為福德無量矣。於意云何。是人
以此施佛因緣得福多不。阿難答言。虛空無盡。珍寶
無邊。供養最上無盡福田之諸佛。其福豈可思議哉。△以劣較勝　昔有衆生施佛
以七錢。而為供養乃見財田俱劣。其捨此一生轉身猶獲轉輪王位以報
之。況復現前虛空既窮。供財勝也。佛土充徧。福田勝也。皆施此
珍寶。窮刼思議。尚不能及。是人之福。云何更有邊際乎。付
囑弘經。先舉財施校法施者。欲人財法并施意也。○
大般若云。財施有竭。法施無窮。何以故。施財得施間
果人天樂果。暫得還失。若以法施。得未曾有。所計涅
槃。定無退義。等觀諸法。自性寂靜。不生不滅。故名平
等。然末世讀此經典。如法修行。識破虛妄。知有涅槃。
不戀三界。功豈有量哉。△與重罪顯法施之勝較財
施之劣　佛告阿難。諸佛如來智慧實出真語無有虛妄。若復

有人身具四重十波羅夷是極惡之因也瞬息即經此方他
方阿鼻地獄是極惡之果也乃至窮盡十方無間地獄靡不經
歷此人能以暫爾一念之間將此楞嚴大定圓通法門於末劫中聖遠
魔強之時開示未學難進易退之人是人深重罪障應彌弘經之一念當下
銷滅不但只變其所受地獄之苦因復能轉苦處成安樂國
維摩經云隨其心靜則佛土淨夫一念微功不惟滅罪而且得其福利超越前之
布施以虛空剎寶供養微塵佛之人蓋虛空盈滿七寶世間豈有實事以佛眼觀之變大地作
黃金亦尋常事耳況妙眞如性是本來家寶而清淨本然周遍法界豈止徧滿空界以一切珍寶施佛者
倘獲無量功德況以法施人盡得家珍運用無盡其福豈可心思較量哉故能越前之施人百倍
千倍千萬億倍如是乃至算數譬喻所不能及弘經之福

也。良以一念迴頭。即至寶所。轉煩惱爲菩提。勝其福也。轉生死爲涅槃。消其罪也。以財寶施者。爲一已之福。造衆罪業。是一已之苦。弘法寶者。自得運用無盡。亦令人人得家珍受用無盡。此佛所以出實語明罪福。讚弘經之功德也。且極重罪人。一念弘經。尚能滅罪獲福。何況輕罪無罪。乃至有福多福之人弘經果報殊勝可知矣。一念如此。何況久弘。乃至盡生者。其果報益可知也。△最後付囑

阿難。若有衆生。能誦此經。能持此呪。方得問慧。其所得功德。如我如來金口廣說功德之相。窮劫不能盡說。況現前末世聞此首楞嚴。依我教言。如教行道者。直成十方如來無上菩提果報。無復魔業留難諸委曲相之不了義事。其功德豈可量哉。所謂若有聞法者。無一不成佛。

○僧問百丈。依經解義。三世佛寃。離經一字。即同魔說時如何。丈曰。固守動靜。三世佛寃。此外別求。如同魔說。後僧問安云。依經解義。三世佛寃。離經一字。即同魔說。此理如何。安曰。孤峯迥秀。不挂煙蘿。片片橫空。白雲自異。此是如教行道脫略之樣子。道樹禪

師於神秀下知微。乃卜壽州三峯山結茅而居。常有野人。服色素朴。幻談詭異。於言笑外化作佛身。及菩薩羅漢天仙等形。或放神光。或呈聲響。學徒覩之。皆不能測。如此涉十年後。寂無形影。師告衆曰。野人作變色伎倆眩惑於人。只消老僧不見不聞。伊伎倆有窮。不見不聞無盡。諸仁者若會不見不聞之旨。直至菩提何魔業之有。○昔泥黎聽法而生天。鹿象聽經而悛惡。比丘戲笑而獲果。女人思惟而悟空。況聞此大乘圓頓之教。有不滅罪生福者乎。○此段文義。結明正宗說咒之益。并結序分勅文殊將咒往護。惡咒銷滅之益。正阿難行得慈時。未得此咒持之故遭魔首請十方如來得成菩提。今結勸流通曰。如教行道直成菩提。無復魔業也。△法會欣慶

佛說此經已。比丘比丘尼。優婆塞優婆夷。一切世間。天人阿修羅。及諸他方菩薩。二乘聖仙童子。是居仙趣而修內教。并初發心護教大力希獲童眞妙果者。之鬼神。此列在會流通之衆也。此文與前序分。乃經家爲一經首尾之序。前序分列衆。爲請法聽法爲

證明。此末後列衆。爲受法謝法爲流通。又此中列衆與前五有總別詳略。此總列四衆。前別列比丘衆。卽大智舍利弗等。以攝比丘尼衆。前別列優婆塞衆。卽王及大臣長者居士等。以攝優婆夷衆。一切世間二句。列入部衆。前全缺。此中略列天人修羅。餘攝一切世間故。他方菩薩。卽前恒沙菩薩。來聚道塲。又卽七卷中。爾時那由他恒河沙俱胝金剛藏王菩薩等。他方二乘。卽前及諸十方。大阿羅漢。辟支佛等。聖仙童子。前全無。卽諸經亦少。卽七卷中復有無量日月天子等。此仙名聖仙童子者。以歸心聖道。修眞行故并初發心大力鬼神。卽入部收末盡者。亦七卷中復有無量藥叉大將。諸羅刹王等。并無量山神海神等此在會聞法之衆。

皆大歡喜

者。前阿難見佛頂禮悲泣等四十四字。是一經總啟請此四字。乃一經之總領悟。且阿難一人。二卷初云。今日開悟如失乳兒忽遇慈母。其歡喜何如哉。次又云。我雖承佛。如是妙音悟妙明心。元所圓滿。三卷末云。各各自知心徧十方等。阿難偈云。不歷僧祇獲法身。四卷中云。疑惑銷除。心悟實相。五卷云。心目開明。歎未曾有。六卷末云。明了其家所歸道路。七卷末云。身心快然獲大饒益。已上皆阿難悟境。八卷末云。心慮虛凝。斷除三界修心六品微細煩惱。此是阿難證處。如在會大衆。悟證恐繁不歷舉也。且如六卷中云。普會大衆天龍八部。有學二乘。及諸一切新發心菩薩。其數凡有十恒河沙。皆得本心。獲法眼淨。性比丘尼。成阿羅漢。無量衆生。皆發無等等心。此大衆悟證實處。此阿難會衆所悟所證。從淺至深。從麤至細妙絕言思。故總以皆大歡喜收之。謂預聞大法。得大饒益。慶快非常。故作禮受持。而去。

是謝法

大佛頂首楞嚴經貫珠集卷第十終

板存常州天甯寺

國家圖書館出版品預行編目資料

楞嚴貫珠（下冊）/（明）金陵華山律學沙門 戒潤演述. -- 初版. -- 新北市：華夏出版有限公司, 2023.07
面；　公分. --（圓明書房；012）
ISBN 978-626-7296-02-8（上冊：平裝）. --
ISBN 978-626-7296-03-5（下冊：平裝）
1.CST：密教部

221.94　　112002487

圓明書房 012
楞嚴貫珠（下）

演　述　（明）金陵華山律學沙門 戒潤
印　刷　百通科技股份有限公司
電話：02-86926066　傳真：02-86926016
出　版　華夏出版有限公司
220 新北市板橋區縣民大道 3 段 93 巷 30 弄 25 號 1 樓
電話：02-32343788　傳真：02-22234544
E-mail：pftwsdom@ms7.hinet.net
總 經 銷　貿騰發賣股份有限公司
新北市 235 中和區立德街 136 號 6 樓
電話：02-82275988　傳真：02-82275989
網址：www.namode.com
版　次　2023 年 7 月初版一刷
特　價　新臺幣 700 元（缺頁或破損的書，請寄回更換）

ISBN-13：978-626-7296-03-5